譯學書文獻目錄

2009年

遠藤光曉・伊藤英人・鄭丞惠・竹越孝・更科愼一・朴眞完・曲曉雲
編

譯學書文獻目錄

간행사

　이번에 『譯學書文獻目錄』을 遠藤光曉, 伊藤英人, 鄭丞惠, 竹越孝, 更科愼一, 朴眞完, 曲曉雲 등 여러분의 공동 편집으로 간행한다.
　'譯學書'란 조선시대에 외국어 교육기관으로 譯官을 양성하고 관리하던 司譯院의 외국어 교과서를 말한다. 고려 忠烈王 2년(1276)에 通文館이란 이름으로 시작된 사역원은 조선시대에도 건국초기에 이를 다시 설치하였고 甲午 更張(1894)으로 문을 닫을 때까지 역관들에게 외국어를 교육하였으며 이들로 하여금 중국을 비롯한 주변국가와 조선과의 접촉에서 통역과 실무를 담당하게 하였다.
　초창기에 사역원에서의 외국어 교육은 해당 외국어의 童蒙敎科書를 수입하여 이를 교재로 한 것으로 보인다. 그러나 이런 文獻語의 교육은 실제 통역에서 별로 도움이 되지 않기 때문에 口語 중심의 교재를 자체적으로 편찬하게 되었다. 이것이 譯書, 또는 역학서라고 불리는 언어 자료로서 언어사의 연구에서 그 가치는 측량할 수 없을 만큼 높다고 본다.
　또 사역원은 6백여 년의 오랜 세월을 계속하여 외국어를 교육함로써 언어 교육의 여러 방법을 마련하였다. 특히 회화 중심의 교재를 개발하여 편찬하였고 언어의 시대적 변천을 반영하여 끊임없이 교재를 수정, 개수, 증보하였다. 따라서 역학서는 언어사의 연구에서 살아있는 언어의 변천을 한 눈에 보여주는 매우 귀중한 자료가 아닐 수 없다.
　역학서 자체에 대한 연구는 원산지인 한국에서도 본격적으로 이루어진 것이 그렇게 오래되지 않았다. 불과 30여 년에 전에 사역원과 역학서의 간행에 관심을 갖는 연구가 나타나기 시작하였으나 후속 연구가 지지부진하여 지금도 많은 부분이 미지의 사실로 남아있다. 반면에 외국에서는 일찍부터 해당국 언어의 역사적연구에서 귀중한 자료로 이용되면서 이에 대한 많은 연구가 있었다.

그러나 이러한 연구 성과는 언어의 차이와 학술 교류의 부진으로 상호 공유하지 못하였다. 어느 나라에서 매우 깊이 있게 연구되어 널리 알려진 역학서 자료의 하나가 다른 나라에서는 새롭게 발굴된 희귀한 자료로 매스컴을 장식하는 넌센스도 없지 않았다. 모두가 서로의 연구 업적을 제대로 알지 못한 탓이다.

이번에 간행되는 『역학서 문헌 목록』은 이러한 연구 결과의 상호 소통에 크게 기여할 것으로 기대한다. 이를 통하여 또한 역학서에 대한 연구가 크게 발전할 것을 믿어 의심치 않는다. 더욱이 이 책은 '역학서학(가칭)'의 발족을 앞두고 간행되어 그 의의를 더 한다. 2009년 9월 12일, 13일에 전주 우석대학교에서 개최되는 제1회 역학서학회는 앞으로 이 방면의 연구자들이 모여서 서로의 연구 결과를 주고받는 자리가 될 것이며 계속적으로 이에 대한 공동연구의 발판이 될 것이다.

끝으로 오랜 세월에 걸쳐 면밀하게 역학서의 연구 문헌목록을 작성하고 검토에 검토를 거듭한 편집자 제위의 노력에 깊이 감사를 드린다. 이 모든 목록의 작성을 진두지휘한 遠藤光曉 교수의 노고를 특히 致賀한다.

2009년 夏至日에
정 광 씀

目錄

1. 總論 ·· 1
2. 漢學 ·· 7
   2.1. 韓漢語言史 ···································· 7
   2.2. 鄉歌・吏讀 ···································· 10
   2.3. 口訣 ·· 36
   2.4. 鷄林類事 ······································ 49
   2.5. 朝鮮館譯語 ···································· 58
   2.6. 近代漢語 ······································ 62
   2.7. 老乞大・朴通事 ······························ 78
   2.8. 蒙古韻略 ······································ 121
   2.9. 洪武正韻譯訓・四聲通考 ·················· 122
   2.10. 東國正韻 ···································· 126
   2.11. 四聲通解 ···································· 131
   2.12. 韻會玉篇 ···································· 135
   2.13. 訓世評話 ···································· 136
   2.14. 伍倫全備記 ·································· 138
   2.15. 華音啓蒙 ···································· 140
   2.16. 華語類抄 ···································· 143
   2.17. 譯語類解・譯語類解補 ···················· 144
   2.18. 語錄解 ······································ 147
   2.19. 吏文・吏文輯覽・吏文續集輯覽 ·········· 150
   2.20. 象院題語 ···································· 152
   2.21. 樂善齋本紅樓夢 ···························· 153
   2.22. 其他漢語課本 ······························ 154
   2.23. 其他韻書 ···································· 157
   2.24. 其他資料 ···································· 160

3. 蒙學 ·· 163
   3.1. 總論 ······································ 163
   3.2. 蒙語老乞大 ······························ 165
   3.3. 蒙語類解 ································ 167
   3.4. 捷解蒙語 ································ 170
   3.5. 三學譯語 ································ 171

4. 倭學 ·· 173
   4.1. 總論 ······································ 173
   4.2. 通事・譯學者 ··························· 182
   4.3. 伊路波 ···································· 184
   4.4. 語音飜譯 ································ 186
   4.5. 捷解新語 ································ 190
   4.6. 方言集釋 ································ 211
   4.7. 三學譯語 ································ 213
   4.8. 倭語類解 ································ 214
   4.9. 隣語大方 ································ 220
   4.10. 交隣須知 ······························· 223
   4.11. 全一道人 ······························· 231
   4.12. 漂民對話 ······························· 232
   4.13. 其他資料 ······························· 233

5. 淸學 ·· 239
   5.1. 總論 ······································ 239
   5.2. 同文類解 ································ 242
   5.3. 淸語老乞大 ······························ 244
   5.4. 三譯總解 ································ 246
   5.5. 小兒論・八歲兒 ······················· 247
   5.6. 漢淸文鑑 ································ 249
   5.7. 漢語抄 ···································· 251
   5.8. 滿漢千字文 ······························ 252
   5.9. 愁州謫錄 ································ 252

범례

1) 이 목록은 조선 사역원 역학서에 관한 연구 문헌 및 관련 연구 문헌을 수록한 것이다. 한학 부분은 遠藤光曉·伊藤英人·竹越 孝·更科慎一·曲曉雲編「韓漢語言史硏究 文獻目錄(稿)」(遠藤光曉·嚴翼相編『韓漢語言研究』(2008)에 재록)의 내용 일부를 기초로 여기에 몽학, 왜학, 청학 부분을 증보한다는 방침으로 편찬했다. 이때 몽학은 사라시나 신이치(更科慎一), 왜학은 정승혜(鄭丞惠)와 박진완(朴眞完), 청학은 다케코시 다카시(竹越 孝)가 초고의 작성을 담당하고, 그 후 전원이 증보와 수정 작업을 담당했다.

2) 연구 문헌은 원칙적으로 이하의 방식대로 기술한다.

   [단행본] : 저자명 (발행년) 『서명』 출판지 : 출판사.

   [잡지 수록 논문] : 저자명 (발행년) 「논문명」 『잡지명』 권수 : 페이지수.

   [단행본 수록 논문] : 저자명 (발행년) 「논문명」 편자명 『서명』(총서명) 페이지수. 출판지 : 출판사.

   그 외에도 역학서의 원전 자료는 「소장기관(소장번호)」의 형태로 적고, 또 【 】안에 원전 정보를 보충하여 기록한다.

3) 한자의 범용성을 고려하여, 본 목록 내에서 한국 한자어로 된 논저명은 고유어를 제외하고 가능한 한 한자로 변환하여 적는다. 또 한자는 일률적으로 번체자(繁體字)를 이용해서 적는다.

4) 이두, 향가 및 구결에 대한 항목에서 1960년 이전의 논저에 대해서는 중국어와 관련되지 않는 것도 포함시키지만, 1960년 이후의 논문은 중국어와 관련된 것에 한한다. 또, 논저명 내의 약체로 된 구결자는 그 원래 글자를 가져오고, 해당 글자에 밑줄을 긋는다.

5) 본 목록을 작성하는 데 참조한 목록이나 인터넷 사이트는 아래와 같다:

   遠藤光曉 (1990)「老乞大·朴通事硏究文獻目錄(初稿)」『《飜譯老乞大·朴通事》漢字注音索引』(『開篇』單刊3) 224-238. 東京: 好文出版.

   遠藤光曉 (1992)「老乞大·朴通事硏究文獻目錄(初稿)補正」『開篇』9

: 131-132.

遠藤光曉 (1993)「《重刊老乞大諺解》牙喉音顎化的條件・附パリにある朝鮮資料」『開篇』11：102-109；(2001)『漢語方言論稿』182-189.東京：好文出版.

高東昊 (1996)「韓國語語源研究論著目錄」『알타이學報』6：201-204.

汪維輝・陳莉 (2005)「相關論著目錄」『朝鮮時代漢語敎科書叢刊』1：515-523. 北京：中華書局.

遠藤光曉・竹越孝・更科愼一・馮蒸 (2007)「華夷譯語關係文獻目錄」大東文化大學『語學敎育フォーラム』13 (福盛貴弘・遠藤光曉編『華夷譯語論文集』)：197-230.

日本國立情報學硏究所CiNii (http://ci.nii.ac.jp/cinii/servlet/CiNiiTop).

日本國立國語硏究所國語學硏究文獻目錄數據庫

　(http://dbms.kokken.go.jp/fmi/xsl/bunken/findrecords.xsl?-view)

中國知網CNKI (http://www.cnki.net/index.htm)

韓國學術數據庫DBPIA (http://www.dbpia.co.kr/)

KSI韓國學術情報 (http://www.kstudy.com/)

韓國敎育學術情報院 (http://www.riss4u.net/index.jsp)

國立國語院 (http://www.korean.go.kr/08_new/index.jsp)

國家知識포털(http://www.knowledge.go.kr/main.jsp)

Kenneth R. Robinson. Korean History：A Bibliography, The Center for Korean Studies, University of Hawaii

　(http://www.hawaii.edu/korea/bibliography/linguistics-historical.htm)

이 외에도 다수의 논문과 서적 및 인터넷 사이트에서 문헌을 수집했지만, 구체적으로 일일이 기술하지 않았다.

6) 편찬 과정에서 스기야마 유타카(杉山 豊), 김정빈(金正彬), 이승재(李丞宰), 장경준(張景俊), 이노우에 오사무(井上治), 우운귀(烏雲高娃), 나카야마 메구미(中山めぐみ) 님을 비롯한 여러분께서 협력해 주셨다. 여기에 적어 사의를 표한다.

7) 이 목록은 아직 초고 단계에 있으므로, 누락 혹은 정보 기재의 잘못이나, 부적절한 분류 등이 많이 보일 것으로 생각한다. 독자 여러분께서 보충 사항이나 수정 사항에 대해 많이 지적해 주시기를 간절히 희망한다.

凡例

1) 本目錄は、朝鮮司譯院の譯學書に關する研究文獻、及びその關連領域に關する研究文獻を收錄するものである。漢學の部分は遠藤光曉・伊藤英人・竹越孝・更科愼一・曲曉雲編「韓漢語言史研究文獻目錄(稿)」(遠藤光曉・嚴翼相編『韓漢語言研究』所收、2008年)の一部を基礎とし、それに蒙學・倭學・淸學の部分を增補するという方針で編纂した。その際、蒙學は更科愼一、倭學は鄭丞惠・朴眞完、淸學は竹越孝が初稿の作成を担当し、その後全員で增補修正作業を行った。
2) 研究文獻は原則として以下の方式により記述する。
   [單行本] 著者名 (發行年)『書名』出版地 : 出版社.
   [雜誌所收の論文] 著者名 (發行年)「論文名」『雜誌名』卷號 : 頁數.
   [單行本所收の論文] 著者名 (發行年)「論文名」編者名『書名』(叢書名)頁數.出版地 : 出版社.
   その他、譯學書の原始資料は「所藏機關(所藏番號)」の形で記し、また【 】内に補足すべき情報を記す。
3) 漢字の汎用性を考慮して、本目錄において韓國語の論著名は固有語を除き可能な限り漢字に改めた形で記す。また、漢字は一律に繁體字を用いて記す。
4) 吏讀・鄕歌及び口訣に關する項目において、1960年以前の論著については中國語と關連しないものも含めるが、1960年以後は中國語と關連のあるものに限る。また、論著名に見える略體口訣字はその元字をもって表し、その箇所に下線を引く。
5) 本目錄を編むに際して參照した目錄やインターネットのサイトは以下の通りである:
   遠藤光曉 (1990)「老乞大・朴通事研究文獻目錄(初稿)」『《飜譯老乞大・朴通事》漢字注音索引』(『開篇』單刊3)224-238. 東京 : 好文出版.

　　　　　遠藤光曉(1992)「老乞大・朴通事硏究文獻目錄(初稿)補正」『開篇』
　　　　　　　9：131-132.
　　　　　遠藤光曉(1993)「《重刊老乞大諺解》牙喉音顎化的條件・附パリに
　　　　　　　ある朝鮮資料」『開篇』11：102-109；(2001)『漢語方言論稿』
　　　　　　　182-189.東京：好文出版.
　　　　　高東昊(1996)「韓國語語源硏究論著目錄」『알타이學報』6：201-204.
　　　　　汪維輝・陳莉(2005)「相關論著目錄」『朝鮮時代漢語敎科書叢刊』1：
　　　　　　　515-523. 北京：中華書局.
　　　　　遠藤光曉・竹越孝・更科愼一・馮蒸(2007)「華夷譯語關係文獻目
　　　　　　　錄」大東文化大學『語學敎育フォーラム』13 (福盛貴弘・遠
　　　　　　　藤光曉編『華夷譯語論文集』)：197-230.
　　　　　日本國立情報學硏究所CiNii (http：//ci.nii.ac.jp/cinii/servlet/CiNiiTop).
　　　　　日本國立國語硏究所國語學硏究文獻目錄數據庫
　　　　　　　(http：//dbms.kokken.go.jp/fmi/xsl/bunken/findrecords.xsl?-view)
　　　　　中國知網CNKI (http：//www.cnki.net/index.htm)
　　　　　韓國學術數據庫DBPIA (http：//www.dbpia.co.kr/)
　　　　　KSI韓國學術情報 (http：//www.kstudy.com/)
　　　　　韓國敎育學術情報院 (http：//www.riss4u.net/index.jsp)
　　　　　國立國語院 (http：//www.korean.go.kr/08_new/index.jsp)
　　　　　國家知識포털(http://www.knowledge.go.kr/main.jsp)
　　　　　Kenneth R. Robinson. Korean History：A Bibliography, The Center
　　　　　　　for Korean Studies, University of Hawaii
　　　　　　　(http：//www.hawaii.edu/korea/bibliography/linguistics-historical.htm)
　　　以上の他にも多數の論文、書籍及びサイトより文獻を引用したが、
　　　一つ一つ注記しなかった。
　6) 編纂の過程において、杉山豊、金正彬、李丞宰、張景俊、井上治、
　　　烏雲高娃、中山めぐみといった方々からご敎示やご協力をいただい
　　　た。ここに記して謝意を表す。
　7) 本目錄はまだ稿本の段階にあるものであり、遺漏や情報の誤り、分
　　　類の不適當な部分などが數多く見られることと思う。讀者から增補

修正に関する多くの情報が寄せられることを切に希望する。

〈原始資料所藏機關略稱〉

奎章 : 서울大學校奎章閣
中央 : 國立中央圖書館 (서울)
藏書 : 韓國學中央硏究院藏書閣
延世 : 延世大學校中央圖書館
小倉 : 東京大學文學部小倉文庫
阿川 : 東京大學總合圖書館阿川文庫
東洋 : 東洋文庫
國會 : 國立國會圖書館 (東京)
京大 : 京都大學文學部
大阪 : 大阪府立圖書館
天理 : 天理大學附屬天理圖書館
濯足 : 駒澤大學圖書館濯足文庫

〈原始資料參考書目〉

Courant, Maurice (1894-96, 1901)*Bibliographie Coréenne : tableau littéraire de la Corée : contenant la nomenclature des ouvrages publiés dans ce pays jusqu'en 1890, ainsi que la description et l'analyse détaillées des principaux d'entre ces ouvrage ; Supplément à la Bibliographie Coréenne (Jusqu'en 1899).* Paris : E. Leroux.
韓國民族美術硏究所 (1967)『澗松文庫漢籍目錄』서울 : 韓國民族美術硏究所.
國會圖書館司書局參考書誌課 (1968)『韓國古書綜合目錄』서울 : 大韓民國國會圖書館.
大阪府立圖書館 (1968)『大阪府立圖書館藏韓本目錄 (昭和43年3月末現在)』大阪 : 大阪府立圖書館.
國立中央圖書館 (1970)『國立中央圖書館古書目錄』서울 : 國立中央圖書館.
文化財管理局 (1972)『藏書閣圖書韓國版總目錄』서울 : 文化財管理局藏書閣.
國立國會圖書館 (1975)『國立國會圖書館所藏朝鮮關係資料目錄4. 朝鮮本篇』

東京 : 國立國會圖書館.
延世大學校中央圖書館 (1977)『延世大學校中央圖書館古書目錄』서울 : 延世大學校.
東洋文庫 (1979)『增補東洋文庫朝鮮本分類目錄』東京 : 東洋文庫.
서울大學校圖書館 (1981)『奎章閣圖書韓國本綜合目錄』서울 : 서울大學校出版部.
서울大學校圖書館 (1984)『奎章閣韓國本圖書解題』서울 : 서울大學校奎章閣.
高麗大學校中央圖書館 (1984)『漢籍目錄』서울 : 高麗大學校出版部.
駒澤大學圖書館 (1987)『濯足文庫目錄』東京 : 駒澤大學圖書館.
서울大學校奎章閣 (1994)『修正版奎章閣圖書韓國本總合目錄』서울 : 서울大學校奎章閣.
釜山廣域市立市民圖書館 (1995)『古書目錄』釜山 : 釜山廣域市立市民圖書館.
吉田光男 (1998)「東京大學附屬圖書館阿川文庫リスト」『朝鮮文化研究』5 : 139-202.
國學振興研究事業推進委員會 (2000)『藏書閣한글資料解題』城南 : 韓國精神文化研究院.
片茂鎭 (2001)「「韓國資料」의 基礎的 硏究 (1)—韓國人을 爲한 日語學習書를 中心으로—」『日本文化學報』11 : 1-27.
中國遼寧省立圖書館特藏部・松原孝俊 (2001)「中國遼寧省立圖書館藏朝鮮古籍目錄」『言語文化論究』14 : 263-287.
福井玲 (2002, 07)「小倉文庫目錄其一・新登錄本」『朝鮮文化研究』9 : 124-182 ;「小倉文庫目錄其二・舊登錄本」『韓國朝鮮文化研究』10 : 105-130.
서울大學校圖書館 (2003)『奎章閣韓國本圖書解題續集』서울 : 서울大學校奎章閣.
國立文化財研究所 (2005)『海外典籍文化財調查目錄 : 日本天理大學天理圖書館所藏韓國本』大田 : 國立文化財研究所.

1 總論

小倉進平 (1913-14)「朝鮮に於ける辭書の沿革」『國學院雜誌』19/12 : 1053-1058 ; 20/2 : 121-142 ; 20/3 : 237-254.
小倉進平 (1914)「朝鮮に於ける日漢滿蒙語讀本」『東洋學報』4/2 : 244-266.
小倉進平 (1915)「朝鮮に於ける日漢滿蒙語辭書」『朝鮮及滿洲』83 : 40-46.
小倉進平 (1916)「朝鮮における蒙古及び滿洲語學」『東亞之光』12/11 : 34-39.
小倉進平 (1917)「朝鮮に於ける契丹及び女眞語學」『歷史地理』29/5 : 145-155.
小倉進平 (1918)「朝鮮の語學機關」『朝鮮教育研究會雜誌』38 : 17-23.
京都帝國大學 (1918)『朝鮮司譯院日滿蒙語學書斷簡』京都 : 京都帝國大學【木版本】.
新村出 (1918)「朝鮮司譯院日滿蒙語學書斷簡解説」『藝文』9/8 : 62-72 ;『朝鮮司譯院日滿蒙語學書斷簡』別册1-11. 京都 : 京都帝國大學 ; (1927)「朝鮮司譯院日滿蒙語學書斷簡解説」『東方言語史叢考』31-43. 東京 : 岩波書店 ; (1971)『新村出全集』1 : 27-34. 東京 : 筑摩書房.
小倉進平 (1920)「朝鮮の回鶻語研究」『朝鮮及滿洲』153 : 29-30.
小倉進平 (1920)『朝鮮語學史』東京 : 大阪屋號書店 ; 增訂版 (1940)東京 : 刀江書院 ; 增訂補注版 (1964)東京 : 刀江書院 (河野六郎補注) ; 同版影印本 (1986)東京 : 西田書店 ; 同版影印本 (1986)原本國語國文學叢林25. 서울 : 大提閣 ; 同版影印本 (1999)世界言語學名著選集・第2期 東アジア言語編 5. 東京 : ゆまに書房.
小倉進平 (1920)『國語及朝鮮語のため』京城 : ウツボヤ書籍店 ; (1975)『小倉進平博士著作集』4 : 1-313. 京都 : 京都大學國文學會.
金澤庄三郎 (1933)『濯足庵藏書六十一種』東京 : 金澤博士還曆祝賀會.
崔鉉培 (1942)『한글갈(正音學)』京城 : 正音社 ; (1982)『改正正音學』서울 : 正音文化社.
金貞玉 (1956)「高麗時代의 教育制度에 對한 一考察」『梨花女大七十周年紀

念論文集』.
閔丙河 (1957)「高麗時代의 教育制度—特히 國子監을 中心으로—」『歷史教育』2 : 152-170.
金龍德 (1959)「高麗光宗朝의 科舉制度問題」『中央大論文集』4/1 : 141-152.
金敏洙 (1964)『新國語學史』서울 : 一潮閣.
金鐘圓 (1965)「〈通文館志〉의 編纂과 重刊에 對하여—田川氏說에 對한 몇 가지 存疑—」『歷史學報』26 : 180-194.
姜信沆 (1966)「李朝時代의 譯學政策에 關한 考察—司譯院,承文院設置를 中心으로 하여—」『大東文化研究』2 : 1-31.
姜信沆 (1966)「李朝初期譯學者에 關한 考察」『震檀學報』29・30 : 520-534.
姜信沆 (1966)「李朝中期以後의 譯學者에 對한 考察」『成均館大學校論文集』11 : 43-58.
李洪烈 (1967)「雜科試取에 對한 考察—特히 燕山君以後에 있어서의 醫・譯・籌學의 境遇—」『白山學報』3 : 323-378.
中村完 (1967)「諺文文獻史における英・正時代について」『朝鮮學報』43 : 1-30 ; (1995)『論文選集訓民正音의世界』179-211. 仙臺 : 創榮出版.
鄭光 (1970)「司譯院譯書의 表記法研究」『國語研究』25.
金龍卿・都守熙 (1974)「李朝時代의 語學機關研究」忠南大學校『論文集』13/1 : 73-89.
金炯秀 (1976)「異民族의 接觸과 異邦語政策 (上)」曉星女子大『國文學研究』5 : 87-134.
元永煥 (1977)「朝鮮時代의 司譯院制度」『南溪曺佐鎬博士華甲紀念論叢』.
姜信沆 (1978)『李朝時代의 譯學政策과 譯學者』서울 : 塔出版社.
鄭光 (1978)「司譯院譯書의 外國語の発音轉寫に就いて」『朝鮮學報』89 : 107-116.
河野六郎 (1979-80)『河野六郎著作集』1-3. 東京 : 平凡社.
李觀洙 (1979)『朝鮮朝의 語文政策研究』서울 : 開文社 ; 改訂版 (1987) 서울 : 弘益大學校出版部.
李建衡 (1980)「朝鮮王朝의 譯學教育」大邱教育大『論文集』16 : 241-263.
Song, Ki Joong (1981, 82)The Study of Foreign Languages in the Yi Dynasty.

Journal of Social Sciences and Humanities 54 : 1-45 ; 55 : 1-63 ; 56 : 1-57.

林東錫 (1982)『朝鮮譯學考』國立臺灣師範大學國文研究所博士論文 ; (1983) 서울 : 亞細亞文化社.

林東錫 (1982)「「朝鮮譯學考」提要」『백석趙文濟敎授回甲紀念論文集』.

金良洙 (1983)「朝鮮後期譯官에 關한 一研究」『東方學志』39 : 31-63.

金良洙 (1983)「朝鮮後期譯官家門의 研究—金指南・金慶門等牛峰金氏家系를 中心으로하여—」『白山學報』32 : 97-152.

鄭光・韓相權 (1985)「司譯院과 司譯院譯學書의 變遷研究」『德成女大論文集』14 : 169-234.

宋基中 (1985, 87)「『經國大典』에 보이는 譯學書書名에 對하여 (1, 2)」『國語學』14 : 115-148 ; 16 : 151-175.

金良洙 (1986)『朝鮮後期의 譯官身分에 關한 研究』서울 : 延世大學校大學院.

金炫榮 (1987)「朝鮮後期中人의 家系와 經歷—譯官川寧玄氏家古文書의 分析—」『韓國文化』8 : 103-134.

白玉敬 (1988)『朝鮮前期譯官의 性格에 對한 一考察』梨花女子大學校碩士論文.

白玉敬 (1988)「朝鮮前期譯官의 性格에 對한 一考察」『梨大史苑』22-23 : 415-449.

安美璟 (1989)『朝鮮朝譯學書의 版種에 關한 研究』成均館大學校碩士論文.

林東錫 (1989)「朝鮮時代外國語敎育에 對한 一考」『近代學術志』33 : 147-180.

 (1990)「朝鮮時代外國語敎學에 對한 一考」『第三屆中國域外漢籍國際學術會議論文集』481-532. 聯合報基金會國學文獻館.

鄭光 (1989)「譯學書의 刊板에 對하여—日本京都大學所藏司譯院木板을 中心으로—」『周時經學報』4 : 104-113.

鄭光 (1990)『朝鮮朝譯科試券研究』(大東文化研究叢書10) 서울 : 成均館大學校出版部.

鄭光 (1991)「司譯院譯學書의 近代國語資料的性格」檀國大學校付設東洋學研究所『東洋學學術會議講演』21 : 25-34 ; (1992)『東洋學』22 : 263-272.

姜信沆(1992)「世祖朝부터 中宗朝까지의 譯學者」『李圭昌博士停年紀念國語國文學論叢』33-52.

鄭光(1992)「譯科試券硏究의 諸問題—朝鮮朝後期의 譯科試券을 中心으로—」『精神文化硏究』15/1 : 109-122.

鄭光・尹世英・宋基中(1992)「高麗大學校博物館所藏司譯院册板」『省谷論叢』23 : 2305-2387.

洪允杓(1993)「國漢會語」「朴通事新釋諺解」「方言類釋」「隣語大方」「漢語抄」『國語史文獻資料硏究(近代篇I)』59-71 ; 144-159 ; 160-169 ; 350-361 ; 439-442. 서울 : 太學社.

姜信沆(1993)「韓・日兩國譯官에 對한 比較硏究」成大人文科學硏究所『人文科學』23 : 33-52. 서울 : 新丘文化社.

전윤주(1993)『朝鮮後期 譯官의 身分과 그 役割』梨花女子大學校碩士論文.

宋基中(1997)「譯學書硏究의 現況과 問題(一)」韓國精神文化硏究院『韓國語文』5 : 119-192.

鄭丞惠(1998)「司譯院譯學書에 對한 基礎的硏究」第4回國語史資料硏究會 겨울硏究會發表文.

鄭光(1998)「高麗大博物館所藏의 司譯院譯學書册板硏究」『1998國語史資料硏究會 겨울共同硏究會發表要旨』國語史資料學會.

鄭光・尹世英(1998)『司譯院譯學書册板硏究』(人文社會科學叢書17)서울 : 高麗大學校出版部【紹介 : 古屋昭弘(2001)「李氏朝鮮譯學硏究の高まり」『東洋學報』83/1 : 84-90】.

鄭光(1998)「日本에있는 國語史資料硏究資料—東京大學小倉文庫所藏資料를 中心으로—」『學術振興財團1998硏究結果槪要報告書』學術振興財團.

鄭光(1999)「譯學書硏究の諸問題」『朝鮮學報』170 : 29-66.

白應鎭(1999)『韓國語歷史音韻論』서울 : 博而精.

安秉禧(2000)「『通文館志』의 刊行과 그 史料檢證」『奎章閣』23 : 47-70.

姜信沆(2000)『韓國의 譯學』서울 : 서울大學校出版部.

鄭在永(2000)「譯學書資料에 對하여」『二重言語學』17 : 301-338.

鄭光(2000)「外國國語史資料硏究(1)—日本의 東京大學圖書館小倉文庫와 駒澤大學金澤・江田文庫所藏資料를 中心으로—」『國語史資料硏究』國

語史資料學會.
白玉敬(2000)『朝鮮前期譯官研究』梨花女子大學校博士論文.
鄭光(2001)「國語史資料研究(2)—日本의 京都大學과 大東急記念文庫所藏 資料를 中心으로—」『國語史資料研究』2 : 39-82. 國語史資料學會.
鄭光(2001)「從試卷看朝鮮王朝의 譯科制度—以滿語、蒙古語、漢語考試答 案用紙爲中心」『飜譯과 文化史』硏究會(京都)論文.
Song, Ki Joong (2001) *The Study of Foreign Languages in the Choson Dynasty (1392-1910).* Seoul : Jimoondang Publishing Company.
鄭光(2002)『譯學書硏究』서울 : J&C.
鄭丞惠(2002)「韓國에서의 外國語敎育에 對한 歷史的考察」『二重言語學』 21 : 286-312.
鄭丞惠(2003)The History of Foreign Language Education in Korea. *Explorations in Korean Language and Linguistics* 51-71. ICKL.
鄭丞惠(2003)「川寧玄氏家의 古文書와 墓誌」『文獻과 解釋』22 : 110-128.
金良洙(2003)「朝鮮後期의 敎誨譯官『敎誨廳先生案』의 分析을 中心으로」 『朝鮮時代史學報』24 : 79-143.
烏雲高娃(2003)「14-18世紀東亞大陸的"譯學"機構」『黑龍江民族叢刊』 2003/3 : 80-83.
李相揆(2004)「朝鮮後期川寧玄氏家의 譯官活動」『韓日關係史硏究』20 : 197-239.
이효민(2004)『司譯院의 職制와 外交機能』朝鮮大學校碩士論文.
박용운(2005)「高麗時期의 通文館(司譯院)에 對한 檢討—漢語都監, 譯語都 監, 吏學都監, 漢文都監과도 關聯하여—」『韓國學報』31/3 : 2-23.
朴成柱(2006)「麗末鮮初通事의 職能과 그 性格」『慶州史學』24・25 : 249-267.
鄭光他(2006)『譯學書와 國語史硏究』서울 : 太學社.
鄭光(2006)「譯學書와 國語史硏究」『譯學書와 國語史硏究』43-65. 서울 : 太 學社.
朴眞完(2006)「京都大學河合文庫所藏司譯院關聯古文書」『譯學書와 國語 史硏究』215-245. 서울 : 太學社.
박미영(2006)「譯學書의 文體特徵硏究」『譯學書와 國語史硏究』247-292.

서울 : 太學社.
梁伍鎭 (2006)「朝鮮時代多重言語辭典類에 對하여」『譯學書와 國語史研究』 67-87. 서울 : 太學社.
梁伍鎭 (2006)「朝鮮時代外國語辭典類에 對한 考察」『中國學研究』37/1 : 271-292.
김윤제 (2006)「奎章閣所藏『通文館志』의 刊行과 板本」『奎章閣』29 : 61-92.
李迎春 (2007)「『通文館志』의 編纂과 朝鮮後期韓中關係의 性格」『歷史와 實學』33 : 121-161.
金良洙 (2007)「朝鮮後期牛峰金氏의 成立과 發展―繼仝公派의 金指南等中人을 中心으로―」『歷史와 實學』33 : 5-78.
烏雲高娃 (2007)「朝鮮司譯院の類解書と華夷譯語」大東文化大學『語學教育フォーラム』13 (福盛貴弘・遠藤光曉編『華夷譯語論文集』) : 107-113.

2 漢學

2.1. 韓漢語言史

小倉進平 (1916)「朝鮮に於ける支那語學」『朝鮮及滿州』110 : 57-63.
小倉進平 (1916)「朝鮮に於ける漢籍の諺解」『藝文』7/11 : 43-59.
朝鮮總督府 (1918)『朝鮮古籍圖譜』京城 : 朝鮮總督府.
金澤庄三郎 (1929)『日鮮同祖論』東京 : 刀江書院 ; (1978) 東京 : 成甲書房 ;
  (1985)『日韓古地名の研究』123-285. 東京 : 草風館.
金允經 (1938)『朝鮮文字及語學史』朝鮮記念圖書出版部 ; (1982)『韓國文字
  及語學史』서울.
小倉進平 (1940)「朝鮮に於ける韻書と玉篇との關係」『安藤敎授還曆祝賀記
  念論文集』1231-1244 ; (1975)『小倉進平博士著作集』4 : 547-562.
魚返善雄 (1944)「支那語と朝鮮」『日本語と支那語』317-327. 東京 : 慶應出版社.
方鍾鉉 (1946)『訓民正音通史』서울 : 一省堂書店.
河野六郎 (1950)「中國音韻學と朝鮮」『中國語學』33 : 1-4 ; (1979)『河野六郎
  著作集』2 : 221-226. 東京 : 平凡社.
姜信沆 (1959)『李朝中期韻學史試論 : 여러學者들의 國語考察을 中心으로
  하여』서울大學校碩士論文.
張河一 (1959)「韓國의 中國語敎育略史」『外大學報』2 : 72-79.
柳烈 (1962)「朝鮮語歷史研究資料 (古典部分)」『朝鮮語學』1962/4 : 49-62.
朴恩用 (1968)「中國語가 韓國語에 끼친 影響—國語音素 體系의 變遷—」啓
  明大學校東西文化研究所『東西文化』2 : 3-51.
白鳥庫吉 (1970)『白鳥庫吉全集』2. 東京 : 岩波書店.
白鳥庫吉 (1970)『白鳥庫吉全集』3. 東京 : 岩波書店.

Choe, Hak-kun (1970) Chinese Influence on the Korean Language. *Chinese Culture* 11/2 : 50-54.
崔範勳 (1976)『韓國語學論攷』서울 : 通文館.
河野六郎 (1977)「朝鮮語學の勸め」『月刊言語』6/10 : 2-5.
藤本幸夫 (1977)「朝鮮と漢字」『月刊言語』6/10 : 40-49.
中村完 (1983-85)「訓民正音の世界」『季刊三千里』34 : 176-183 ; 35 : 226-235 ; 36 : 131-139 ; 37 : 114-121 ; 39 : 224-233 ; 40 : 128-137 ; 41 : 208-215 ; 42 : 199-205 ; (1995)『訓民正音の世界』371-453. 仙臺 : 創榮出版.
姜信沆 (1983)『改訂版國語學史』서울 : 普成文化社.
李得春 (1984)「朝鮮歷代漢語硏究評介」『延邊大學學報 (社會科學版)』 1984/2 : 98-105.
金完鎭・安秉禧・李秉根 (1985)『國語硏究의 발자취 (1)』서울 : 서울大學校 出版部.
安秉禧 (1985)「諺解의 史的考察」『民族文化』11 : 7-26.
都守熙 (1987)『韓國語音韻史硏究』서울 : 塔出版社.
周四川 (1989)「漢字在朝鮮半島」『漢字文化』1989/4 : 41-43.
鄭光 (1990)「中國에 있어서의 韓國語敎育의 歷史的考察」『二重言語硏究』 6 : 69-181.
李基文 (1991)「韓國語와 中國語의 接觸에 對하여」『國語語彙史硏究』234-240. 서울 : 東亞出版社.
大塚秀明 (1991)「中國語史に於ける朝鮮資料について (現代語・現代文化學系硏究会發表要旨10月例会)」筑波大學『言語文化論集』34 : 138.
李得春 (1992)『漢朝言語文字關係史』東北民族敎育出版社 ; (1993)서울 : 書光學術資料社.
安秉禧 (1992)『國語史硏究』서울 : 文學과 知性社.
韓國語學硏究會 (1994)『國語史資料選集』서울 : 韓國語學硏究會・書光學術資料社.
菅野裕臣 (1996)「朝鮮の言語と文字」武田幸男編『朝鮮の歷史と文化』99-112. 東京 : 放送大學敎育振興會.
金永晃 (1996)『朝鮮語言學史硏究』平壤 : 金日成綜合大學出版社.

李得春・金基石 (1997)「漢字文化與朝鮮漢字」『東疆學刊』1997/3 : 44-51.
河惠丁 (1997)『朝鮮朝韻書의 獨自性研究』中央大學校博士論文.
姜信沆 (1998)「나의 冊, 나의 研究」『새國語生活』8-1 : 181-199.
李得春 (2001)『朝鮮語歷史言語學研究』서울 : 圖書出版亦樂.
張曉曼 (2002)「試論中韓語言的接觸」『語言研究』2002年增刊 : 202-205.
韓容洙 (2002)「古代韓半島漢語教學回顧」『漢語學習』2002/1 : 65-67.
愼鏞權 (2002)『古今韻會舉要研究』南京大學博士論文.
任少英 (2003)「中國韻書傳入韓國考略」『河南師範大學學報 (哲學社會科學版)』2003/1 : 153.
林東錫 (2003)「韓國에서의 漢字敎育과 中國語 (漢語)敎育」『中國言語研究』17 : 5-27.
金基石 (2004)「韓國漢語教育史論綱」『東疆學刊』2004/1 : 34-42.
金永旭 (2004)「漢字・漢文의 韓國的受容」『口訣研究』13 : 65-98.
張曉曼 (2004)「試論中韓語言接觸及中韓音韻關係」『山東大學學報 (哲學社會科學版)』2004/4 : 34-38.
李得春 (2005)「韓國歷代漢韓飜譯簡述」『解放軍外國語學院學學報』2005/4 : 73-78.
岳輝 (2005)「朝鮮時代漢學師生的構成及特徵分析」『學習與探索』2005/6 : 171-173.
申東月 (2006)「漢韓語言接觸對韓語語音發展的影響」『民族語文』2006/6 : 44-48.
李得春 (2006)『中韓語言文字關係史研究 (上下)』延邊 : 延邊教育出版社【書評 : 韓振乾・金光洙「中韓文化關係之力作–評李得春教授主編的《中韓語言文字關係史研究》」『東疆學刊』2007/4 : 92-93】.
李始衍 (2006)『中韓飜譯史起始時期研究』對外經濟貿易大學碩士論文.
宮下尚子 (2007)『言語接触と中國朝鮮語の成立』福岡 : 九州大學出版會.
遠藤光曉 (2008)「韓漢語言史資料研究概述—總論」遠藤光曉・嚴翼相編『韓漢語言研究』445-454. 서울 : 學古房.
南豐鉉 (2009)『古代韓國語研究』서울 : 시간의 물레.

2.2. 鄕歌・吏讀

2.2.1. 總論

坪井九馬三(1900)「三國遺事解題」『史學會雜誌』11/9 : 1085-1098.
坪井九馬三(1900)「海東金石苑解題」『史學會雜誌』11/10 : 1126-1135.
朝鮮總督府(1913-17)『朝鮮金石總覽』京城 : 朝鮮總督府.
申采浩(1925)「朝鮮古來의 文字와 詩歌의 變遷；處容歌解讀」『東亞日報』.
崔鉉培(1928)「吏讀文字란 무엇인가?」『한빛』2/2.
中樞院(1934)『吏讀集成』京城 : 中樞院 ; (1988)『吏讀集成・譯語類解』(原本國語國文學叢林24)서울 : 大提閣.
金澤庄三郎(1934)『新羅の片假字』東京 : 金澤博士還曆祝賀會.
文時赫(1934-36)「吏讀에 對한 考察」朝鮮語學研究會『正音』1/12.
金澤庄三郎(1936)「吏讀雜考」『史學雜誌』47/1 : 143-178.
小倉進平(1936)「鄕歌・吏讀の問題を繞りて」『史學雜誌』47/5 : 631-649 ;
    (1975)『小倉進平博士著作集』2 : 103-121.
朝鮮總督府(1936)『朝鮮史料集眞』京城 : 朝鮮總督府.
妙香山人(1937)「수두時代의 創作說과 吏讀文」『正音』18.
崔文鎭(1938)「吏讀와 朝鮮文學」『四海公論』4/7.
李相寅(1939-40)「吏讀草」『한글』67 : 26-30 ; 68 : 26-30 ; 69 : 41-45 ; 70 : 16-19 ; 71 : 25-28 ; 72 : 26-30 ; 73 : 24-27 ; 74 : 21-25 ; 75 : 20-22 ; 76 : 22-26 ; 77 : 11 ; 78 : 10.
朴秉錄(1947)「古語源遷考」『國學』3.
鄭寅承(1953)「吏讀起源의 新考察」『全北大國語文學』5.
李崇寧(1953)「吏讀의 段・矣考 處格의 比較試圖」『歷史學報』4 : 71-84.
李崇寧(1954)「古代語의 形態論的研究試圖 吏讀의 '良'字를 中心으로」『외솔崔鉉培先生還甲紀念論文集』233-276. 서울 : 思想界社.
鄭寅承(1954)「古代 사이 된소리 表記法의 새 考察」『외솔崔鉉培先生還甲紀念論文集』233-276. 서울 : 思想界社.

沈載完 (1954)「金石學의 古典的地位」『靑丘』1.
金根洙 (1955)「吏讀에 關한 新考察」『全北大國語文學』8.
李崇寧 (1955)「接尾辭-b (p)系의 硏究」『震檀學報』17 : 31-102.
李秉岐 (1955)「吏讀의 解析」中央大學校『文鏡』17 : 31-102.
姜允浩 (1956-59)「吏讀學史研究序説 (一)~(五)—近世西洋人의 吏讀研究」『國語國文學』15 : 36-61 ; 17 : 43-64 ; 18 : 142-164 : 19 : 58-76 ; 20 : 145-172.
金根洙 (1957)『吏讀資料集成』(油印) 서울 : 東國大學校.
李鐸 (1957)「吏讀의 根本的解釋」『一石李熙昇先生頌壽紀念論叢』525-530. 서울 : 一潮閣.
洪起文 (1957)『吏讀研究』平壤 : 科學院出版社.
姜成一 (1958)「古代語의 形態論的研究試攷 吏讀의 在, 去字를 中心으로」『語文學』3.
徐炳國 (1958)「音訓借表記體研究序説」『語文學』3 : 20-44.
李崇寧 (1958)「梁柱東氏의 挑戰에 答한다」『思想界』6/11.
洪淳鐸 (1958)「吏讀格形態考」『全南大論文集』2.
姜成一 (1958-59)「古代語의 形態論的研究試攷—吏讀의 "在, 去"字를 中心으로— (上) (下)」『語文學』3 : 96-123 ; 4 : 17-37.
洪淳鐸 (1959)「吏讀副詞接尾辭考」全南大學校『國文學報』1.
洪淳鐸 (1959)『吏讀格形態考』東國大學校碩士論文.
金根洙 (1961)「吏讀研究」高麗大學校『亞細亞研究』7 : 87-139.
洪淳鐸 (1962)「吏讀副詞形態攷 亦・伊・只」『全南大國文學報』3.
姜銓燮 (1963)『吏讀의 新研究』忠南大學校碩士論文.
洪淳鐸 (1963)「吏讀研究—動詞考—」『無涯梁柱東博士華誕紀念論文集』.
劉昌惇 (1964)『李朝語辭典』서울 : 延世大學校出版部.
崔範勳 (1964)「國語의 態 (voice)에 關한 史的考察」東國大學校『國語國文學論文集』5 : 53-80.
朴恩用 (1966)「‘矣’借表記에 對하여」『曉星女大研究論文集』1 : 39-77.
朴炳采 (1966)「鄕札와 吏讀의 槪念定立에 對하여」高麗大學校『語文論集』1 : 14-33.

洪淳鐸(1966)「吏讀研究—動名詞攷—」『가람 李秉岐博士頌壽紀念論文集』.
姜信沆(1967)「吏讀表記와 文法意識」『韓國文化史大系 韓國語學史』V. 서울 : 高麗大學校.
姜信沆(1967)「漢字音訓借表記使用과 國語에 對한 反省」『韓國文化史大系 V. 言語・文學史』. 서울 : 高麗大學校.
朴恩用(1967)「吏讀表記 '一等'에 對하여」『曉星女大研究論文集』2 : 5-25.
中村完(1967)「吏讀語における用言の基本構造とその周辺について」『朝鮮學報』48 : 41-62 ; (1995)『訓民正音の世界』57-78. 仙臺 : 創榮出版.
金泰均(1968)「吏讀資料集成」京畿大學校『京大文學』3.
洪淳鐸(1969)「吏讀研究—代名詞考—」東國大學校『國語國文學』7・8 : 37-46.
張世敬(1970)「吏讀研究」漢陽大學校『論文集』4.
藤本幸夫(1971)「河合文書の研究—文書形式・吏讀・俗語を中心として—」『朝鮮學報』60 : 119-148.
洪淳鐸(1972)「吏讀名詞攷」『梁柱東博士古稀紀念論文集』.
張世敬(1973)「吏讀의 토씨 研究」漢陽大學校『論文集』7 : 9-32.
南豊鉉(1973)「古代國語의 吏讀表記」『東洋學學術會議講演』3 : 3-14 ; (1974)『東洋學』4 : 363-374.
洪淳鐸(1973)「'上'字攷」『淸溪金思燁博士頌壽紀念論叢』.
洪淳鐸(1973)「吏讀 名詞攷」『無涯梁柱東博士古稀紀念論文集』.
洪淳鐸(1974)『吏讀研究』光文出版社.
南豊鉉(1974)「13世紀奴婢文書와 吏讀」檀國大學校『論文集』8 : 9-28.
都守熙(1975)「吏讀史研究」忠南大人文科學研究所『論文集』2/6.
南豊鉉(1975)「漢字借用表記法의 發達」檀國大國語學論文集』7・8 : 3-47.
兪昌均(1976)「鄕歌와 萬葉假名」『邊德珍敎授回甲紀念論文集』.
南豊鉉(1976)「高麗初期의 帖文(慈寂禪師凌雲塔碑陰銘)과 吏讀」『國語國文學』72・73 : 321-324.
張志暎(1976)『吏讀辭典』서울 : 正音社.
中村完(1976)「史的名辭「吏讀」の概念とその意識構造について」『朝鮮學報』78 : 21-44 ; (1995)『訓民正音の世界』35-55. 仙臺 : 創榮出版.
崔範勳(1976)「高麗時代借字法研究」『韓國語學論攷』서울 : 通文館.

洪淳鐸 (1976)「吏讀研究 副詞・雜形」『又樹姜馥樹博士回甲紀念論文集』.
洪淳鐸 (1977)「吏讀終結語尾 -齊에 對하여」『金成培先生回甲紀念論文集』.
崔範勳 (1977)『漢字借用表記體系研究—金石文古文書에 나타난 固有人名을 中心으로』서울 : 東國大學校韓國學研究所.
崔範勳 (1977)「17・8世紀의 吏讀・口訣에 關하여」『國語國文學』76 : 90-93.
崔範勳 (1978)「漢字借用表記方式의 段階的發展에 對하여」清州師範大學『論文集』7 : 133-146.
藤本幸夫 (1978)「朝鮮漢文 吏讀文からの昇華」大阪大學『語文』34 : 32-38.
都守熙 (1979)「吏讀語의 音韻變化」『徐炳國先生華甲紀念論叢』.
朴甲洙 (1979)「吏讀副詞語彙考」서울大學校『師大論叢』19.
藤井茂利 (1979)「ソウル大學藏『禮記集説大全』の本文に付せられた略體漢字の「吐」について」鹿兒島大學『人文學科論集』15 : 61-94.
張世敬 (1980)「吏讀의 높임법 (敬語法) 研究」漢陽大學校『韓國學論集』1 : 41-62.
權在善 (1980)「吏讀文字'叱'字考」『蘭汀南廣祐博士華甲紀念論叢』.
南豊鉉 (1980)「借字表記法의 用字法에 對하여」『蘭汀南廣祐博士華甲紀念論叢』.
南豊鉉 (1980)「漢字・漢文의 受容과 借字表記法의 發達」『韓國古代文化와 隣接文化와의 關係』報告論叢18/1. 韓國精神文化研究院.
金敏洙 (1980)「奈麻薛聡의 吏讀文에 對하여」『延岩玄平孝博士回甲紀念論叢』.
姜信沆・金完鎭・兪昌均・南豊鉉・鄭然粲・崔範勳・安秉禧・都守熙・金英培・李基文 (1980)「借字表記法에 對한 綜合的檢討」『國語學』9 : 163-175.
李基文 (1981)「吏讀의 起源에 對한 一考察」『震檀學報』52 : 65-78.
李基文 (1981)「吏讀에 對하여」『國語國文學』86 : 286-287.
南豊鉉 (1981)『借字表記法研究』서울 : 檀大出版部.
裵大温 (1981)「漢字借用表記의 變遷에 對하여」『韓民族語文學』8 : 71-89.
민은숙 (1982)『鄕藥名稱의 吏讀表記와 語形變遷研究』曉星女子大學校碩士論文.

南豊鉉(1982)「借字表記法 '巴'字에 對하여」『朝鮮學報』105 : 1-7.
裵大温(1982)「吏讀主格에 對하여—大明律直解를 中心으로—」『배달말』7 : 75-98.
李鍾徹(1983)「鄕歌의 末音添記字와 萬葉集歌의 Sutegana에 對하여」『東亞文化』21 : 3-32.
裵大温(1983)「吏讀處格에 對하여—大明律直解를 中心으로—」『배달말』8 : 135-164.
李鍾徹(1983)『鄕歌와 萬葉集歌의 表記法比較研究』서울 : 集文堂.
趙東元(1983)『韓國金石文大系』圓光大學校出版部.
崔銑默(1983)『吏讀表記法研究』建國大學校碩士論文.
柳烈(1983)『세나라時期의 吏讀에 對한 研究』平壤 : 科學, 百科事典出版社 ; (1995)韓國文化社【書評 : 李江魯(1991)「柳烈지은《세나라時期의 吏讀에 對한 研究》評説」『한글』213 : 353-392】.
金昇坤(1984)「韓國語吏讀の處格助詞「良中」の語源研究」『朝鮮學報』110 : 29-51 ; (1984)「韓國語吏讀의 處所格助詞「良中」의 語源研究」『門下生의 글로 엮어진 두메 朴智弘先生回甲紀念論文集』27-48.
藤井茂利(1984-88)「『童蒙先習』の本文及びその「吐」について」鹿兒島大學『人文學科論集』19 : 191-239 ; 20 : 103-128 ; 21 : 25-70 ; 22 ; 23 : 79-94 ; 24 : 49-67 ; 25 : 75-85 ; 26 : 87-96 ; 27 : 39-54.
許興植(1984)『韓國金石全文』서울 : 一志社.
金昇坤(1985)「吏讀의 与格助詞「亦中」에 對한 考察」『金一根先生回甲紀念論文集』.
金完鎭(1985)「特異한 音讀字 및 訓讀字에 對한 研究」『東洋學』15 : 1-17.
南豊鉉(1985)「借字表記資料의 研究史」高永根編『國語學研究』서울 : 學研社
安秉禧(1985)「韓國語借字表記法의 形成과 特徵」『第三回國際學術會議論文集』韓國精神文化研究院 ; (1988)『虛堂李東林博士停年退任紀念論叢 國語學研叢』338-353. 서울 : 集文堂.
裵大温(1985)「借字表記 '只'에 對하여」『千時權博士華甲紀念論叢』.
朴智弘(1985)「吏讀「良」에 對하여」『李炳銑博士華甲紀念論叢』.
李敦柱(1985)「鄕歌表記借用字音註」『語文論叢』7・8 : 365-395.

鄭鎬完(1985)「吏讀語[是]의 形態論的位階」『大邱語文論叢』3.
田代洋子(1985)「方言にみられる韓國語及び「吏讀」(古代朝鮮文字)について」『ARTCL』84/1 : 50-55.
金昇坤(1985)「吏讀의 與格助詞[亦中]에 對한 考察」『覓南金一根博士華甲紀念語文學論叢』.
南豐鉉(1986)「吏讀・鄕札表記의 原理와 實際」『國語生活』6 : 40-56 ; (2000)「吏讀, 鄕札, 口訣의 槪念와 實際」『吏讀硏究』11-29. 서울 : 太學社.
藤本幸夫(1986)「「中」字攷」『論集日本語硏究(二)歷史編』386-420. 東京 : 明治書院.
孫炳胎(1986)『吏讀의 時相形態表記法硏究』嶺南大學校碩士論文.
裵大溫(1986)「借字表記 '只'字에 對하여」韓民族語文學會『韓民族語文學』13 : 157-167.
中村完(1986)「古代朝鮮語の文字化」『東アジア世界における日本古代史講座』8 : 27-27. 東京 : 學生社 ; (1995)『訓民正音の世界』17-34. 仙臺 : 創榮出版.
安秉禧(1987)「均如의 方言本著述에 對하여」『國語學』16 : 41-54.
李基白(1987)『韓國上代古文書資料集成』서울 : 一志社.
李鍾徹(1987)「萬葉集歌에 反映된 鄕札系尊敬法接尾辭「賜」에 對하여」『日語日文學硏究』11 : 189-212.
崔範勳(1987)「金石文에 나타난 吏讀硏究」京畿大『論文集』21 : 43-106.
都守熙(1987)「漢字借用表記의 轉訛에 對하여」『雪苔朴堯順先生華甲紀念論叢』.
安秉禧(1987)「借字表記法의 發達」『國語學論文集』서울 : 集文堂.
安秉禧(1987)「國語資料로서의 三國遺事」『三國遺事의 綜合的檢討』韓國精神文化硏究院.
朱松植(1987)「漢字與朝鮮的吏讀字」『延邊大學學報(社會科學版)』1987/4 : 93-101.
裵大溫(1987)「借字表記의 音節末子音에 對한 考察」『배달말』12 : 17-61.
裵大溫(1988)「吏讀副詞語彙考」『배달말』13 : 67-122.
安秉禧(1988)「韓國語借字表記法의 形成과 特徵」『李東林先生停年退任紀

念論叢─國語學研叢』383-353. 서울 : 集文堂.

鄭喆柱(1988)「吏讀表記의 段階的發達」『啓明語文學』4 : 89-137.

崔範勳(1988)「漢字借用表記方式의 段階的發展에 對하여」『虛堂李東林先生停年退任紀念論文集』363-380. 서울 : 集文堂.

金鍾塤(1988)「吏讀語彙攷」井山柳穆相博士華甲紀念論叢刊行委員會編『井山柳穆相博士華甲紀念論叢』119-137. 서울 : 中央大學校・中央文化研究院出版部.

藤本幸夫(1988)「古代朝鮮の言語と文字文化」『日本の古代14ことばと文字』175-240. 東京 : 中央公論社.

孫炳胎(1989)「〈牛疫方〉의 吏讀文研究」『韓民族語文學』16 : 409-420.

金鍾塤(1989)「羅麗吏讀에 나타난 特殊語彙攷」齊曉李庸周博士回甲記念論文集刊行委員會編『齊曉李庸周博士回甲記念論文集』119-137. 서울 : 한샘出版社.

李丞宰(1989)「借字表記研究와 訓民正音의 文字論的研究에 對하여」『國語學』19 : 203-239.

裵大溫(1989)「吏讀名詞語彙考」『배달말』14 : 107-138.

沈在箕(1989)「朝鮮朝後期의 借字表記樣相」齊曉李庸周博士回甲記念論文集刊行委員會編『齊曉李庸周博士回甲記念論文集』54-71. 서울 : 한샘出版社.

韓相仁(1989-91)「吏讀의 研究(1)～(3)」『語文研究』19 : 85-91 ; 20 : 427-441 ; 22 : 317-325.

崔允甲(1990)「吏讀의 發生과 그 性格」曉星女大『韓國傳統文化研究』6 : 61-68.

南豊鉉(1990)「吏讀口訣」『國語研究 어디까지 왔나』서울 : 東亞出版社 ; (2000)「吏讀研究略史」『吏讀研究』48-56. 서울 : 太學社.

裵大溫(1990)「吏讀 '-如中'系語彙에 對하여」『배달말』15 : 55-67.

崔範勳(1990)「漢字借用表記體系研究」『蘭汀南廣祐博士古稀紀念國語學關係博士學位論文要約集』572-578. 韓國語文教育研究會.

徐廷範(1990)「15世紀文獻語의 表記體系에 關한 國語史的研究」『蘭汀南廣祐博士古稀紀念國語學關係博士學位論文要約集』579-591. 韓國語文

教育研究會.
南豊鉉(1990)「借字表記法研究」『蘭汀南廣祐博士古稀紀念國語學關係博士學位論文要約集』592-604. 韓國語文教育研究會.
池春洙(1990)「15世紀國語表記法과 그 變遷」『蘭汀南廣祐博士古稀紀念國語學關係博士學位論文要約集』619-629. 韓國語文教育研究會.
千素英(1990)「古代固有名詞借用表記研究」『蘭汀南廣祐博士古稀紀念國語學關係博士學位論文要約集』630-642. 韓國語文教育研究會.
강홍구(1991)「吏讀의 研究(3)에 對한 論評」『語文研究』22 : 327-331.
金斗滉(1991)「吏讀의 概念問題에 對하여」京畿大學校『京畿語文學』9 : 265-284.
金昇坤(1991)「吏讀 고(遣)과 고(古)의 用法考」『國語의 理解와 認識』서울 : 韓國文化社.
徐鍾學(1991)『吏讀의 文法形態表記에 關한 歷史的研究』서울大學校博士論文.
南豊鉉(1991)「借字表記와 古代國語의 語形」『國語史의 論議에 있어서 몇 가지 問題』韓國精神文化研究院.
李丞宰(1991)「鄕歌의 遣只賜와 舊譯仁王經口訣의 古只示에 對하여」『國語學의 새로운 認識과 展開 金完鎭先生回甲紀念論叢』438-456. 서울 : 民音社.
南豊鉉(1992)「古文書의 吏讀解讀」『精神文化研究』15/1 ; (2000)「柳璥의 尙書都官貼文의 吏讀」『吏讀研究』546-567. 서울 : 太學社.
崔允甲(1992)「吏讀音에 殘存한 一部漢語上古音」『白山學報』13 : 175-188.
裵大溫(1992)「吏讀用言 '令(是)-'系語彙에 對하여」『배달말』17 : 133-157.
한글學會(1992)『우리말 큰사전 옛말과 이두』語文閣.
金昇坤(1993)「吏讀의 고(遣)과 고(古)의 統語機能考」弘益大學校『弘益語文』10・11.
金承鎬(1993)「吏讀傳來讀音에 對하여」『東亞語文論集』3 : 181-206.
南豊鉉(1993)「借字表記와 古代國語의 語形」『韓國語文』2 ; (2009)「借字表記와 中古韓國語의 語形」『古代韓國語研究』284-299. 서울 : 시간의 물레.

裵大溫 (1994)『吏讀語彙論』서울 : 螢雪出版社.
裵大溫 (1994)「吏讀先語末語尾에 對하여」『배달말』19 : 81-107.
吳昌命 (1994)「中世國語時期副詞類吏讀의 硏究—『科擧事目』과『詳定科擧
　　　　規式』을 中心으로—」濟州大學校『白鹿語文』10 : 31-49.
吳昌命 (1995)「1407年『長城監務關字』」의 吏讀文解讀」『古文書硏究』7 : 21-68.
吳昌命 (1995)「奴婢賣買文記의 吏讀文과 吏讀解讀」濟州大學校『白鹿語文』
　　　　11 : 7-32.
黃善燁 (1995)『15世紀國語 '-으니'의 用法과 그 起源』서울大學校碩士論文.
徐鐘學 (1995)『吏讀의 歷史的硏究』嶺南大學校出版部.
李丞宰 (1995)「吏讀의 辭典學的特性」『애산學報』16 : 103-134.
李賢熙 (1995)「'-스-'와 '-沙'」南鶴李鍾徹先生回甲紀念論叢刊行委員會編『韓
　　　　日語學論叢』523-585. 서울 : 國學資料院.
裵大溫 (1996)「吏讀處格助詞의 通時的考察」『배달말』21 : 139-156.
吳昌命 (1996)「『科擧事目』의 吏讀硏究」『古文書硏究』9 : 169-203.
裵大溫 (1997)『吏讀用言의 活用語尾硏究』서울 : 螢雪出版社.
裵大溫 (1997)「吏讀終結語尾의 硏究」『東國語文論集』7 : 1-25.
李承宰 (1997)「吏讀와 口訣」『새國語生活』7 : 135-144.
金裕範 (1998)「吏讀'-是等'攷」『口訣硏究』4 : 115-136.
裵大溫 (1998)「借字表記에 보이는 '次'字에 對하여」『배달말』23 : 121-141.
愼重珍 (1998)「末音添記의 生成과 發達에 對하여」『口訣硏究』4 : 85-114.
南豊鉉 (1998)「古代國語의 資料」『國語의 時代別變遷硏究』3. 서울 : 國立
　　　　國語硏究院 ; (2000)「吏讀의 資料」『吏讀硏究』30-47. 서울 : 太學社.
김영욱 (1999)「前期中世國語의 相, 時制, 敍法에 關하여」南川朴甲洙敎授
　　　　停年退任紀念論文集刊行委員會編『南川朴甲洙敎授停年退任紀念論
　　　　文集』719-751. 서울 : 月印.
權仁瀚 (2000)「吏讀字'味'의 讀法과 漢字音의 關係」『21世紀國語學의 課題
　　　　(솔미鄭光敎授回甲紀念論叢)』207-224. 서울 : 月印.
南豊鉉 (2000)『吏讀硏究』서울 : 太學社.
裵大溫 (2000)「吏讀冠形詞形語尾 '-호, -재'에 對하여」『배달말』27 : 61-78.
李丞宰 (2000)「國語文字體系의 發達—借字表記를 中心으로」『韓國文化思

想大系 (1)』嶺南大民族文化研究所.
李丞宰 (2000)「借字表記資料의 格助詞研究」『國語國文學』127 : 107-132.
홍고 (2001)「吏讀資料『農圃集』의 敬語法에 對하여」『口訣研究』7 : 80-112.
裵大溫 (2001)「吏讀文에서의 語尾 '去'의 機能에 對하여」『배달말』29 : 71-88.
梁熙喆 (2001)「吏讀와 鄕札의 '內'研究」語文研究學會『語文研究』35 : 99-121.
李丞宰 (2001)「古代吏讀의 尊敬法 '-在[겨]-'에 對하여」韓國語文教育研究會 『語文研究』112 : 53-70.
張世敬 (2001)『吏讀 읽기 辭典』서울 : 漢陽大學校出版部.
朴盛鐘 (2002)「吏讀에서의 訓讀에 對하여」『口訣研究』8 : 129-144.
李成市 (2002)「古代朝鮮の文字文化」『古代日本 文字のある風景』22-35. 東京 : 朝日新聞社.
鄭光 (2003)「韓半島에서 漢字의 受容과 借字表記의 變遷」『口訣研究』21 : 53-86.
高正儀 (2003)「吏讀學習書의 吏讀와 讀音」『口訣研究』10 : 223-252.
吳昌命 (2004)「濟州島古文書의 吏讀文과 吏讀研究」濟州大學校『耽羅文化』 24 : 81-99.
南豊鉉 (2005)「韓國古代吏讀文의 文末語助詞 '之'에 對하여」『口訣研究』15 : 5-28 ; (2005)「韓國古代吏讀文の文末語助詞'之'について」『文字とことば—古代東アジアの文化交流—』54-74. 東京 : 青山學院大學日本文學科 ; (2009)『古代韓國語研究』190-212. 서울 : 시간의 물레.
朴盛鐘 (2006)「吏讀研究時期別로 본 古文書의 活用」『嶺南學』10 : 263-30.
南豊鉉 (2006)「上古時代에 있어서의 借字表記法의 發達」『口訣研究』16 : 5-25 ; (2006)『小林芳規博士喜壽記念國語學論集』674-686. 東京 : 汲古書院 ; (2009)『古代韓國語研究』112-139. 서울 : 시간의 물레.
이은규 (2006)『古代韓國語借字表記用字辭典』서울 : J&C.
鄭光・北鄕照夫 (2006)『朝鮮吏讀辭典』ベン・エンタープライズ.
鄭光 (2006)「吏文과 漢吏文」『口訣研究』16 : 27-69 ; 竹越孝譯 (2008)「吏文と漢吏文」『開篇』27 : 83-107.
藤本幸夫 (2007)「朝鮮の訓讀を巡って」『日本漢文の黎明と發展』30-31. 二松學舍大學21世紀COEプログラム「日本漢文學研究の世界據點の構

築」.
尹善泰(2007)「渤海文字資料의 現況과 課題」『大東漢文學』26 : 135-163.
伊藤英人(2008)「淺談有關"借字表記法"硏究的幾箇問題」遠藤光曉・嚴翼相 編『韓漢語言硏究』455-469. 서울 : 學古房.
金永旭(2008)「韓國語表記의 起源과 展開過程」『韓國文化』42 : 171-191.
박성종(2008)「李兆年의『鷹鶻方』에 나타난 吏讀文作品에 對하여」『國語國文學』148 : 5-37.
李丞宰(2008)「吏讀解讀의 方法과 實際」『韓國文化』44 : 241-267.
南豐鉉(2008)「心岳李崇寧先生의 借字表記資料硏究」『李崇寧 現代國語學의 開拓者』343-350. 서울 : 太學社.
南豐鉉(2008)「口訣學會20年의 回顧와 展望」『口訣硏究』21 : 5-26.
金星周(2008)「字吐釋讀口訣硏究의 回顧와 展望」『口訣硏究』21 : 27-38.
張景俊(2008)「點吐釋讀口訣硏究의 回顧와 展望」『口訣硏究』21 : 39-66.
南京蘭(2008)「音讀口訣硏究의 回顧와 展望」『口訣硏究』21 : 67-98.
李勇(2008)「古代 및 中世 吏讀硏究의 回顧와 展望」『口訣硏究』21 : 139-168.
朴盛鍾(2008)「古文書吏讀硏究의 回顧와 展望」『口訣硏究』21 : 169-202.
張允熙(2008)「鄕札硏究의 回顧와 展望」『口訣硏究』21 : 203-230.

2. 2. 2. 鄕歌

金澤庄三郎(1918)「吏讀の硏究」朝鮮總督府『朝鮮彙報』4 : 71-99.
權悳奎(1923)『處容歌解讀・朝鮮語文經緯』廣文社.
鮎貝房之進(1923)「國文(方言・俗字)吏吐・俗謠・造字・俗音・借訓字 ; 薯童謠・風謠・處容歌解說」『朝鮮史講座』1-3.
權悳奎(1927)「正音以前의 朝鮮글」『한글』1 : 48-52.
小倉進平(1929)『鄕歌及び吏讀の硏究』近澤書店 ; (1974)『小倉進平博士著作集』1.
前間恭作(1929)「小倉博士「鄕歌及吏讀の硏究」につきて」『史學雜誌』40/7 :

862-868 ;『前間恭作著作集』下卷 : 401-408. 京都 : 京都大學文學部國語學國文學硏究室.
前間恭作 (1929)「處容歌解讀」『朝鮮』172 : 20-31 ;『前間恭作著作集』下卷 : 409-421. 京都 : 京都大學文學部國語學國文學硏究室.
白陽桓民 (1929)「鄕歌의 解明과 均如大師의 聖蹟」『佛敎』62 : 26-33.
小倉進平 (1930)「鄕歌の形式に就き土田杏村氏に答ふ」『國語國文の硏究』44 : 1-49 ; (1975)『小倉進平博士著作集』2 : 1-49.
小倉進平 (1930)「再び鄕歌の形式に就き土田杏村氏に答ふ」『國語國文の硏究』45 : 1-51 ; (1975)『小倉進平博士著作集』2 : 51-101.
李鐸 (1935)「新羅文字와 鄕歌」『朝光』1.
梁柱東 (1935)「鄕歌解讀 特に願往生歌に就いて」『靑丘學叢』19.
金允經 (1935)「新羅의 文字와 鄕歌」『朝光』創刊號.
劉昌宣 (1935)「新羅鄕歌解釋 均如傳의 鄕歌解釋」『四海公論』2/11.
梁柱東 (1936)「鄕歌의 解讀에 就하여」『朝鮮日報』1936/1/1-23.
劉昌宣 (1936)「新羅鄕歌の解釋試考」『史苑』50.
劉昌宣 (1937)「鄕歌解釋瑣辯」『白光』2.
梁柱東 (1939)「麗謠・鄕歌의 註釋其他」『朝鮮日報』1939/3/17.
梁柱東 (1939)「鄕歌註釋散稿 上代語法에 關한 若干의 基本的見解」『震檀學報』10 : 110-132.
辛兒鉉 (1939)「鄕歌의 新解釋」『朝鮮日報』1939/9/3-10.
梁柱東 (1939)「古歌謠의 語學的硏究 處容歌釋註」『東亞日報』1939/10/7-11/6.
梁柱東 (1940)「古歌謠의 語學的硏究」『東亞日報』1940/2/8-20.
李相寅 (1940)「鄕歌新解讀의 疑問 特히 老人獻花歌에 對하여」『東亞日報』1940/3/7-8.
梁柱東 (1940)「詞腦歌釋註序說 鄕歌의 原稱과 그 原義」『文章』21.
劉昌宣 (1940)「老人獻花歌에 對하여」『한글』76 : 9-10.
方鍾鉉 (1940)「古歌硏究와 方言」『한글』78 : 1-3 ; (1963)『一簑國語學論集』231-234. 서울 : 民衆書館.
辛兒鉉 (1940)「鄕歌の新解讀」『朝鮮』296.
辛兒鉉 (1940)「老人獻花歌의 質疑」『朝鮮日報』1940/3/3-10.

梁柱東 (1942)『朝鮮古歌硏究』博文出版.
梁柱東 (1943)『古歌硏究』博文出版.
池憲英 (1943)「梁柱東氏의 近業「朝鮮古歌硏究」를 읽고」『朝光』90.
辛兌鉉 (1943)「小倉進平博士의 鄕歌硏究 그의 停年紀念講演에 際하여」『春秋』4/3.
池憲英 (1943)「永才遇賊에 對하여」『朝光』8/10.
方鍾鉉 (1946)「薯童謠・處容歌解讀」『訓民正音通史』.
池憲英 (1947)『鄕歌麗謠新釋』正音社.
金享奎 (1948)「獻花歌, 祭亡妹歌, 禱千手觀音歌, 處容歌解讀」『國文學史』.
金根洙 (1953)「古代文法 特히 鄕歌時代의 文法을 中心 삼아」『國語國文學』4.
金根洙 (1954)「古代文法論續稿 特히 鄕歌時代의 文法을 中心 삼아」『國語國文學』6.
金根洙 (1954)「鄕歌評釋」『圓光文化』2.
池憲英 (1954)「次肹伊遣에 對하여 祭亡妹歌解讀을 圍繞하고」『외솔崔鉉培先生還甲紀念論文集』思想界社.
鄭烈模 (1954)『新羅鄕歌註解』國立出版社.
李崇寧 (1955)「新羅時代의 表記體系에 關한 試論」『서울大論文集 人文社會科學』2 : 62-166.
兪昌植 (1956)「鄕歌에 나타난 '尸'의 文法的機能과 音價」『國語國文學』15 : 36-61.
李鐸 (1956)「鄕歌新解讀」『한글』116 : 3-50.
洪起文 (1956)『鄕歌解釋』平壤 : 科學院.
孫鐘洙 (1957)「鄕歌에 나타난 處所格助詞에 對하여」『靑丘大國語國文學硏究』1.
崔鶴璇 (1959)「鄕歌解釋試攷」『佛敎學論文集 白性郁博士頌壽紀念』.
南廣祐 (1962)『鄕歌硏究』서울 : 一潮閣 ; (1981)『國語學論文集』445-488. 서울 : 一潮閣.
許雄 (1962)「존대법의 問題를 다시 論함」『한글』130 : 1-19.
池憲英 (1963-64)「阿冬音에 對하여 (上) (下)」『韓國言語文學』1 : 45-59 ; 2 : 1-34.

趙芝薰(1964)「新羅歌謠硏究論考」高麗大『民族文化硏究』1 : 123-170.
金正次(1965)「鄕歌의 '知'字硏究」大邱大學校『文叢』3.
鄭烈模(1965)『鄕歌硏究』平壤 : 社會科學院.
金善琪(1967)「鄕歌解讀」『現代文學』148.
金正一(1968)「鄕歌表記 '良'에 對한 考察 三國史記地名表記法과 比較를 通하여」『國語國文學硏究論文集17 嶺南地方七個大學聯合論文集』.
金思燁(1968)「鄕歌形式의 問題點 —鄕歌硏究 노우트 (3)—」李崇寧博士頌壽紀念事業會編『李崇寧博士頌壽紀念論叢』63-86. 서울 : 乙酉文化社.
鄭琦鎬(1968)「所謂四句體의 鄕歌形式에 對하여」李崇寧博士頌壽紀念事業會編『李崇寧博士頌壽紀念論叢』555-566. 서울 : 乙酉文化社.
河野六郎(1968)「朝鮮の漢文」中國の會『中國』53 : 8-17 ;『河野六郎著作集』3 : 411-421.
朴炳采(1969)「鄕歌表記常用字索引」高麗大學校『民族文化硏究』3 : 219-280.
徐在克(1969)「慶南方言의 副詞形 '-a'와 鄕札 '-良'」『語文學』21 : 87-99.
金善琪(1970)「鄕歌 읽기의 열쇠」『한글』146 : 61-89.
兪昌均(1971)「鄕歌의 '支'字表記에 對하여」『藏菴池憲英先生華甲紀念論叢』.
徐在克(1971)「讚耆婆郎歌硏究」嶺南大『新羅伽倻文化』3.
姜銓燮(1972)「鄕札索引」忠南大『語文硏究』8 : 167-180.
金善琪(1972)「鄕歌音讀字硏究 方法論의 하나」『明知大論文集』5 : 7-75.
兪昌均(1972)「鄕歌의 '知'에 對하여」『常山李在秀博士還曆紀念論文集』.
池憲英(1972)「鄕歌硏究를 둘러싼 昏迷와 疑問—[風謠]에 關한 諸問題를 中心으로—」忠南大學校『語文論志學』1 : 37-60.
兪昌均(1973)「鄕歌의 '只'字表記에 對하여」『淸溪金思燁博士頌壽紀念論叢』193-218.
兪昌均・橋本萬太郎(1973)「鄕歌表記用字의 上古性的側面 特히「尸」의 音價와 그 語源에 對하여」『新羅伽倻文化』5 : 1-29.
池憲英(1973)「鄕歌의 解讀 解釋에 關한 諸問題」崇田大學校『崇田語文學』2 : 131-137.
Mantaro J. Hashimoto, Yu Chang-kyun (1973)Archaism in the hyang-tsal

transcription. *Journal of Asian and African Studies* 6 : 1-21.
朴晟義 (1973-74)「新羅歌謠 (鄕歌)再考 (上) (下)」高麗大『民族文化硏究』7 : 131-193 ; 8 : 35-80.
金宗澤 (1974)「鄕歌解讀에 있어서의 語彙再構」韓國語文學會『新羅時代의 言語와 文學』(韓國語文學大系I). 서울 : 螢雪出版社.
池憲英 (1974)「[薯童說話]硏究의 評議」韓國語文學會『新羅時代言語와 文學』397-451.
兪昌均 (1974)「鄕歌의 表記用字에 對한 檢討」『東洋文化』14・15.
黃浿江 (1975)「新羅鄕歌硏究」『檀國大國文學論叢』7・8 : 95-184.
金俊榮 (1979)『鄕歌文學』서울 : 螢雪出版社.
鄭昌一 (1979)「新羅鄕歌의 義字末音添記硏究」『韓國言語文學』20 : 185-209.
權在善 (1980)「鄕札表記音韻的制約」『新羅伽倻文化』11.
金公七 (1980)「鄕歌名詞表記에 對하여」『國語國文學』84 : 216-218.
金根洙 (1980)『鄕歌及韓國借字考』서울 : 螢雪出版社.
金完鎭 (1980)『鄕歌解讀法硏究』서울 : 서울大出版部.
鄭昌一 (1981)「鄕歌表記「叱」字硏究」圓光大『國語國文學硏究』7 : 31-55.
徐在克 (1982)「鄕札‘詞腦,尸,冬’에 對하여」『肯浦趙奎卨敎授華甲紀念國語學論叢』441-450. 서울 : 螢雪出版社.
宋在周 (1982)「鄕札의「良」字에 對하여」忠南大『語文硏究』12 : 115-122.
印權煥 (1982)「[書評]朴魯埈著《新羅歌謠의 硏究》」『國語國文學』87 : 407-409.
宋在周 (1983)「鄕札表記 '-只'에 對한 硏究」朝鮮大『人文科學硏究』5 : 17-41.
宋在周 (1983)「鄕歌表記 必只에 對하여」『李應百博士回甲紀念論文集』.
姜信沆 (1984)「鄕歌表記「如」字의 讀法에 對하여」石溪李明九博士回甲紀念論叢刊行委員會編『石溪李明九博士回甲紀念論叢』129-145. 서울 : 成均館大學校出版部.
裵大溫 (1984)「鄕歌에 쓰인 助詞에 對하여」『牧泉兪昌均博士還甲紀念論文集』273-300. 大邱 : 啓明大出版部.
Werner Sasse (1984)「鄕歌解釋方法에 對하여」『牧泉兪昌均博士還甲紀念論

文集』849-862. 大邱：啓明大出版部.
千素英 (1985)「鄕歌의「叱」字表記에 對하여」『朴炳采先生華甲紀念論叢』.
徐暎錫 (1985)「新羅鄕歌의 難解語研究」東國大『新羅文化』2：121-145.
兪昌均 (1986)「鄕札文學의 表記體系와 歌形」『新羅文化祭學術發表會論文集』14・15：33-60. 新羅文化宣揚會.
Kim, Wanjin (1986)Decipherment of Hyangga and Textual Criticism : A Theory of Hypermetamorphosis and its Application to the Origins of Peculiar Phonograms and Logograms. *Korean Linguistics* 4： 27-31.
김정숙 (1987)「鄕歌에 나타난「ㅎ」末音研究」『石軒丁奎福博士還曆紀念論叢』：733-744.
吳貞蘭 (1988)『硬音의 國語史的研究』高麗大學校博士論文.
沈在箕 (1989)「薯童謠解讀揷疑」『二靜鄭然粲先生回甲紀念論叢』726-737. 서울：塔出版社.
李鍾徹 (1990)「鄕歌解讀法」『國語研究 어디까지 왔나』國語研究會・서울大學校.
李敦柱 (1990)「鄕歌用字中의 '賜'字에 對하여」『國語學』20：72-89；(2003)「鄕歌用字中의「賜」字攷」『韓中漢字音研究』75-94. 서울：太學社.
徐暎錫 (1990)「新羅鄕歌語釋의 問題點」東國大『新羅文化』7：45-67.
徐在克 (1990)「新羅鄕歌의 語彙研究」『蘭汀南廣祐博士古稀紀念國語學關係博士學位論文要約集』649-663. 韓國語文教育研究會.
李鍾徹 (1990)「鄕歌와 萬葉集歌의 表記法比較研究」『蘭汀南廣祐博士古稀紀念國語學關係博士學位論文要約集』605-618. 韓國語文教育研究會.
金榮洙 (1990)「處容歌研究再考」東國大『新羅文化』7：19-43.
金完鎭 (1991)「新羅鄕歌의 語學的分析」韓國精神文化研究院『韓國思想史體系』2.
金永萬 (1991)「鄕歌의 '善陵'과 '頓部叱'에 對하여」『東洋學』21：31-56.
정영주 (1991)「鄕歌 가림자리토씨 研究―慶尙方言에 依한―」『覓南金一根教授定年紀念 語文學論叢』529-560. 三中文化社.
呂增東 (1993)「'新羅노래 열네수', 그 이름에 對하여」母國語教育學會『母國語教育』11.

兪昌均(1995)「책 紹介:徐在克지은『增補新羅鄕歌의 語彙硏究』」한글學會『한글새소식』279:17.
박창원(1995)「祭亡妹歌의 解讀과 古代國語의 몇 疑問」南鶴李鍾徹先生回甲紀念論叢刊行委員會編『韓日語學論叢』415-448. 서울:國學資料院.
沈在箕(1997)「「悼二將歌」解讀挿疑」최태영他『韓國語文學論考』461-470. 서울:太學社.
金善琪(1997)『옛적 노래의 새풀이』서울:보성문화사;(2007)『鄕歌의 새풀이』한울.
徐暎錫(1998)「新羅歌謠의 國語學的 硏究」東岳語文學會『東岳語文論集』33:13-38.
權在善(1998)「鄕札表記의 音韻的制約」嶺南大『新羅伽倻文化』11.
姜憲圭(2000)「'處容'의 語意考」『凡山姜憲圭敎授華甲紀念國語學論文集』162-192. 公州大學校出版部.
황국정(2000)「鄕歌의 格助詞 '-衣[익/의], -矣[익/의]'에 對하여」『21世紀國語學의 課題(솔미鄭光敎授回甲紀念論叢)』509-526. 서울:月印.
李長熙(2001)「新羅鄕歌記事時期의 國語學的硏究(1)―助詞를 中心으로―」『文學과 言語』23:1-28.
姜憲圭(2005)「高麗歌謠「履霜曲」新考」成均館大學校『人文科學』36:25-53.
최정선(2006)「韓・日古代詩歌의 歌論比較硏究:鄕歌와 和歌를 中心으로」『比較文學』40:5-33.
서철원(2006)「羅末麗初鄕歌의 持續과 變貌樣相」『우리文學硏究』20:81-105.
黃善燁(2006)「古代國語의 處格助辭」『한말硏究』18:305-328.
黃善燁(2006)「願往生歌의 解讀에 對하여」『口訣硏究』17:191-225.
李勇(2007)「〈恆順衆生歌〉의 解讀에 對하여」『口訣硏究』18:173-205.
鄭宇永(2007)「〈薯童謠〉解讀의 爭點에 對한 檢討:國語學者들의 硏究業績을 中心으로」『國語國文學』147:259-294.
崔聖玉(2007)「小倉進平の鄕歌硏究:梁柱東の硏究との比較分析」『日語日文學硏究』62:465-483.
金永旭(2007)「古代韓國木簡에 보이는 釋讀表記:鄕歌表記法의 起源을 찾아서」『口訣硏究』19:171-189.

신재홍 (2008)「鄕歌와 意思疎通」『國語敎育』125 : 53-74.
고운기 (2008)「鄕歌의 近代1 : 金澤庄三郎와 鮎貝房之進의 鄕歌解釋이 이루어지기까지」『韓國詩歌硏究』25 : 5-36.
朴鎭浩 (2008)「鄕歌解讀과 國語文法史」『國語學』51 : 313-338.
金完鎭 (2008)「鄕歌解讀에 對한 若干의 修正提議」『李崇寧 現代國語學의 開拓者』463-482. 서울 : 太學社.
이병기 (2008)「慕竹旨郞歌의 解讀에 對하여」『口訣硏究』21 : 309-334.

2. 2. 3. 高句麗、百濟的吏讀

李弘植 (1954)「延壽在銘新羅銀合杅에 對한 一二의 考察」『외솔崔鉉培先生還甲紀念論文集』思想界社.
朴恩用 (1972)「百濟建國說話의 吏讀文的인 考察—「百濟=溫祚=廣/寬」에 對하여—」『常山李在秀博士還曆紀念論文集』: 219-238.
南豊鉉 (2000)「高句麗의 吏讀」『吏讀硏究』60-68. 서울 : 太學社.
南豊鉉 (2000)「中原高句麗碑文의 解讀과 吏讀的性格」『高句麗硏究』10 : 363-386 ; (2009)『古代韓國語硏究』166-189. 서울 : 시간의 물레.
金永旭 (2003)「百濟吏讀에 對하여」『口訣硏究』11 : 87-124.
鄭在永 (2003)「百濟의 文字生活」『口訣硏究』11 : 125-151.
李勇 (2006)「廣開土大王碑文의 吏讀的要素」『口訣硏究』17 : 71-90.
金相潤 (2006)「國號'高句麗'의 語義에 對한 一考察」『語文硏究』133 : 165-182.
이인영 (2006)「高句麗地名의 地名語尾에 對하여」『日本硏究』27 : 163-181.
金永旭 (2007)「中原高句麗碑의 國語學的硏究」『口訣硏究』18 : 43-95.
김무림 (2007)「高句麗地名表記의 馬, 買에 對한 解釋」『國語學』50 : 357-376.
김태완 (2007)「中國上古時期와 高句麗의 語音比較」『中國人文科學』35 : 65-101.
國立扶餘博物館 (2008)『百濟木簡—所藏品調査資料集』扶餘 : 國立扶餘博物館.

2.2.4. 新羅的吏讀

內藤虎次郎 (1911)「新羅眞興王巡境碑考」『藝文』2/4 : 82-92【開頭有照片】; (1929)『讀史叢錄』71-84. 京都 : 弘文堂書房 ; (1970)『內藤湖南全集』7 : 291-300. 東京 : 筑摩書房.

津田左右吉 (1913)「眞興王巡管碑について」『朝鮮歷史地理』1 : 124-133. 東京 : 丸善 ;『津田左右吉全集』11 : 87-93. 東京 : 岩波書店.

谷井濟一 (1914)「朝鮮昌寧に於ける古碑の發見」『考古學雜誌』4/9 : 573.

今西龍 (1921-22)「新羅眞興王巡狩管境碑考」『考古學雜誌』12/1 : 7-23 ; 12/3 : 1-20 ; 12/11 : 15-31.

前間恭作 (1926)「若木石塔碑の解讀」『東洋學報』15/3 : 363-383 ;『前間恭作著作集』下卷 : 369-389. 京都 : 京都大學文學部國語學國文學研究室.

末松保和 (1930)「新羅眞興王の戊子巡狩碑」『朝鮮』176 : 164-175.

崔南善 (1930)「新羅眞興王の在來三碑と新出現の磨雲嶺碑」『青丘學叢』2 : 69-90.

前間恭作 (1931)「眞興碑につきて」『東洋學報』19/2 : 245-266 ;『前間恭作著作集』下卷 : 423-444. 京都 : 京都大學文學部國語學國文學研究室.

大阪金太郎 (1934)「慶州に於て新に發見せられたる南山新城碑」『朝鮮』235 : 112-119.

藤田亮策 (1935)「南山新城碑 朝鮮金石瑣談」『青丘學叢』19 : 157-173 ; 20 : 167-176.

末松保和 (1936)「慶州出土の壬申誓記石について」『京城帝大史學會誌』10 : 1-5【開頭有照片】; (1954)「壬申誓記石」『新羅史の諸問題』(東洋文庫論叢36)461-465. 東京 : 東洋文庫 ; (1972)『新羅史の諸問題』(青丘史草3)私家版 ; (1995)「壬申誓記石」『末松保和朝鮮史著作集2 新羅の政治と社會』下128-132. 東京 : 吉川弘文館.

李弘稙 (1955)「日本正倉院發見의 新羅民政文書」『學林』3.

鄭寅承 (1957)「吏讀起源의 再考察」『一石李熙昇先生頌壽紀念論叢』643-653. 서울 : 一潮閣.

李丙燾 (1957)「壬申誓記石에 對하여」『서울大論文集』5 : 1-8.

任昌淳 (1958)「戊戌塢作碑小考」『史學研究』1 : 1-17.
南豊鉉 (1976)「第二新羅帳籍에 對하여」國立博物館『美術資料』19 ; (2000)「日本正倉院所藏의 新羅出納帳」『吏讀研究』273-289. 서울 : 太學社.
鈴木靖民 (1976)「正倉院佐波理加盤附屬文書の基礎的研究」『朝鮮學報』85 : 31-80.
南豊鉉 (1978)「丹陽新羅赤城碑의 解讀試考」檀國大學校『史學志』12 : 39-80.
李崇寧 (1978)「新羅時代의 表記法體系에 關한 試論」『國語學研究選書』1. 서울 : 塔出版社.
鈴木靖民 (1978)「正倉院佐波理加盤附屬文書の解讀」『古代アジア史論集』上 : 217-252. 東京 : 吉川弘文館.
南豊鉉 (1979)「丹陽新羅赤城碑의 語學的인 考察」『檀國大論文集』13 : 9-32 ; (2000)「丹陽新羅赤城碑의 吏讀的性格」『吏讀研究』103-132. 서울 : 太學社.
金永萬 (1980)「廣開土王碑文의 新研究I」嶺南大『新羅伽倻文化』11.
崔範勳 (1980)「新羅華嚴經寫經造成記解讀 (譯註)」『京畿語文學』2 : 141-149.
金昌鎬 (1983)「永川菁堤碑貞元十四年銘의 再檢討」『韓國史研究』43 : 115-130.
南豊鉉 (1983)「昌寧仁陽寺碑의 吏讀文考察」檀國大國文科『國文學論集』11 ; (2000)「昌寧仁陽寺碑銘」『吏讀研究』329-364. 서울 : 太學社.
鄭喆柱 (1987)「新羅金石文에 나타난 吏讀表記字의 研究」『韓國語學과 알타이語學 (우정朴恩用博士回甲紀念論叢)』.
南豊鉉 (1988)「永泰二年銘石毘盧舍那佛造象記의 吏讀文考察」『新羅文化』5 : 5-25 ; (2000)「永泰二年銘石毘盧遮那佛造像銘」『吏讀研究』290-316. 서울 : 太學社.
金永萬 (1989)「冷水里新羅碑의 内容考察」『冷水里新羅碑發掘研究』慕山學術財団.
南豊鉉 (1989)「蔚珍鳳坪新羅碑에 對한 語學的考察」『韓國古代史研究』2 : 45-57 ; (2000)「蔚珍鳳坪新羅碑銘」『吏讀研究』87-102. 서울 : 太學社.
南豊鉉 (1989)「明活山城作城碑文銘의 語學的考察」『國語國文學論叢 (二靜鄭然粲先生回甲紀念論叢)』서울 : 塔出版社 ; (2000)「明活山城作城碑銘」『吏讀研究』166-181. 서울 : 太學社.

鄭喆柱(1989)『新羅時代吏讀의 研究 : 助詞와 語尾를 中心으로』啓明大學校博士論文.
南豊鉉(1990)「迎日冷水里新羅碑의 語學的考察」基谷姜信沆教授回甲紀念論文集刊行委員會編『國語學論文集』47-60. 서울 : 太學社 ; (2000)「迎日冷水里新羅碑銘」『吏讀研究』69-86. 서울 : 太學社.
金永萬(1990)「迎日冷水里新羅碑의 語文學的考察」『韓國古代史研究』3 : 55-85. 智識産業社.
金永萬(1990)「迎日冷水里新羅碑의 '癸未年'에 對하여」新羅文化宣揚會『1990新羅文化際學術發表會論文集』11 : 7-24.
南豊鉉(1991)「新羅時代吏讀의 '哉'에 對하여」『國語學의 새로운 認識과 展開 金完鎭先生回甲紀念論叢』401-413. 서울 : 民音社 ; (2000)『吏讀研究』422-434. 서울 : 太學社.
南豊鉉(1991)「新羅无盡寺鐘銘의 吏讀文考察」『李承旭先生回甲紀念論叢』 ; (2000)「无盡寺鐘銘」『吏讀研究』187-199. 서울 : 太學社.
南豊鉉(1991)「新羅禅林寺鐘銘의 吏讀文考察」『徐在克先生回甲紀念論叢』 ; (2000)「新羅禅林寺鐘銘」『吏讀研究』317-328. 서울 : 太學社.
南豊鉉(1991)「新羅華嚴經寫經造成記에 對한 研究」『東洋學』21 : 1-29 ; (2000)「新羅華嚴經寫經造成記」『吏讀研究』200-240. 서울 : 太學社.
李喜寬(1991)「迎日冷水里碑에 보이는 至都葛文王에 對한 몇가지 問題」『韓國學報』60 : 3083-3097.
南豊鉉(1992)「正倉院所藏新羅帳籍의 吏讀研究」『中斎張忠植博士華甲紀念論叢—人文・社會科學篇』서울 : 檀國大出版部 ;「新羅帳籍」(2000)『吏讀研究』241-272. 서울 : 太學社.
南豊鉉(1993)「新羅時代 吏讀文의 解讀」『季刊書誌學報』9 : 3-45 ; (2000)『吏讀研究』365-410. 서울 : 太學社.
南豊鉉(1993)「新羅時代의 吏讀資料」『國語史資料와 國語學의 研究』11-32. 서울 : 文學과 知性社.
梁光錫(1993)「新羅의 古碑文研究」誠信女大『研究論文集』33 : 331-352.
張香實(1995)「新羅時代吏讀에 쓰인 內의 用法에 對하여」韓國語學會『第11次夏季學術大會論文集』.

南豊鉉(1998)「(統一新羅 時代의)吏讀와 言語」『韓國史9 統一新羅』國史編纂委員會.
南豊鉉(1998)「古代國語의 文法形態」『(第3次環太平洋韓國學國際會議)韓國學論叢』; (2000)「新羅時代吏讀의 文法形態」『吏讀研究』435-455. 서울 : 太學社.
南豊鉉(2000)「壬申誓記石銘」『吏讀研究』133-138. 서울 : 太學社.
南豊鉉(2000)「戊戌塢作碑銘」『吏讀研究』139-148. 서울 : 太學社.
南豊鉉(2000)「南山新城碑銘」『吏讀研究』149-165. 서울 : 太學社.
南豊鉉(2000)「새로 發掘된 新羅時代吏讀」『吏讀研究』411-421. 서울 : 太學社.
南豊鉉(2001)「新羅華嚴經寫經造成記의 解讀과 그 語彙」『南北學術大會』中央民族學大學.
南豊鉉(2002)「新羅華嚴經寫經造成記의 解讀과 그 語彙」『南北言語同質性恢復을 爲한 第1次國際學術會議論文集』서울 : 國立國語研究院.
金永萬(2007)「迎日冷水里碑의 文章分析試考—吏讀的要素는 얼마나 되는가—」『韓國學報』18 : 67-106.
윤선태(2008)「新羅의 文字資料에 보이는 符號와 空白」『口訣研究』21 : 277-308.

2.2.5. 高麗的吏讀

藤田亮策(1959)「高麗鐘の銘文」『朝鮮學報』14 : 187-231.
南豊鉉(1974)「13世紀奴婢文書와 吏讀」『檀國大論文集』8 : 9-28 ; (2000)「松廣寺13世紀奴婢文書」『吏讀研究』568-592. 서울 : 太學社.
南豊鉉(1976)「高麗初期의 帖文 '慈寂禅師凌雲塔碑銘'과 吏讀」『國語國文學』72・73 : 321-324.
高正儀(1987)「淨兜寺五層塔造成形止記의 吏讀」『蔚山語文論集』3 : 1-18.
鄭喆柱(1987)「高麗金石文의 吏讀表記字研究—用言類를 中心으로—」言語科學會『語文科學研究』5 : 159-187 ; (1987)『韓國語學과 알타이語學 朴恩用博士回甲紀念論叢』.

李丞宰(1987)「·將來'考」『國語學』16 : 221-238.
鄭喆柱(1988)「高麗金石文에 나타난 吏讀表記硏究-體言類를 中心으로-」『語文學』49 : 203-217.
南豊鉉(1989)「明月山城作城碑文의 語學的考察」『二靜鄭然粲先生回甲紀念論叢』685-697. 서울 : 塔出版社.
李丞宰(1989)「高麗時代의 吏讀資料와 그 判讀」『震檀學報』67 : 115-131.
李丞宰(1989)『高麗時代의 吏讀에 對한 硏究』서울大學校博士論文.
李丞宰(1992)『高麗時代의 吏讀』서울 : 太學社.
徐鐘學(1993)「高麗時代의 吏讀資料」安秉禧先生回甲紀念論叢『國語史資料와 國語學의 硏究』33-45. 서울 : 文學과 知性社.
南豊鉉(1994)「高麗時代吏讀文解讀二題」都守熙先生華甲紀念論叢刊行委員會編『우리말 硏究의 샘터(連山都守熙先生華甲紀念論叢)』659-668. 서울 : 博而精 ; (2000)「河南市磨崖藥師如來座像銘과 通度寺國長生石標銘」『吏讀硏究』535-545. 서울 : 太學社.
南豊鉉(1995)「高麗初期의 帖文과 그 吏讀에 對하여-濃泉鳴鳳寺慈寂禪師碑의 陰記의 解讀-」『古文書硏究』5 : 1-19 ; (2000)「醴泉鳴鳳寺慈寂禪師凌雲碑陰銘」『吏讀硏究』460-480. 서울 : 太學社.
南豊鉉(1995)「淳昌城隍堂懸板에 對하여」『古文書硏究』7 ; (2000)「淳昌城隍堂懸板」『吏讀硏究』593-623. 서울 : 太學社.
南豊鉉(1997)「淨兜寺造塔形止記의 解讀」『古文書硏究』12 ; (2000)「淨兜寺造塔形止記」『吏讀硏究』481-534. 서울 : 太學社.
權仁瀚(2007)「正倉院藏 '第二新羅文書'의 正解를 爲하여」『口訣硏究』18 : 141-172.

2.2.6. 朝鮮時代的吏讀

前間恭作(1929)「吏讀便覽に就て」『朝鮮』165 : 45-53 ; 『前間恭作著作集』下卷 : 391-399. 京都 : 京都大學文學部國語學國文學硏究室.
洪淳赫(1946-47)「儒胥必知小考」『한글』96 : 189-195 ; 99 : 426-434.

洪淳赫 (1949)「吏讀文獻「吏文雜例」에 對하여」『한글』105 : 13-18.
姜成一 (1966)「大明律直解吏讀索引」『國語國文學』31 : 73-113.
金泰均 (1968)「大明律直解註解」京畿大學校『京畿』3.
金泰均 (1971)「大明律直解의 吏讀形態分類」『京畿大論文集』1.
崔範勳 (1974)「儒胥必知考—吏頭彙編의 國語學的價値—」『새國語敎育』18 : 152-166.
金泰均 (1975)「養蠶經驗撮要吏讀註解」『京畿大論文集』3・4.
安秉禧 (1977)「養蠶經驗撮要와 牛疫方의 吏讀研究」『東洋學』7 : 3-22.
金永萬 (1981)『儒胥必知의 吏讀研究』檀國大學校博士論文.
朴喜淑 (1982)「大明律直解吏讀文에 關한 研究」『關大論文集』10 : 1-2.
裵大溫 (1982)「吏讀主格에 對하여—大明律直解를 中心으로—」『배달말』7 : 75-98.
裵大溫 (1983)「吏讀處格에 對하여—大明律直解를 中心으로—」『배달말』8 : 135-164.
安秉禧 (1983)「吏讀文獻『吏文大師』에 對하여」延世大學校『東方學志』38 : 43-86.
朴喜淑 (1984)『大明律直解의 史的研究』明知大學校博士論文.
李尚揆 (1984)「15世紀慶北地域古文書의 吏讀」『牧泉兪昌均博士還甲紀念論文集』449-462. 大邱 : 啓明大出版部.
安秉禧 (1985)「大明律直解의 吏讀研究」『奎章閣』9 : 1-22.
裵大溫 (1985)『朝鮮朝初期의 吏讀助詞研究』東亞大學校博士論文.
安秉禧 (1986)「吏讀文獻『吏文』에 對하여」『배달말』11 : 1-41. ; (1992)『國語史研究』424-437. 서울 : 文學과 知性社.
安秉禧 (1987)『吏文과 吏文大師』서울 : 塔出版社.
崔範勳 (1987)「原從功臣錄券의 吏讀에 對하여」『西江李廷卓敎授回甲紀念論叢』.
朴盛鐘 (1987)「大明律直解의 '旨是絃無亦'와 '旨是絃以'에 對하여」『國語學』16 : 239-259.
李喆洙 (1987)「『養蠶經驗撮要』한차문의 借字表記 —副詞類語를 中心으로—」『國語敎育』59 : 153-195.

李喆洙 (1988)「養蠶經驗撮要의 吏讀索引」仁荷大學校『論文集』14.
李江魯 (1988)「大明律直解 吏讀의 基礎研究―故失減과 失出의 吏讀 옮김―」『한글』200 : 57-68.
李喆洙 (1989)『養蠶經驗撮要의 吏讀研究』仁荷大學校出版部.
金皓植 (1989)『養蠶經驗撮要의 吏讀研究』檀國大學校碩士論文.
李喆洙 (1989)「養蠶經驗撮要吏讀의 '爲'語基用言」『二靜鄭然粲先生回甲紀念論叢』836-877. 서울 : 塔出版社.
朴喜淑 (1990)「大明律直解의 吏讀研究」『蘭汀南廣祐博士古稀紀念國語學關係博士學位論文要約集』709-724. 韓國語文教育研究會.
安秉禧 (1990)「'吏文'과 '吏文大師'를 다시 論함」韓國겨레文化研究院『겨레文化』13.
李江魯 (1990)「大明律直解吏讀의 하임법 使内의 研究―發達過程을 中心으로―」延世大『東方學志』67 : 197-269.
李喆洙 (1990-91)「大明律直解의 吏讀解釋 (1)~(3)」仁荷大學校『論文集』16 ; 17 ; 18 : 43-71.
張世敬 (1991)「養蠶經驗撮要과 後期吏讀集의 語彙對比―大明律直解의 語彙도 參酌하여―」『國語의 理解와 認識』서울 : 韓國文化社.
高正儀 (1992)『大明律直解의 吏讀研究』檀國大學校博士論文.
李喆洙 (1992)「養蠶經驗撮要의 吏讀研究」『韓國學研究叢書』6. 仁荷大學校出版部.
李丞宰 (1992)「『農書輯要』의 吏讀」『震檀學報』74 : 179-194.
韓相仁 (1993-94)「大明律直解의 動詞類吏讀 (上) (下)」『웅진語文學』1 : 87-102 ; 2 : 13-31.
姜榮 (1993)『大明律直解吏讀의 語末語尾研究』高麗大學校博士論文.
朴盛鐘 (1993)『朝鮮前期吏讀資料와 그 國語學的研究』서울大學校博士論文.
朴盛鐘 (1993)「朝鮮初期의 吏讀資料」『安秉禧先生回甲紀念論叢 國語史資料와 國語學의 研究』46-55. 서울 : 文學과 知性社.
朴盛鐘 (1993)「李和開國功臣錄券의 吏讀와 그 國語學的研究」『古文書研究』4 : 1-32.
韓相仁 (1993)『大明律直解吏讀의 語學的研究』忠南大學校博士論文.

姜榮(1994)「大明律直解吏讀의 終結語尾에 對한 考察」『韓國語學』1 : 103-133.
姜榮(1994)「大明律直解吏讀의 意圖・到及語尾에 對한 考察」高麗大學校『語文論集』33 : 547-571.
高正儀(1994)「大明律直解吏讀의 表記法」『蔚山語文論集』9 : 1-23.
裵大溫(1995)「吏讀 在에 對하여—大明律直解를 中心으로—」『南豊鉉先生回甲紀念論叢 國語史와 借字表記』서울 : 太學社.
吳昌命(1995)『朝鮮前期吏讀의 國語史的硏究—古文書資料를 中心으로—』檀國大學校博士論文.
南豊鉉(1995)「16世紀古文書의 吏讀文解讀二題」南鶴李鍾徹先生回甲紀念論叢刊行委員會編『韓日語學論叢』395-413. 서울 : 國學資料院.
鄭求福他編(1997)『朝鮮前期古文書集成』國史編纂委員會.
李丞宰(1997)「朝鮮初期吏讀文의 語中 '-叱-'에 對하여」『國語學硏究의 새地平』誠齋李敦柱先生華甲紀念刊行委員會編『國語學硏究의 새地平』185-204. 서울 : 太學社.
姜榮(1998)『『大明律直解』吏讀의 語末語尾硏究』國學資料院.
朴湧植(2002)「大明律直解에 나타난 '爲有'에 對하여」『배달말』31 : 197-211.
高正儀(2002)「大明律直解의 吏讀와 그 特徵」『口訣硏究』9 : 19-72.
김해정解題(2005)『語錄解異本6種・儒胥必知』弘文閣.
박철주(2006)「大明律直解에 쓰인 吏讀 '及'의 意味」『言語科學硏究』38 : 23-42.
박철주(2006)「『大明律直解』의 不定詞에 對한 硏究—'不得'과 '安徐'를 中心으로—」『우리말硏究』18 : 57-86.
全炅穆他(2006)『儒胥必知』사계절.
朴盛鐘(2006)『朝鮮初期古文書吏讀文譯註』서울 : 서울大學校出版部.
張景俊(2007)「經俚䙥說의 吏讀와 讀音」『口訣硏究』18 : 409-444.

2.3. 口訣

中村完 (1968)「朝鮮語懸吐文における漢字であらわされた文法語」『言語學論叢』48 : 41-62 ; (1995)『訓民正音の世界』371-453. 仙臺 : 創榮出版.
崔範勳 (1972)「口訣研究」『國語國文學』55-57 : 519-533.
姜仁求 (1975)「瑞山文殊寺金銅如來坐像腹藏遺物」國立中央博物館『美術資料』18.
南豊鉉 (1975)「漢字借用表記法의 '元'字攷」『國語學』3 : 151-161 ; (2000)「借字表記法의 '元'字攷」『吏讀研究』624-634. 서울 : 太學社.
沈在箕 (1975)「口訣의 生成 및 變遷에 對하여 生成背景 및 釋讀機能을 中心으로」『韓國學報』1 : 2-22.
沈在箕 (1975)「舊譯仁王經의 口訣에 對하여」國立博物館『美術資料』18.
南豊鉉・沈在箕 (1976)「舊譯仁王經의 口訣研究 (其一)」『東洋學』6 : 1-68 ; (1999)「舊譯仁王經의 口訣研究」『國語史를 爲한 口訣研究』67-137. 서울 : 太學社.
朴喜淑 (1976)「佛典의 口訣에 對하여」『金享奎教授停年退任紀念論文集』.
朴喜淑 (1976)「禮記口訣考」『關東大論文集』4 : 47-64.
沈在箕 (1976)「長谷寺法華經의 口訣」國立博物館『美術資料』19.
安秉禧 (1976)「口訣과 漢文訓讀에 對하여」『震檀學報』41 : 143-162.
安秉禧 (1976)「中世語의 口訣記寫資料에 對하여」『奎章閣』1 : 51-65.
安秉禧 (1976)「童蒙先習과 그 口訣」『金享奎停年退任紀念論文集』.
南豊鉉 (1976)「國語否定法의 發達」『文法研究』3 ; (1999)『國語史를 爲한 口訣研究』213-239. 서울 : 太學社.
南豊鉉 (1977)「鄕歌와 舊譯仁王經의 '之叱'에 對하여」『言語』2/1 : 56-64 ; (1999)「鄕歌와 舊譯仁王經의 '之叱'」『國語史를 爲한 口訣研究』271-284. 서울 : 太學社.
南豊鉉 (1977)「國語處格助詞의 發達—舊譯仁王經의 口訣을 中心으로—」李崇寧博士古稀紀念國語國文學論叢刊行委員會編『李崇寧博士古稀紀念國語國文學論叢』69-93. 서울 : 塔出版社 ; (1999)『國語史를 爲한

口訣硏究』241-269. 서울 : 太學社.
安秉禧 (1977)「口訣과 訓讀에 對하여」『國語學論文選』7. 서울 : 民衆書館.
安秉禧 (1977)『中世國語口訣硏究』서울 : 一志社.
中村完 (1977)「朝鮮版地藏菩薩本願經における吐の形態について」『東北大學文學部硏究年報』27 : 95-111 ; (1995)『訓民正音の世界』93-109. 仙臺 : 創榮出版.
崔範勳 (1979)「孟子集注의 混成口訣에 對하여 : 異例方式의 口訣資料」『淸州師大論文集』8 : 1-20.
南豊鉉 (1980)「口訣과 吐」『國語學』9 : 151-161 ; (1999)『國語史를 爲한 口訣硏究』13-24. 서울 : 太學社.
中村完 (1980)「中期朝鮮語吐の問題」『東北大學文學部硏究年報』29 : 1-29 ; (1995)『訓民正音の世界』371-453. 仙臺 : 創榮出版.
菅野裕臣 (1981)「口訣硏究 (一)」『東京外國語大學論集』31 : 31-60.
金文雄 (1982)「十五世紀 한글 文獻의 口訣에 對하여」『肯浦趙奎卨敎授華甲紀念國語學論叢』301-391. 螢雪出版社.
南豊鉉 (1985)「舊譯仁王經釋讀口訣의 年代」『東洋學』15 : 19-40.
金斗燦 (1986)「口訣語尾 '羅叱多 (-랏다)'에 對하여」『國語國文學』96 : 129-157.
金永萬 (1986)「舊譯仁王經의 解讀表記小考1」『國語學新硏究』서울 : 塔出版社.
南豊鉉 (1986)「舊譯仁王經의 口訣에 對하여」若泉金敏洙敎授華甲紀念論文集刊行委員會編『國語學新硏究』827-835. 서울 : 塔出版社.
金文雄 (1986)「諺解文에 나타난 口訣의 形態」若泉金敏洙敎授華甲紀念論文集刊行委員會編『國語學新硏究』884-897. 서울 : 塔出版社.
金斗燦 (1987)『高麗版南明集의 口訣硏究』檀國大學校博士論文.
南豊鉉 (1987)「中世國語의 過去時制語尾 '-드-'에 對하여」『國語學』16 ; (1999)「中世國語의 過去時制語尾 '-드-'」『國語史를 爲한 口訣硏究』479-487. 서울 : 太學社.
南豊鉉 (1988)「釋讀口訣의 起源에 對하여」『國語國文學』100 : 233-242 ; 「釋讀口訣의 起源」(1999)『國語史를 爲한 口訣硏究』25-34. 서울 : 太學社.

南豊鉉(1988)「漢字借用表記法의「元」字攷」『李東林先生停年退任紀念論文集』.

金文京(1988)「漢字文化圈の訓讀現象」『和漢比較文學叢書8 和漢比較文學研究の諸問題』175-204. 東京: 汲古書院; 金文京(2002)「東아시아 漢字文化圈의 訓讀現象—韓日近世의 加點資料」『口訣研究』8: 263-277.

이근규(1989)「法華經諺解口訣吐의 母音調和」『二靜鄭然粲先生回甲紀念論叢』186-202. 서울: 塔出版社.

朴喜淑(1989)「「艶夢謾釋」의 口訣에 對하여」齊曉李庸周博士回甲記念論文集刊行委員會編『齊曉李庸周博士回甲記念論文集』295-317. 서울: 한샘出版社.

南豊鉉(1990)「高麗末・朝鮮初期의 口訣研究 楞嚴經記入吐의 表記法을 中心으로」『震檀學報』69: 75-101; (1999)「麗末・鮮初『楞嚴經』口訣의 表記法」『國語史를 爲한 口訣研究』393-431. 서울: 太學社.

南豊鉉(1990)「吏讀・口訣」『國語研究 어디까지 왔나』國語研究會・서울大學校.

朴昌遠(1990)「舊譯仁王經(上)口訣字攷」『京畿語文學』8: 181-210.

李丞宰(1990)「高麗末梵網經의 口訣」『애산學報』9: 117-147.

安秉禧(1990)「中世國語口訣의 研究」『蘭汀南廣祐博士古稀紀念國語學關係博士學位論文要約集』565-571. 韓國語文教育研究會.

金相大(1990)「中世國語口訣文의 國語學的研究」『蘭汀南廣祐博士古稀紀念國語學關係博士學位論文要約集』725-735. 韓國語文教育研究會.

金文雄(1990)「15世紀 한글 口訣의 研究」『蘭汀南廣祐博士古稀紀念國語學關係博士學位論文要約集』736-747. 韓國語文教育研究會.

南豊鉉(1991)「高麗時代口訣에 나타난 一・二問題」韓國語文教育研究會『語文研究』70・71: 261-264; (1999)『國語史를 爲한 口訣研究』465-477. 서울: 太學社.

南豊鉉(1993)「高麗本『瑜伽師地論』의 釋讀口訣에 對하여」『東方學志』81: 115-181.

白斗鉉(1993)「高麗本『華嚴經』의 口訣字 支/知-讀音文法機能」慶北大『語

文論叢』27 : 125-153.
李丞宰(1993)「麗末鮮初의 口訣資料」『安秉禧先生回甲紀念論叢 國語史資料와 國語學의 硏究』56-76. 서울 : 文學과 知性社.
李丞宰(1993)「高麗本『華嚴經』의 口訣字에 對하여」『國語學』23 : 325-379.
南權熙(1993)「高麗本『慈悲道場懺法』卷第一~五와 그 口訣紹介」『季刊 書誌學』11 : 5-36.
南豊鉉(1994)「『新譯華嚴經』卷14의 高麗時代釋讀口訣」『國文學論集』檀國大學校; (1999)『國語史를 爲한 口訣硏究』167-199. 서울 : 太學社.
李丞宰(1994)「高麗中期口訣資料의 形態音素論的硏究」『震檀學報』78 : 307-326.
Nam, Pung-hyun (1994) On the Relation Between *Hyangchal* and *Kwukyel*. In Young-Key Kim-Renaud, ed. *Theoretical Issues in Korean Linguistics*. Stanford, CA : CSLI Publications for the Stanford Linguistics Association.
金斗燦(1995)「『舊譯仁王經』口訣機能體系」『國語史와 借字表記』서울 : 太學社.
白斗鉉(1995)「高麗本『華嚴經』의 口訣字 中에 關한 考察」『國語史와 借字表記』253-283. 서울 : 太學社.
李建植(1995)「鄕札과 釋讀口訣의 訓讀末音添記에 對하여」『國語史와 借字表記』서울 : 太學社.
鄭在永(1995)「'只' 形副詞와 '叱' 形副詞」『國語史와 借字表記』서울 : 太學社.
白斗鉉(1995)「高麗時代釋讀口訣의 敬語法 先語末語尾 '-示-'와 '-白-'의 分布와 機能에 關한 硏究」慶北大『語文論叢』29 : 45-114.
李丞宰(1995)「華嚴經口訣의 狀態動詞語幹」『韓日語學論叢(李鍾徹先生回紀念論叢)』國學資料院.
李丞宰(1995)「鷄林類事와 借字表記 資料의 關係」『大東文化硏究』30 : 159-184.
李章熙(1995)「『華嚴經』口訣字 '尸'의 機能과 讀法」『語文學』56.

李章熙 (1995)「高麗時代釋讀口訣의 '-叱'에 對하여」『文學과 言語』16.
李丞宰解題 (1995)『韓國學資料叢書六 口訣資料集』一「高麗時代楞嚴經」朴東燮本【解題:南豊鉉】; 南權熙本. 韓國精神文化研究院.
南豊鉉 (1996)「高麗時代釋讀口訣의 尸/ㄹ에 對한 考察」『口訣研究』1:11-44;(1999)『國語史를 爲한 口訣研究』285-319. 서울:太學社.
金斗燦 (1996)「口訣語尾 爲彌兮에 對하여」『口訣研究』1:45-72.
南權熙 (1996)「高麗口訣資料『大方廣佛華嚴經』卷第十四書誌的分析」『口訣研究』1:377-403.
口訣學會 (1996)「『大方廣佛華嚴經』卷第十四影印」『口訣研究』1:404-466.
南豊鉉 (1996)「高麗時代釋讀口訣의 動名詞語尾 隱/ㄴ에 對한 考察」『國語學』28:1-48;(1999)「高麗時代釋讀口訣의 動名詞語尾 隱/ㄴ」『國語史를 爲한 口訣研究』343-389. 서울:太學社.
白斗鉉 (1996)「高麗時代釋讀口訣의 先語末語尾 '-五-'의 分布와 文法機能」『語文論叢』30.
李丞宰 (1996)「'ㆍㄱ'弱化·脫落의 通時的考察—南權熙本楞嚴經의 口訣資料를 中心으로—」『國語學』28:49-79.
李丞宰 (1996)「高麗中期口訣資料의 主體敬語法先語末語尾 '-在 (겨)-'」『李基文敎授停年退任紀念論叢』517-556. 서울:新丘文化社.
李丞宰 (1996)「借字表記硏究의 成果와 課題」『光復50周年國學의 成果』韓國精神文化研究院; 李丞宰 (1997)「吏讀와 口訣」『새國語生活』7/2:135-144.
鄭在永 (1996)「終結語尾 '-立'에 對하여」『震檀學報』81:195-214.
鄭在永解題 (1996)『韓國學資料叢書六 口訣資料集』二「朝鮮初期楞嚴經」祇林寺所藏本. 韓國精神文化研究院.
朴盛鐘解題 (1996)『韓國學資料叢書六 口訣資料集』三「朝鮮初期楞嚴經」宋成文所藏本. 韓國精神文化研究院.
南豊鉉 (1996)「《金光明經》卷三釋讀口訣에 나타난 尸의 用法에 對하여」『李基文敎授停年退任紀念論叢』228-251. 서울:新丘文化社;(1999)「『合部金光明經』의 釋讀口訣에 나타난 動名詞語尾 '-尸'」『國語史의 爲한 口訣研究』321-342. 서울:太學社.

金斗燦 (1997)「舊譯仁王經口訣解讀試攷」『口訣研究』2 : 161-241.
金永萬 (1997)「釋讀口訣 '皆叱, 悉良'와 高麗鄕札'頓部叱, 盡良' 比較考察」『口訣研究』2 : 1-25.
金永旭 (1997)「14世紀文法形態 '衣/叱[의/ㅅ]'의 交替에 對하여」『口訣研究』2 : 243-264.
南豊鉉 (1997)「高麗時代釋讀口訣의 令字와 令字의 原字에 對하여」『淸凡陳泰夏敎授啓七頌壽紀念語文學論叢』459-469. 서울 : 太學社 ; (1999)『國語史를 爲한 口訣硏究』201-212. 서울 : 太學社.
南豊鉉 (1997)「韓國에 있어서의 口訣硏究의 回顧와 展望」『訓點語と訓點資料』100 : 左1-23 ; 尹幸舜譯「韓國における口訣研究の回顧と展望」同24-44 ;「口訣의 性格과 研究史」(1999)『國語史를 爲한 口訣硏究』35-63. 서울 : 太學社.
沈在箕 (1997)「高麗時代釋讀口訣의 讀法」『아시아諸民族의 文字』277-286. 서울 : 太學社.
白斗鉉 (1997)「高麗時代口訣의 文字體系와 通時的變遷」『아시아諸民族의 文字』287-384. 서울 : 太學社.
李丞宰 (1997)「借字表記의 變化」『田光鉉・宋敏先生華甲紀念國語史研究』서울 : 太學社.
李丞宰 (1997)「高麗中期口訣資料의 敬語法體系」沈在箕編『國語語彙의 基盤과 歷史』서울 : 太學社.
李勇 (1997)「'-乙'에 對하여」『口訣研究』2 : 131-160.
口訣學會 (1997)「資料影印『舊譯仁王經(上)』東國大學校博物館所藏」『口訣研究』2 : 473-484.
高永根 (1998)「釋讀口訣의 國語史的價値」『口訣研究』3 : 1-28.
南星祐・鄭在永 (1998)「『舊譯仁王經』釋讀口訣의 表記法과 한글轉寫」『口訣研究』3 : 195-251.
南豊鉉 (1998)「『瑜伽師地論』(卷20)釋讀口訣의 表記法과 한글轉寫」『口訣研究』3 : 253-336.
南豊鉉 (1998)「直指心體要節의 口訣에 對한 考察」『月雲스님古稀記念佛敎學論叢』서울 : 東國大學校附設東國譯經院 ; (1999)「『直指心體要節』

의 口訣」『國語史를 爲한 口訣硏究』433-464. 서울 : 太學社.
沈在箕・李丞宰(1998)「華嚴經釋讀口訣의 表記法과 한글轉寫」『口訣硏究』
　　　3 : 29-111.
鄭在永(1998)「合部金光明經釋讀口訣의 表記法과 한글轉寫」『口訣硏究』3
　　　: 113-193.
張允熙(1998)「釋讀口訣資料의 感歎法終結語尾」『口訣硏究』4 : 57-84.
金斗燦(1999)「다시 吐 '這'와 '尸'字에 對하여」『口訣硏究』5 : 59-73.
金武林(1999)「高麗時代口訣漢字音의 硏究」『口訣硏究』5 : 75-108.
南豊鉉(1999)『國語史를 爲한 口訣硏究』서울 : 太學社.
南豊鉉(1999)『『瑜伽師地論』釋讀口訣硏究』서울 : 太學社.
朴盛鐘(1999)「舊譯仁王經口訣의 語彙」『口訣硏究』5 : 201-220.
尹幸舜(1999)「韓・日漢文讀法에 對한 比較」『口訣硏究』5 : 33-58.
李丞宰(1999)「舊譯仁王經口訣의 音韻史的意義」『口訣硏究』5 : 109-126.
石朱娟(1999)「大英圖書館(The British library)所藏國語史資料에 對하여」
　　　『第21回發表論文集』;『口訣硏究』5 : 161-179.
崔重鎬(1999)「高麗時代釋讀口訣의 마침법 硏究」東義大『새얼語文論集』
　　　12 : 293-343.
金永萬(2000)「『瑜伽師地論』의 "由沙"와 "如支"의 讀法에 對하여」『口訣
　　　硏究』6 : 41-59.
金斗燦(2000)「『華嚴經十四』口訣機能體系」『口訣硏究』6 : 343-449.
南豊鉉(2000)「高麗時代點吐口訣에 對하여」『書誌學報』24 : 5-45 ; (2009)
　　　『古代韓國語硏究』383-432. 서울 : 시간의 물레.
박부자(2000)「精文硏本『永嘉證道歌』의 口訣에 對하여」『口訣硏究』6 : 135
　　　-172.
吳昌命(2000)「訓民篇의 順讀口訣과 訓民篇解考察」瀛州語文學會『瀛州語
　　　文』2.
李丞宰(2000)「釋讀口訣의 數詞에 對하여」『21世紀國語學의 課題(솔미鄭
　　　光敎授回甲紀念論叢)』422-436. 서울 : 月印.
李丞宰(2000)「새로 發見된 角筆符號口訣과 그 意義」『새國語生活』10/3 :
　　　135-152.

李丞宰(2000)「尊敬法先語末語尾 '-賜/示[시]-'의 形態音素論的研究 : 口訣 資料를 中心으로」『震檀學報』90 : 215-237.
崔重鎬(2000)「釋讀 口訣의 높임법 研究」東義大『새얼語文論集』13 : 107-137.
黃善燁(2000)「高麗時代口訣字의 文字論的檢討」德成女大『德成語文學』10.
黃善燁(2000)「釋讀口訣 '尸'의 解讀에 對하여」『韓國文學論叢』26 : 255-280.
小林芳規(2000)「日本에 있어서 角筆文獻硏究의 現狀과 展望」『口訣研究』 6 : 1-10.
金永旭(2001)「瑜伽師地論點吐의 解讀方法研究」『口訣研究』7 : 57-77.
南豊鉉・李丞宰・尹幸舜(2001)「韓國의 點吐口訣에 對하여」『訓點語と訓 點資料』107 : 1-24 ; 日譯「韓國の點吐口訣について」同25-58.
金文雄(2001)「漢文의 虛辭와 口訣의 呼應關係―「楞嚴經諺解」(1462)를 中 心으로―」『國語研究의 理論과 實際(李珖鎬敎授回甲紀念論叢)』.
南權熙(2001)「高麗時代口訣資料分析을 爲한 全的刊行史」『漢字古版本と その受容(訓讀)國際ワークショップ』北海道大學大學院文學研究科.
朴鎭浩(2001)「高麗時代釋讀口訣의 特徵」『漢字古版本とその受容(訓讀) 國際ワークショップ』北海道大學大學院文學研究科.
南豊鉉(2001)「口訣의 種類와 그 發達」『漢字古版本とその受容(訓讀)國際 ワークショップ』北海道大學大學院文學研究科.
孫周一(2001)「口訣文의『-오/우-』에 對하여」『한겨레 語文研究1(崔潤鉉先 生回甲紀念論文集』한겨레語文學會.
張景俊(2001)「釋讀口訣의 '故'字의 懸吐傾向에 對한 考察(1)」『口訣研究』 7 : 113-133.
鄭在永(2001)「誠庵古書博物館所藏晋本『華嚴經』卷第二十에 對하여」『口訣 研究』7 : 33-56.
李丞宰(2001)「周本『華嚴經』卷第22의 角筆符號口訣에 對하여」『口訣研 究』7 : 1-32.
李丞宰(2001)「瑜伽師地論角筆符號口訣의 解讀을 爲하여」『國語研究의 理 論과 實際』서울 : 太學社.
李丞宰(2001)「符號字의 文字論的意義」『國語學』38 : 89-116.
金永萬(2002)「口訣語如의 讀解法研究」『韓民族語文學』40 : 117-139.

南豊鉉(2002)「新羅時代口訣의 再構를 爲하여」『口訣研究』8 : 77-93 ; 北郷照夫譯(2008)「新羅時代の口訣の再構のために」『口訣研究』8 : 94-109 ; (2009)『古代韓國語研究』255-272. 서울 : 시간의 물레.
南豊鉉(2002)「高麗時代角筆點吐釋讀口訣의 種類와 그 解讀―晉本華嚴經卷20의 點吐釋讀口訣을 中心으로―」『朝鮮學報』183 : 1-22 ; (2009)「高麗時代點吐釋讀口訣의 解讀試考」『古代韓國語研究』433-458. 서울 : 시간의 물레.
梁熙喆(2002)「口訣/鄕札 "-立/音-"의 研究 : 相對尊待法先語末語尾를 中心으로」『韓國言語文學』49 : 603-623.
石塚晴通(2002)「漢字文化圈の加點史から見た高麗口訣と日本語初期訓點資料」『口訣研究』8 : 111-122 ; 吳美寧譯(2002)「漢字文化圈의 加點史에서 본 高麗口訣과 日本語初期訓點資料」『口訣研究』8 : 123-128.
小林芳規(2002)「韓國における角筆文獻の發見とその意義―日本古訓點との關係―」『朝鮮學報』182 : 1-82.
小林芳規(2002)「韓國의 角筆點과 日本의 古訓點との關係」『口訣研究』8 : 21-49 ; 尹幸舜譯(2002)「韓國의 角筆點과 日本의 古訓點의 關係」『口訣研究』8 : 50-76.
李丞宰・安孝卿(2002)「角筆符號口訣資料에 對한 照査研究 誠庵本『瑜伽師地論』卷5・8을 對象으로」『口訣研究』9 : 115-146.
李丞宰(2002)「符號의 字形과 制作 原理」『文法과 텍스트』서울 : 서울大學校出版部.
李丞宰(2002)「口訣資料의 '-ㄱ-' 弱化, 脫落을 찾아서」서울大『韓國文化』30 : 1-31.
鄭在永他(2002)「口訣資料電算化의 現況과 課題」『韓國語와 情報化』서울 : 太學社.
小林芳規(2003)「新羅經典에 記入된 角筆文字와 符號―京都大谷大學藏『判比量論』에서의 發見―」『口訣研究』10 : 5-30.
尹幸舜(2003)「漢文讀法에 쓰여진 韓國의 角筆符號口訣과 日本의 오코토點의 比較―『瑜伽師地論』의 點吐口訣과 文字口訣을 中心으로」『口訣研究』10 : 79-113.

黃善嬅(2003)「口訣字 ·'丘'解讀에 對하여」『口訣研究』10 : 115-141.
박재민(2003)「「寶賢十願歌」難解句5題—口訣을 基盤하여—」『口訣研究』10 : 143-175.
李丞宰(2003)「周本『華嚴經』卷57의 書誌와 角筆符點口訣에 對하여」『한글』262 : 215-246.
朴鎭浩(2003)「周本『華嚴經』卷三十六の點吐口訣の解讀」『日韓漢字・漢文受容に關する國際學術會議』予稿集(富山大學2003. 7. 24-25)127-158.
李丞宰(2003)「異體字から見た高麗本『楞嚴經』の系統」『日韓漢字・漢文受容に關する國際學術會議』予稿集91-126.
張景俊(2003)「『瑜伽師地論』點吐釋讀口訣の指示線について」『日韓漢字・漢文受容に關する國際學術會議』予稿集159-177.
張允熙(2003)「韓國釋讀口訣に關する總合的考察」『日韓漢字・漢文受容に關する國際學術會議』予稿集57-89.
高正儀(2004)「口訣研究의 現況과 課題」『口訣研究』12 : 5-46.
張允熙(2004)「釋讀口訣 및 그 資料의 概觀」『口訣研究』12 : 47-80.
張景俊(2004)「『瑜伽師地論』點吐釋讀口訣解讀研究(1)」『口訣研究』12 : 191-213.
朴鎭浩(2004)「『瑜伽師地論』點吐釋讀口訣解讀研究(2)卷8. 0. 4 : 11-05 : 17部分을 中心으로」『口訣研究』12 : 215-232.
李勇(2004)「『瑜伽師地論』點吐釋讀口訣解讀研究(3)卷8. 0. 5 : 18-06 : 23部分을 中心으로」『口訣研究』12 : 233-247.
이전경(2004)「『瑜伽師地論』點吐釋讀口訣解讀研究(4)卷8. 0. 7 : 01-08 : 22를 中心으로」『口訣研究』13 : 221-243.
尹幸舜(2004)「韓國의 角筆符號口訣과 日本의 訓點에 나타나는 華嚴經의 不讀字用法」『口訣研究』13 : 39-63.
金永旭(2004)「漢字、漢文의 韓國的受容 : 初期吏讀와 釋讀口訣資料들을 中心으로」『口訣研究』13 : 65-97.
李丞宰(2004)「角筆符點口訣의 意義와 研究方法」『口訣研究』13 : 289-316.
金永旭(2004)「周本『華嚴經』卷三十六의 口訣」『韓國角筆符號口訣資料와

日本訓點資料研究—華嚴經資料를 中心으로—』서울 : 太學社.
南豊鉉(2004)「周本『華嚴經』卷六의 角筆點吐釋讀口訣研究」韓國角筆符號
　　　口訣資料와 日本訓點資料研究—華嚴經資料를 中心으로—』서울 : 太
　　　學社.
安秉禧(2004)「최항의 經書口訣에 對하여」『새國語生活』14/3.
小林芳規(2004)『角筆文獻研究導論』上卷 東アジア編. 東京 : 汲古書院.
張景俊(2004)『『瑜伽師地論』點吐釋讀口訣의 解讀方法研究—卷五・八의
　　　單點을 中心으로—』延世大學校博士論文.
鄭在永(2004)「晉本華嚴經卷二十의 書誌와 角筆符號口訣에 對하여」『韓國
　　　角筆符號口訣資料와 日本訓點資料研究 —華嚴經資料를 中心으로—』
　　　서울 : 太學社.
鄭在永他編(2004)『韓國角筆符號口訣資料와 日本訓點資料研究—華嚴經資
　　　料를 中心으로—』서울 : 太學社.
金星周(2005)「'爲'에 懸吐되는 口訣字와 機能」『口訣研究』15 : 29-55.
徐民旭(2005)『『瑜伽師地論』卷五・八의 點吐口訣研究』가톨릭大學校博
　　　士論文.
小林芳規(2005)「文字の交流—片假名の起源—」『文字とことば—古代東アジ
　　　アの文化交流—』75-106. 東京 : 靑山學院大學日本文學科.
李丞宰(2005)「韓國符點口訣의 記入位置」『朝鮮學報』194 : 1-25.
李丞宰(2005)「高麗時代의 佛經教育과 口訣」『韓國史市民講座』서울 : 一
　　　潮閣.
李丞宰(2005)Another Type of Korean Translation : Stylus-impressed Cypher-
　　　Kugyol[口訣].『口訣研究』15 : 173-198.
李丞宰他(2005)『角筆口訣寫眞資料1 初雕大藏經『瑜伽師地論』卷第五・卷
　　　第八(誠庵古書博物館所藏)』서울 : 太學社.
李丞宰他(2005)『角筆口訣解讀飜譯1 初雕本『瑜伽師地論』卷第五・卷第
　　　八—』서울 : 太學社.
李丞宰他(2006)『角筆口訣寫眞資料2 國寶二百四號周本華嚴經卷第三十六
　　　(誠庵古書博物館所藏)』서울 : 太學社.
李丞宰他(2006)『角筆口訣寫眞資料3 周本華嚴經卷第六、卷第五十七(誠庵

古書博物館所藏)』서울 : 太學社.
李丞宰他 (2006)『角筆口訣解讀飜譯2 周本華嚴經卷第三十六』서울 : 太學社.
李丞宰他 (2006)『角筆口訣解讀飜譯3 周本華嚴經卷第六、卷第五十七』서울 : 太學社.
李丞宰 (2006)「사라진 '-在[겨]-'의 文法範疇를 찾아서」『21世紀, 形態論 어디로 가는가?』서울 : 博而精.
李丞宰 (2006)「京都博物館藏の華嚴經卷第十七の訓點」『訓點語と訓點資料』117 : 44-60.
小林芳規 (2006)「日本訓點の一源流」『汲古』49 : 1-19.
朴鎭浩 (2006)「晉本《華嚴經》卷第20의 點吐解讀」『口訣硏究』16 : 173-208.
張景俊 (2006)「點吐體系의 特徵이 符號의 使用에 미치는 影響」『口訣硏究』16 : 209-24.
尹幸舜 (2006)「韓國의 釋讀口訣과 日本의 訓點資料에 記入된 逆讀點에 對하여」韓國日本文化學會『日本文化學報』28 : 1-19.
黄善燁 (2006)「『瑜伽師地論』點吐釋讀口訣解讀硏究 (11)卷8. 15 : 04-16 : 17 部分을 中心으로」『口訣硏究』16 : 299-316.
高正儀 (2006)「『高峰和尙禪要』의 口訣硏究」『口訣硏究』16 : 241-279.
金星周 (2006)「現代人을 爲한 口訣文法의 定立을 爲하여 : 成百曉譯注『懸吐完譯孟子集註』의 口訣을 對象으로」『東國語文學』17·18 : 77-94.
金星周 (2006)「釋讀口訣의 被動表現」『口訣硏究』16 : 119-140.
尹容善 (2006)「『小學諺解』의 口訣體系에 對한 檢討」『震檀學報』102 : 179-229.
南京蘭 (2006)「《六祖大師法寶壇經》의 口訣硏究」『口訣硏究』16 : 141-172.
張景俊 (2006)「〈瑜伽師地論〉點吐釋讀口訣에서 "고"字에 懸吐된 口訣點의 解釋」『태릉어문硏究』14 : 107-129.
李勇 (2006)「廣開土大王碑文의 吏讀的要素」『口訣硏究』17 : 71-89.
高正儀 (2006)「『誡初心學人文』의 口訣에 對하여」『人文論叢』25 : 1-27.
임용기, 홍윤표 (2006)『國語史硏究 어디까지 와 있는가』太學社.
장혜원 (2006)「東洋數學에서의 口訣 및 그 敎授學的含意」『韓國數學史學會誌』19/4 : 13-30.

鄭在永(2006)「韓國의 口訣」『口訣研究』17 : 129-189.
鄭在永(2006)「佛甲寺所藏의 花岩寺版『父母恩重經』에 對하여 : 이 資料에 記入되어 있는 口訣과 諺解文을 中心으로」『嶺南學』9 : 211-244.
南豊鉉(2006)「韓國의 古代口訣資料와 그 變遷에 對하여」『延世國學叢書 66 國語史研究 어디까지 와 있는가』서울 : 太學社 ; (2007)「韓國古代口訣の種類とその變遷について」『訓點と訓點資料』118 : 120-132 ; (2009)「口訣의 上代資料와 그 類型」『古代韓國語研究』459-485. 서울 : 시간의 물레.
張景俊(2007)『瑜伽師地論點吐釋讀口訣의 解讀方法研究』서울 : 太學社.
張景俊(2007)「釋讀口訣의 口訣字 '火'과 '爲如(也)'에 對하여」『國語學』47 : 265-286.
張景俊(2007)「經理雜説의 吏讀와 讀音」『口訣研究』18 : 409-443.
金永旭(2007)「古代韓國木簡에 보이는 釋讀表記 : 鄕歌表記法의 起源을 찾아서」『口訣研究』19 : 171-189.
朴盛鍾(2007)「吏讀字 '内'의 讀法」『口訣研究』19 : 139-170.
南豊鉉(2007)「字吐釋讀口訣에 나타난 不讀字에 對한 考察」『口訣研究』18 : 207-250 ; (2009)『古代韓國語研究』486-526. 서울 : 시간의 물레.
丁若鏞著・金在泓口訣(2007)『著周易四箋口訣』以會文化社.
鄭在永(2007)「淸州古印刷博物館所藏元興社本『金剛經』에 對한 研究 : 六祖口訣後序에 記入된 口訣을 中心으로」『口訣研究』19 : 227-257.
李丞宰(2007)「7世紀末葉의 韓國語資料—璟興撰『無量壽經連義述文贊』의 註釋을 中心으로—」『古代韓日言語文字』서울 : 서울大奎章閣韓國學研究院・口訣學會.
尹幸舜(2008)「日本 訓點資料에서 본 韓國角筆點吐釋讀口訣資料의 口訣字에 對해서」『日本文化研究』28 : 233-254.
朴鎭浩(2008)「口訣資料 解讀의 方法과 實際」『韓國文』44 : 339-348.
張景俊(2008)「高麗初期點吐口訣의 諸符號」『韓國語學』40 : 307-339.
張景俊(2008)「《瑜伽師地論》點吐釋讀口訣의 '지시선'에 關한 補論」『國語學』51 : 175-194.
양희철(2008)『鄕札研究12題 : 同型의 吏讀와 口訣도 兼하여』寶庫社.

南豊鉉(2008)「釋讀口訣에 쓰인 支의 形態와 機能에 對하여」『口訣研究』20 : 93-121 : 93-121 ; (2009)『古代韓國語研究』527-556. 서울 : 시간의 물레.
南豊鉉(2008)「韓國의 口訣과 그 讀法」『李崇寧 現代國語學의 開拓者』577-590. 서울 : 太學社.
小林芳規(2009)「日本の經典訓讀の一源流－助詞イを手掛りに－」『汲古』577-590. 53 : 1-10.

2.4. 鷄林類事

2.4.1. 原始資料

影印 : (1974)『鷄林遺事』서울 : 漢陽大學校附設國學研究院【説郛本,古今圖書集成本】; (1974)『原本影印韓國古典叢書(復元版)III諺解・譯語類』서울 : 大提閣【古今圖書集成本】.

2.4.2. 研究

前間恭作(1925)『鷄林類事麗言攷』東洋文庫論叢第3 ; (1974)『前間恭作著作集』下卷 : 167-302. 京都 : 京都大學文學部國語學國文學研究室【書評・紹介 : 陳泰夏(1992)「前間恭作(1925), 「鷄林類事麗言考」」『周時經學報』9 : 133-148】.
劉昌宣(1938)「鷄林類事高麗方言考」『한글』54 : 206-209.
辛兌鉉(1941)「鷄林類事・華夷譯語의 朝鮮古語續考」『한글』84 : 1-2.
岸謙(1942)「前間先生の「鷄林類事麗言攷」を讀む」『書物同好會會報』15 : 16-18 ; (1978)『書物同好會會報附冊子』270-272. 東京 : 龍溪書舍.
方鍾鉉(1947)「鷄林類事講義」『朝鮮教育』1/5.

劉昌惇(1954)「鷄林類事補攷」『崔鉉培先生還甲紀念論文集』129-155.
方鍾鉉(1955)「鷄林類事研究」『東方學志』2下 : 1-205.
李基文(1957)「鷄林類事의 一考察」『一石李熙昇先生頌壽紀念論叢』393-407. 서울 : 一潮閣.
高炳翊(1958)「鷄林類事의 編纂年代」『歷史學報』10 : 115-124.
金敏洙(1959)「鷄林類事(解題)」『한글』124 : 231-237.
李敦柱(1959)「鷄林類事表記分析試圖」『全南大國文學報』1.
文璇奎(1960)「鷄林類事와 朝鮮館譯語의 ㄹ表記法考察」『國語國文學』22 : 46-49.
文璇奎(1961)「鷄林類事片攷」『國語國文學』23 : 7-20.
金喆憲(1962)「鷄林類事研究」『國語國文學』25 : 101-128.
李炳銑(1965)「用言活用에서의 末音母音의 脫落現象考」『國語國文學』28 : 67-80.
金敏洙(1967)「高麗語의 資料―《鷄林類事》와《朝鮮館譯語》」『高麗大學校語文論集』10 : 173-191.
李基文(1968)「鷄林類事의 再檢討―主로 音韻史의 觀點에서―」『東亞文化』8 : 205-248.
崔鶴根(1968)「文獻以前의 國語事實의 一端에 對해서」李崇寧博士頌壽紀念事業會編『李崇寧博士頌壽紀念論叢』593-608. 서울 : 乙酉文化社.
李承旭(1973)「「鷄林類事」의 文法資料」『國語文法體系의 史的 研究』266-296. 서울 : 一潮閣.
李元植(1973)「『鷄林類事』略攷」『朝鮮學報』67 : 81-135.
吳鍾甲(1974)「語末去聲化의 法則」『韓民族語文學』1 : 123-131.
權在善(1974)「鷄林類事에 나타난 歷代國語聲調의 考察」『語文學』30 : 1-27.
陳泰夏(1974)『鷄林類事研究』國立臺灣師範大學博士論文 ; (1975)第2版. 서울 : 塔出版社 ; (1987)第3版. 明知大學校出版部.
陳泰夏(1975)「鷄林類事編纂年代考」『새國語敎育』21 : 96-105.
陳泰夏(1975)「鷄林類事研究提要」明知大『明知語文學』7 : 29-32.
權在善(1975)「麗代數詞의 轉寫音考察」『韓民族語文學』2 : 41-62.
姜信沆(1975)「鷄林類事와 宋代音資料」檀國大學校東洋學研究所『東洋學』

5 : 1-12.

姜信沆 (1975)「鷄林類事「高麗方言」語釋」『大東文化研究』12 : 1-91.

Sasse, Werner (1976) *Das Glossar Koryo pangon im Kyerimyusa.* Wiesbaden : Otto Harrassowitz.

朴恩用 (1976)「鷄林類事의 〈호왈감〉에 對하여」曉星女大『國文學研究』5 : 135-164.

姜信沆 (1977)「鷄林類事「高麗方言」의 聲母와 中世韓國語의 子音」『李崇寧先生古稀紀念國語國文學論叢』1-24. 서울 : 塔出版社.

姜信沆 (1978)「鷄林類事「高麗方言」의 韻母音과 15世紀中世國語의 中聲 및 終聲」『大東文化研究』12 : 1-38.

姜信沆 (1978)「中國字音과의 對音으로 본 國語母音體系」『國語學』7 : 1-21.

Ramsey, Samuel Robert (1978) *Accent and Morphology in Korean Dialects.* (國語學叢書29) 서울 : 塔出版社.

徐在克 (1978)「鷄林類事 高麗方言의 '女子・女兒'」曉星女大『女性問題研究』7 : 183-185.

李氣銅 (1979)『鷄林類事語彙考』高麗大學校碩士論文.

長田夏樹 (1979)「『皇極經世書』聲音圖の音價と『韻略易通』の音韻體系について—『鷄林類事』の朝鮮語を表わす漢字音の體系と關聯して」『神戶外大論叢』30/3 : 27-45 ; (2001)『長田夏樹論述集』下 : 616-633. 京都 : ナカニシヤ出版.

姜信沆 (1980)『鷄林類事「高麗方言」研究』서울 : 成均館大學校出版部【書評 : 南豐鉉 (1981)『國語國文學』86 : 363-365】.

陳泰夏 (1980)「鷄林類事에 있어서 音節末對音表記中 /ㅊ/ 終聲」『國語國文學』84 : 206-207.

徐在克 (1981)「中世中國人의 韓國語用言記述法」啓明大學校『韓國學論集』8 : 119-136.

陳泰夏 (1982)「鷄林類事의 誤寫・誤釋・未解讀語彙考」『東方學志』34 : 43-96.

金完鎭 (1983)「鷄林類事와 音節末子音」『國語學』12 : 35-46 ; (1996)『音韻과 文字』192-203. 서울 : 新丘文化社.

安炳浩 (1984)『鷄林類事와 高麗時期朝鮮語』牡丹江:黑龍江朝鮮民族出版社

; 影印本 (1985)서울 : 民族文化社.
徐在克 (1984)「'내일'의 高麗말」『배달말』9 : 65-72.
李氣銅 (1985)「鷄林遺事의 轉寫字에 對하여」『高麗大語文論集』24・25 : 351-366.
崔南熙 (1985)「'·△'[Z]生成時期의 考察」『建國語文學』9/1 : 943-960.
하치근 (1986)「高麗語의 文法現象 鷄林類事를 中心으로」『石堂論叢』11 : 79-95.
姜吉云 (1986)「鷄林遺事小攷」水原大學校『畿甸語文學』1 : 7-15.
安炳浩 (1986)「《鷄林類事》及其硏究」『北京大學學報 (哲學社會科學版)』1986/6 : 123-127.
徐在克 (1986)「鄕歌의 '*-져 (齊)'와 高麗方言의 '*-之'」『한글』193 : 3-12.
徐在克 (1987)「'닭'・'비두르기'의 語形」『한글』196 : 147-153.
徐在克 (1988)「鷄林類事의 몇 낱말에 對한 硏究」啓明大學校『韓國學論集』15 : 1-11.
朴喜淑 (1988)「鷄林類事高麗方言의 '婆記'와 '曹兒'에 對하여」『蘭臺李應百敎授停年退任紀念論文集』336-349. 서울大學校國語敎育科.
金完鎭 (1988)「『鷄林類事』와 音節末子音」『虛堂李東林博士定年退任紀念論叢國語學硏叢』15-26. 集文堂.
崔文吉 (1989)「鷄林類事語彙考」『慧田專門大學論文集』7 : 5-33.
崔文吉 (1989)『鷄林類事未解讀語彙硏究』慶熙大學校博士論文.
崔文吉 (1989)「高麗時代의 音韻과 語彙硏究」『慧田專門大學論文集』8 : 505-546.
姜德圭 (1990)「鷄林類事의 '魚曰水脫'과 '魚肉皆曰姑記'에 對하여」忠南大學校『語文論志』6・7 : 425-432.
김영국 (1990)「『鷄林類事』의 綜合的檢討 (I)」『京畿語文學』8 : 75-96.
徐在克 (1990)「'女兒'亦曰'古召育曹兒'」基谷姜信沆敎授回甲紀念論文集刊行委員會編『國語學論文集』47-60. 서울 : 太學社.
陳泰夏 (1990)「《鷄林類事》板本考」『第三屆中國域外漢籍國際學術會議論文集』357-361. 聯合報基金會國學文獻館.
陳泰夏 (1990)「宋代韓中漢字音比較硏究—鷄林類事의 高麗譯音을 爲主로—」

『二重言語學』6 : 236-247.

陳泰夏 (1990)「鷄林類事硏究」『蘭汀南廣祐博士古稀紀念國語學關係博士學位論文要約集』645-648. 韓國語文敎育硏究會.

김성련 (1991)「前期中世國語의 語末內破에 關하여」『語文硏究』22 : 83-95.

權仁瀚 (1991)「麗代聲調의 再構를 爲한 基礎的硏究」『國語學』21 : 209-233.

崔文吉 (1991)「鷄林類事의 書誌學的硏究」『慧田專門大學論文集』9 : 421-435.

金完鎭 (1991)「國語史資料로서의「鷄林類事」의 性格」『震檀學報』71・72 : 373-381 ; (1996)『音韻과 文字』179-191. 서울 : 新丘文化社.

陳泰夏 (1993)「'打' 字의 音韻變遷考—鷄林類事를 中心으로—」『새國語敎育』48/1 : 139-163 ; 『韓中音韻學論叢』1 : 355-379. 서울 : 書光學術資料社.

沈在箕 (1993)「高麗時代言語文字에 關한 硏究」서울大學校『人文論叢』29 : 25-42.

Cho, Seung-Bog【趙承福】(1993)Review Article : Jin Tae-Ha, *Jilin leishi yanjiu* (A Study of the *Jilin leishi* [The Miscellaneous Things of *Jilin*]). *The Stockholm Journal of East Asian Studies* 4 : 141-153.

姜憲圭 (1994)「鷄林類事의 '男兒'와 '女兒'의 二重記述에 對하여」連山都守熙先生華甲紀念論叢刊行委員會編『우리말 硏究의 샘터 (連山都守熙先生華甲紀念論叢)』558-572. 서울 : 博而精.

任洪彬 (1995)「鷄林類事 '刀斤'의 읽기에 對하여」素谷南豊鉉先生回甲紀念論叢『國語史와 借字表記』115-132. 서을 : 太學社.

金承鎬 (1995)「鷄林類事의 '斧曰烏子盖/鳥子盖'에 對하여」韓國語文敎育學會『語文學敎育』17 : 71-85.

金永國 (1995)「訓民正音創制以前의 聲調再構說에 批判」『東岳語文論集』30 : 73-94.

노영식 (1995)「鷄林類事 '大曰墨根' 中 '墨'의 讀法」韓國古書硏究會『古書硏究』11.

변혜원 (1996)『『鷄林類事』와『高麗史』에 나타난 借用語硏究』祥明女子大學校碩士論文.

李丞宰 (1996)「鷄林類事와 借字表記 資料의 關係」『大東文化硏究』30 : 159-184.

權仁瀚(1997)「鷄林類事의 音注資料에 對하여」『淸凡陳泰夏敎授啓七頌壽紀念語文學論叢』363-388. 서울 : 太學社.
權仁瀚(1997)「高麗時代韓國漢字音에 對한 一考察」『冠嶽語文硏究』22 : 289-316.
金鎭玖(1997)「子母蓋의 硏究」『服飾文化硏究』5/1 : 11-18.
金鎭玖(1997)「背戌의 硏究」『服飾文化硏究』5/4 : 1-5.
金鎭玖(1997)「麻帝核䙆의 硏究」『服飾文化硏究』5/4 : 6-11.
金東昭(1998)「『鷄林類事』와『朝鮮館譯語』의 韓國語母音體系硏究」『한글』242 : 7-30.
남현철(1999)「『鷄林類事』와『朝鮮館譯語』의 共通寫音字比較硏究」公州大學校碩士論文.
崔文吉(1999)「書誌學的으로 본『鷄林類事』硏究」『出版文化硏究所論文集』1 : 403-418.
朴昌遠(2000)「鷄林類事「高麗方言」의 母音體系(1)」『口訣硏究』6 : 173-199.
姜憲圭(2000)「鷄林類事의 '魚曰水脫'과 '魚肉皆曰姑記'에 對하여」『凡山姜憲圭敎授華甲紀念國語學論文集』937-944. 公州 : 公州大學校出版部.
姜憲圭(2000)「鷄林類事의 '男兒'와 '女兒'의 二重記述에 對하여」『凡山姜憲圭敎授華甲紀念國語學論文集』945-957. 公州 : 公州大學校出版部.
金完鎭(2002)「사과와 능금, 그리고 '멎'」『國語學』40 : 3-21.
김태완(2002)「高麗語의〈溪, 透, 滂〉母 分析을 通한『鷄林類事』有氣音考察」『中語中文學』30 : 55-68.
이동석(2002)「『鷄林類事』의 女性名稱語硏究」『亞細亞女性硏究』41 : 243-268.
陳泰夏編(2003)『『鷄林類事』900周年紀念國際學術大會高麗朝語硏究論文集』서울 : 韓國國語敎育學會.
陳泰夏(2003)「高麗朝語硏究 國際學術大會를 열면서」陳泰夏編『『鷄林類事』900周年紀念國際學術大會高麗朝語硏究論文集』12-16. 서울 : 韓國國語敎育學會.
姜吉云(2003)「鷄林類事의 基底言語學的硏究」陳泰夏編『『鷄林類事』900

周年紀念國際學術大會高麗朝語硏究論文集』17-34. 서울 : 韓國國語敎育學會.

姜信沆 (2003)「『鷄林類事「高麗方言」』表音字로 본 前期中世國語音韻體系」陳泰夏編『『鷄林類事』900周年紀念國際學術大會高麗朝語硏究論文集』35-74. 서울 : 韓國國語敎育學會.

姜憲圭 (2003)「「男兒曰丫妲 亦曰同婆記」에 對하여」陳泰夏編『『鷄林類事』900周年紀念國際學術大會高麗朝語硏究論文集』75-90. 서울 : 韓國國語敎育學會.

權仁瀚 (2003)「鷄林類事의 漢語音韻史的意義」陳泰夏編『『鷄林類事』900周年紀念國際學術大會高麗朝語硏究論文集』91-114. 서울 : 韓國國語敎育學會.

金武林 (2003)「「鷄林類事」의 母音論」陳泰夏編『『鷄林類事』900周年紀念國際學術大會高麗朝語硏究論文集』115-136. 서울 : 韓國國語敎育學會.

金星奎 (2003)「「鷄林類事」를 通해 본 高麗時代의 聲調」陳泰夏編『『鷄林類事』900周年紀念國際學術大會高麗朝語硏究論文集』137-174. 서울 : 韓國國語敎育學會.

金永國 (2003)「「鷄林類事」硏究에서 제기된 몇 問題」陳泰夏編『『鷄林類事』900周年紀念國際學術大會高麗朝語硏究論文集』175-208. 서울 : 韓國國語敎育學會.

森博達 (2003)「『鷄林類事』의 音譯에 對하여」陳泰夏編『『鷄林類事』900周年紀念國際學術大會高麗朝語硏究論文集』209-228. 서울 : 韓國國語敎育學會.

朴昌遠 (2003)「鷄林類事와 語頭子音群」陳泰夏編『『鷄林類事』900周年紀念國際學術大會高麗朝語硏究論文集』229-252. 서울 : 韓國國語敎育學會.

安炳浩 (2003)「鷄林類事에 表記된 一部高麗語彙에 對한 새로운 分析」陳泰夏編『『鷄林類事』900周年紀念國際學術大會高麗朝語硏究論文集』279-298. 서울 : 韓國國語敎育學會.

楊人從 (2003)「鷄林類事와 朝鮮館譯語의 對譯音比較硏究」陳泰夏編『『鷄林類事』900周年紀念國際學術大會高麗朝語硏究論文集』299-324. 서울 : 韓國國語敎育學會.

李氣銅(2003)「鷄林類事의 轉寫字에 對한 小考」陳泰夏編『『鷄林類事』900周年紀念國際學術大會高麗朝語硏究論文集』325-346. 서울 : 韓國國語敎育學會.
李基文(2003)「鷄林類事의 細註에 對하여」陳泰夏編『『鷄林類事』900周年紀念國際學術大會高麗朝語硏究論文集』347-362. 서울 : 韓國國語敎育學會.
李元植(2003)「孫穆의 人物考」陳泰夏編『『鷄林類事』900周年紀念國際學術大會高麗朝語硏究論文集』363-380. 서울 : 韓國國語敎育學會.
全炳善(2003)「鷄林類事에 反映된 言語觀」陳泰夏編『『鷄林類事』900周年紀念國際學術大會高麗朝語硏究論文集』381-396. 서울 : 韓國國語敎育學會.
鄭在永(2003)「鷄林類事의 高麗方言에 나타난 文法形態에 對한 硏究」陳泰夏編『『鷄林類事』900周年紀念國際學術大會高麗朝語硏究論文集』397-432. 서울 : 韓國國語敎育學會.
趙承福(2003)「鷄林類事硏究에 對하여」陳泰夏編『『鷄林類事』900周年紀念國際學術大會高麗朝語硏究論文集』433-454. 서울 : 韓國國語敎育學會.
陳泰夏(2003)「鷄林類事譯語部正解를 爲한 硏究」陳泰夏編『『鷄林類事』900周年紀念國際學術大會高麗朝語硏究論文集』455-486. 서울 : 韓國國語敎育學會.
陳泰夏(2003)「鷄林類事二十種對校考證本」陳泰夏編『『鷄林類事』900周年紀念國際學術大會高麗朝語硏究論文集』卷末. 서울 : 韓國國語敎育學會.
無記名(2003)「열면서 : 高麗語硏究의 唯一無二한 寶典『鷄林類事』900周年紀念」『한글과 漢字文化』51. 全國漢字敎育推進總聯合會.
金泰慶(2003)「『鷄林遺事』를 通해 본 宋代漢語韻尾體系」『中國言語硏究』17 : 559-578 ; (2004)延世中國語學硏究모임『中國語學의 主體探求』105-125. 서울 : 韓國文化社.
이은규(2003)「『鷄林類事』借字表記의 電算處理와 用字例」『韓國말글學』20 : 343-417.
金榮一(2004)「語形 '나무'의 原型과 形態變化 : 『鷄林類事』의 表記를 中

心으로」『한글』264 : 5-24.

金永國 (2004)「鷄林類事轉寫字의 表音方式에 對하여」『韓國語文學硏究』 42 : 79-97.

이동석 (2004)「『鷄林類事』를 通해서 본 'ㅂ系合用竝書'와 'ㅸ'」『國語史硏究』4 : 235-253.

金星奎 (2004)「『鷄林類事』와 15世紀國語의 聲調比較」民族語文學會『語文論集』49 : 145-182.

鄭在永 (2004)「鷄林類事의 高麗方言에 나타난 文法形態에 對한 硏究」『口訣硏究』12 : 99-132.

東ヶ崎祐一 (2005)「中世韓國語の齒音に關する小考―中國語との對音資料から―」『比較文化硏究』9/2 : 79-90.

東ヶ崎祐一 (2005)「《鷄林類事》と宋代中國語音」嚴翼相・遠藤光曉編『韓國的中國語言學資料研究』263-286. 서울 : 學古房.

李基文 (2005)「鷄林類事의 '姑曰漢了彌'에 對하여」『國語學』45 : 3-16.

王碩荃 (2006)『朝鮮語語彙考索―據《鷄林類事》條目』天津 : 天津古籍出版社.

金武林 (2006)「『鷄林類事』의 基礎母音論―洪武正韻譯訓을 參照하여」『地名學』12 : 5-31.

최중호 (2006)「《鷄林類事》의 有氣音에 對해서」『우리말硏究』18 : 3-25.

宋敏 (2006)「單語의 意味와 語源 : 우리말의 발자취」『語文學論叢』25 : 305-319.

金智衡 (2006)「傳承漢字音과 'ㆍ, ㆍ'―『鷄林類事』와『朝鮮館譯語』收錄字를 中心으로―」『語源硏究』7 : 151-171.

安炳浩 (2006)「鷄林類事에서 본 閉音節單語에 對하여」『第2次韓・中・朝 Korean敎育國際學術討論會 : 論文集』1-6. 梨花女子大學校韓國語文學硏究所.

金永萬 (2007)「新羅地名喙 (훼)와 啄 (탁)의 字音上矛盾을 어떻게 볼 것인가」『地名學』13 : 47-84.

2.5. 朝鮮館譯語

2.5.1. 原始資料

寫本 : 倫敦大學圖書館 (SOAS MS48363)【R. Morrison舊藏】; 京大 (言語2B-65)【稻葉君山舊藏本 ; 副本】; 京都大學人文科學研究所 (內藤220)【稻葉君山舊藏本 ; 副本】; 서울大學校中央圖書館【稻葉君山舊藏 ; 副本?】; 靜嘉堂文庫 (83-51) ; 天理 (829. 1タ355).

照片 : 小倉 (L175520)【稻葉君山舊藏本】; 東洋 (II-15-C-1291)【阿波國文庫本】; 京大 (言語2B-64 ; 東洋史B-XIII-K-7)【阿波國文庫本】; 京都大學人文科學研究所 (史XIII-11-124)【阿波國文庫本】.

影印 : (1979)『華夷譯語』臺北 : 珪庭出版社有限公司【稻葉本】; 姜信沆 (1995)『增補朝鮮館譯語研究』서울 : 成均館大學出版部【稻葉本、阿波國文庫本】

2.5.2. 硏究

Ogura, S. (1926-28)A Corean Vocabulary. *BSOS* 4/1 : 1-10 ; 小倉進平 (1975)『小倉進平博士著作集』2 : 261-270.

辛兒鉉 (1940)「華夷譯語朝鮮古語略攷」『朝光』1940/7 : 292-305.

小倉進平 (1941)「『朝鮮館譯語』語釋 (上) (下)」『東洋學報』28/3 : 361-421,28/4 : 511-576 ; (1975)『小倉進平博士著作集』2 : 133-260.

金敏洙 (1957)「朝鮮館譯語攷」『一石李熙昇先生頌壽紀念論叢』95-138. 서울 : 一潮閣.

李基文 (1957)「朝鮮館譯語의 編纂年代」서울大學校『文理大學報』5/1 : 10-18.

文璇奎 (1960)「鷄林類事와 朝鮮館譯語의 ㄹ表記法考察」『國語國文學』22 : 46-49.

文璇奎 (1962)「朝鮮館譯語上의 中國音韻體系小考」『歷史學報』17・18 : 5-81.

文璇奎 (1962)「朝鮮館譯語考論—編成時期,表記法及音韻에 對하여—」『亞細亞研究』5/2 : 219-249.
金喆憲 (1963)「朝鮮館譯語研究—中國語音韻論的角度에서 解讀함—」『國語國文學』26 : 151-176.
方鍾鉉 (1963)「朝鮮館譯語 (그 解讀에서)」『一簑國語學論集』81-89. 서울 : 民衆書館.
李炳銑 (1965)「用言活用에서의 末音母音의 脫落現象考」『國語國文學』28 : 67-80.
金明坤 (1966)「朝鮮館譯語의 「餕必」에 對하여」『國語國文學』33 : 51-60.
金敏洙 (1967)「高麗語의 資料—《鷄林類事》와 《朝鮮館譯語》」『高麗大學校語文論集』10 : 173-191.
李基文 (1968)「朝鮮館譯語의 綜合的檢討」서울大學校『論文集人文・社會科學』14 : 43-80.
崔鶴根 (1968)「文獻以前의 國語事實의 一端에 對해서」李崇寧博士頌壽紀念事業會編『李崇寧博士頌壽紀念論叢』593-608. 서울 : 乙酉文化社.
姜信沆 (1971)「朝鮮館譯語新釋」『大東文化研究』8 : 13-102.
玄定海 (1971)『朝鮮館譯語의 聲母攷 : 國語代充漢字音을 中心으로』高麗大學校碩士論文.
姜信沆 (1972)「朝鮮館譯語의 寫音에 對하여」서울大學校『語學研究』8/1 : 1-50.
文璇奎 (1972)『朝鮮館譯語研究』서울 : 景仁文化社.
姜信沆 (1974)『朝鮮館譯語研究』서울 : 光文社.
坂井健一 (1975)「所謂內種本『華夷譯語』所收『朝鮮館譯語』にみえる漢語音について」『漢學研究』13・14 : 23-44 ; (1995)『中國語學研究』520-537. 東京 : 汲古書院.
Ramsey, Samuel Robert (1978)*Accent and Morphology in Korean Dialects*. 서울 : 塔出版社.
徐在克 (1981)「中世中國人의 韓國語用言記述法」啓明大學校『韓國學論集』8 : 119-136.
李基文提供 (1982)「《影印資料》朝鮮館譯語」『國語國文學』87 : 459-521.
李基文 (1982)「《影印解題》朝鮮館譯語」『國語國文學』87 : 522.

黃有福(1984)「介紹一種古代朝鮮語資料―《朝鮮館譯語》」『中國古文字研究』421-445. 北京:中國社會科學出版社.
李敦柱(1991)「文璇奎著『朝鮮館譯語研究』解題」『中語中文學』19:393-399.
金經暄(1993)「『朝鮮館譯語』에 나타난 母音表記에 關하여」『새國語敎育』50:129-145.
楊人從(1993)「《朝鮮館譯語》의 對譯規則과 語法意識」『韓中音韻學論叢』1:193-254. 서울:書光學術資料社.
藤本幸夫(1994)「淸朝朝鮮通事小攷」高田時雄編『中國語史の資料と方法』255-290. 京都:京都大學人文科學硏究所.
姜信沆(1994)「朝鮮館譯語的漢語字音特徵」『語言硏究』1994年增刊:388-393;(2003)『韓漢音韻史硏究』717-727. 서울:太學社.
姜信沆(1995)『增補朝鮮館譯語硏究』서울:成均館大學校出版部.
權仁瀚(1995)「朝鮮館譯語와 下降性二重母音對應」素谷南豐鉉先生回甲紀念論叢『國語史와 借字表記』675-698. 서울:太學社.
權仁瀚(1995)『朝鮮館譯語의 音韻論的硏究』서울大學校博士論文.
李成根(1997)「『朝鮮館譯語』의 字音聲調體系考―韓吳音聲調와의 對比를 通한 朝鮮館譯語字音聲調의 系統論的考察을 中心으로―」『日語日文學硏究』30:389-409.
李潤東(1997)「朝鮮館譯語漢語寫音字의 韻母에 對하여」『大東漢文學』9:21-64.
李潤東(1997)「朝鮮館譯語聲母子音에 對한 硏究」『語文學』60:141-164;(1997)『國語學硏究의 새地平』205-234. 서울:太學社.
權仁瀚(1998)『朝鮮館譯語의 音韻論的硏究』(國語學叢書29)서울:太學社.
李潤東(1998)「朝鮮館譯語漢字韻母音硏究」『語文學』62:73-99.
李潤東(1998)「〈朝鮮館譯語〉韓語初聲寫音에 對하여」『語文學』64:63-87.
金東昭(1998)「《鷄林類事》와 《朝鮮館譯語》의 韓國語母音體系硏究」『한글』242:7-30.
姜憲圭(1999)「『朝鮮館譯語』의 '助盖'(獅子), '則卜論答'(寅)에 對하여」서울大學校『先淸語文』27:495-508;(1999)南川朴甲洙敎授停年退任紀念論文集刊行委員會編『南川朴甲洙敎授停年退任紀念論文集』495-

508. 서울 : 月印 ; (2000)『凡山姜憲圭敎授華甲紀念國語學論文集』 958-967. 公州大學校出版部.

梁菲 (1999)『《朝鮮館譯語》對音所反映的明代官話音硏究』梨花女子大學校 碩士論文.

梁菲 (2000)「〈朝鮮館譯語〉對音所反映的明代官話音硏究」『梨花馨苑』12 : 61-73.

김유범 (2000)「런던大學本〈朝鮮館譯語〉에 對하여」『21世紀國語學의 課題(솔미鄭光敎授回甲紀念論叢)』313-338. 서울 : 月印.

李潤東 (2000)「〈朝鮮館譯語〉國語母音寫音에 對하여」『語文學』71 : 107-128.

李潤東 (2002)「〈朝鮮館譯語〉終聲寫音에 對하여」『語文學』76 : 23-45.

白斗鉉 (2002)「『朝鮮館譯語』의 未解讀語'則卜論答' (寅)考察」『第26回共同硏究會發表論文集』59-73. 口訣學會 ;『國語學』40 : 43-67.

楊人從 (2003)「鷄林類事와 朝鮮館譯語의 對譯音比較硏究」陳泰夏編『鷄林類事900周年紀念國際學術大會高麗朝語硏究論文集』299-324. 서울 : 韓國國語敎育學會.

이은규 (2005)「『朝鮮館譯語』借字表記의 用字分析」『韓國말글學』22 : 127-219.

更科愼一 (2005)「《朝鮮館譯語》音譯漢字中的聲調問題」嚴翼相・遠藤光曉編『韓國的中國語言學資料硏究』287-300. 서울 : 學古房.

金智衡 (2006)「傳承漢字音과 'ᆞ'―『鷄林類事』와『朝鮮館譯語』收錄字를 中心으로―」『語源硏究』7 : 151-171.

이동석 (2006)「『朝鮮館譯語』의 添記字 '思'의 音價에 對하여」『國語史와 漢字音』373-395. 서울 : 博而精.

蔡瑛純 (2007)「『華夷譯語』의 「朝鮮館譯語」에 나타난 漢語譯音의 限界性硏究」『中語中文學』41 : 125-150.

金泰慶 (2007)「『朝鮮館譯語』로 본 15世紀中國語音韻特徵」『中國語文學論集』46 : 129-149.

2.6. 近代漢語

2.6.1. 總論

鄭光 (1971)「司譯院譯學書의 表記法研究—漢學書를 中心으로—」『國語研究』25.

安秉禧 (1979)「中世語의 한글資料에 對한 綜合的인 考察」『奎章閣』3 : 109-147 ; (1992)「中世國語의 한글資料」『國語史資料研究』497-556. 서울 : 文學과 知性社.

日下恆夫 (1980)「『朝鮮資料』の中國語」『關西大學東西學術研究所所報』32 : 1-2.

姜信沆 (1984)「世宗朝의 語文政策」『世宗朝文化研究』II : 3-59. 韓國精神文化研究院.

呂燦榮 (1987)「經書類諺解의 飜譯學的研究」『韓國傳統文化研究』3 : 115-216.

鄭光 (1987)「朝鮮朝의 譯科漢學과 漢學書—英正祖代의 譯科漢學試券을 中心으로—」『震檀學報』63 : 33-72.

鄭光 (1988)「李朝後期的譯科試卷考—譯科漢學,清學試卷—」『第五屆韓國語研究任務前景會議論文集』韓國研究學會.

呂燦榮 (1988)「朝鮮朝口訣文과 諺解文의 性格研究」『國文學研究』11 : 27-65.

宋基中 (1990)「漢學書에 登場하는 中國語의 價値」基谷姜信沆教授回甲紀念論文集刊行委員會編『國語學論文集』97-104. 서울 : 太學社.

劉明章 (1993)「朝鮮歷代漢語文教學與研究考略」胡明揚主編『第四屆國際漢語教學討論會論文選』.

朴在淵 (1994)「朝鮮時代漢朝詞典」『李允中教授停年紀念中國學論集』615-639. 서울 : 學古房.

朴在淵 (1994)「朝鮮時代中國小說戲曲詞典」『中國小說論叢』3 : 304-351.

姜信沆 (1994)「高麗時代의 韻學과 譯學」『우리말 研究의 샘터 (連山都守熙先生華甲紀念論叢)』541-557.

朴在淵 (1995)「朝鮮時代中國語詞典」『中國語文論叢』8 : 381-410.

董明 (1999)「明代朝鮮人的韓語學習」『北京師範大學學報 (社會科學版)』1999/

6 : 81-87.

鄭丞惠 (2000)「司譯院漢學書의 基礎的研究」『藏書閣』3 : 167-213.

梁伍鎭 (2000)「韓國에서의 中國語譯官養成에 對한 歷史的考察」『中國言語研究』11 : 59-91.

梁伍鎭 (2000)「中國語會話教科書에 對한 歷史的考察」德成女大『人文科學研究』5 : 149-170.

張馨實 (2000)『近代國語母音에 關한 硏究 : 司譯院譯學書를 中心으로』高麗大學校博士論文.

朴京淑 (2000)『試論韓國朝鮮時代的漢語教學』北京語言文化大學碩士論文.

김지윤 (2000)『朝鮮後期中國語試驗硏究 : 評價領域을 中心으로』梨花女子大學校碩士論文.

金永壽 (2001)『朝鮮中世漢文飜譯本의 言語史的研究』延邊大學碩士論文 ; 서울 : 圖書出版亦樂.

金永壽 (2002)「朝鮮15、16世紀漢文飜譯本初探」『東疆學刊』2002/2 : 95-99.

汪維輝 (2002)「朝鮮時代漢語教科書與近代漢語研究」延世大學校『人文科學』84 : 81-99.

위진 (2002)『朝鮮時代漢字學習書의 國語音韻表記研究』全南大學校博士論文.

鄭光 (2003)「朝鮮時代中國語敎育과 敎材」『中國에서의 韓國語教育과 教材 및 二重言語教育發表論文集』二重言語學會・國際高麗學會・北京外國語大學.

呂燦榮 (2003)「朝鮮朝諺解書의 飜譯批評的研究」『배달말』33 : 239-262.

李得春 (2003)「朝鮮王朝的漢語研究及其主要成果」『民族語文』2003/6 : 35-38.

烏雲高娃 (2003)「朝鮮司譯院"漢學"研究」『元史及民族史研究集刊』16 : 228-235.

金媛熙 (2004)「歷史上的漢語－朝鮮語辭書」『辭書研究』2004/2 : 132-139.

李得春 (2004)「朝鮮王朝的外語教育和華語學習」『二重言語學』25 : 1-20.

梁伍鎭 (2004)「早期中國語辭典의 種類와 特徵에 對하여」『中國學報』50 : 135-159.

鄭丞惠 (2004)「韓國에서의 漢語教育과 教材의 歷史的概觀」『國語史研究』4 : 123-171.

柳明佑 (2004)「韓國飜譯史에서 본 朝鮮朝諺解飜譯」『飜譯學硏究』5/2 : 69-91.
기수진 (2004)『朝鮮朝司譯院의 中國語敎育硏究』韓國外國語大學校碩士論文.
鄭光・梁伍鎭 (2005)「朝鮮時代의 中國語敎育과 그 評價—朝鮮英祖46年 (1770), 47年 (1771)에 施行한 譯科漢學初試,覆試試券을 中心으로」德成女子大學校人文科學硏究所『人文科學硏究』9 : 129-147.
文美振 (2005)「韓國"高麗・朝鮮"時期的華人漢語敎師」『暨南大學華文學院學報』2005/2 : 1-7.
汪維輝編 (2005)『朝鮮時代漢語敎科書叢刊』北京 : 中華書局【書評 : 郭作飛 (2005)「《朝鮮時代漢語敎科書叢刊》簡評」『世界漢語敎學』2005/4 : 110-111】.
金基石 (2005)「韓國李朝時期的漢語敎育及其特點」『漢語學習』2005/5 : 73-80.
張曉曼 (2005)「韓國朝鮮時期的漢語硏究」『語言敎學與硏究』2005/6 : 65-69.
林彬暉 (2006)「漢語敎學 : 元明時期中國小說在朝鮮傳播的一種途徑」『學習與探索』2006/4 : 132-135.
신상필 (2006)「漢語學習으로 본 小說環境」『東方漢文學』30 : 369-393.
高光一 (2007)『朝鮮時代中國語敎育硏究 : 譯官養成 및 敎材를 中心으로』東國大學校碩士論文.
梁伍鎭 (2007)「朝鮮時代中國語譯官選拔을 爲한 出題書와 評價方式」『中國語文論譯叢刊』19 : 31-49.
岳輝 (2008)『朝鮮時代漢語官話敎科書硏究』吉林大學博士論文.
朱星一 (2008)「朝鮮時代學習用中國語와 明代官話의 性質」『中國文學硏究』36 : 207-246.

2.6.2. 譯學者

小倉進平 (1916)「朝鮮の語學者崔世珍」『東洋學報』6/3 : 413-423.
小倉進平 (1918)「語學者としての申叔舟」『朝鮮及滿州』134 : 34-37.
姜信沆 (1959)「申景濬의 基本的國語學硏究態度」『國語國文學』20 : 30-32.
李崇寧 (1965)「崔世珍硏究—特히 李朝에서의「中人」出身學者의 位置의 考

察一」『亞細亞學報』1 : 21-41 ; (1981)『世宗大王의 學問과 思想』191-210. 서울 : 亞細亞文化社.
姜信沆 (1965)「申景濬」『韓國의 人間像』4 : 352-360. 서울 : 新丘文化社.
柳鐸一 (1969)「實錄에 나타난 崔世珍의 生涯」釜山大『國語國文學』9 : 65-76.
朴泰權 (1970)「李朝實學派學者들의 學說이 國語學에 미친 影響 申景濬의 語學說을 中心으로」釜山大『論文集』11/1 : 1-23.
文忠公申叔舟先生遺績保存會 (1972)『文忠公申叔舟先生略譜〈增補版〉』서울 : 普信閣.
朴泰權 (1974)「崔世珍의 生涯와 人間像」文昌語文學會『國語國文學誌』11 : 45-62.
朴泰權 (1974)『崔世珍研究』釜山大學校博士論文 ; 釜山 : 親學社.
鄭光 (1977)「崔世珍研究I—老乞大朴通事의 翻譯을 中心으로—」『德成女大論文集』5・6 : 117-158.
陳植藩 (1981)「論崔世珍在朝鮮語文和漢語研究方面的貢獻」『民族語文論集』111-191. 北京 : 中國社會科學出版社.
成殷九 (1983)『萬古忠臣成三問』大田 : 美和出版社.
高靈申氏文獻刊行委員會 (1984)『保閑齋全書』上中下. 서울 : 殷成文化社.
姜信沆 (1988)「朝鮮時代漢學關係譯學者들의 業績에 對하여」『韓國學의 課題와 展望』서울 : 韓國精神文化研究院.
황규엽 (1989)「崔世珍傳記素材의 再檢討」『새國語教育』45/1 : 116-120.
安秉禧 (1992)「增訂于公奏議・駁稿・奏議擇稿輯覽解題」『季刊書誌學報』8 : 131-144 ; (2007)『崔世珍研究』141-160. 서울 : 太學社.
李敦柱 (1992)「崔世珍과 그의 學問的業績」『訓民正音과 國語學』31-49. 全南大語學研究所.
金完鎭 (1994)「中人과 言語生活—崔世珍을 中心으로」『震壇學報』77 : 73-92.
李相度 (1995)『崔世珍의 漢語教學에 對한 研究』韓國外國語大學校博士論文
李相度 (1995)「朝鮮前期의 中國語教育에 關한 考察—崔世珍의 著述을 爲主로」*Foreign Languages Education* 1 : 111-130.
安秉禧 (1997)「金安國의 崔世珍挽詞」『東方學誌』95 : 131-142 ; (2007)『崔世珍研究』73-86. 서울 : 太學社.

朴泰權(1999)「崔世珍先生의 言語學的業績研究」『한힌샘周時經研究』12 : 95-122.
金武林(1999)「崔世珍의 漢語研究―《飜譯老朴》과《通解》를 中心으로―」 韓國語文敎育研究會『語文研究』104 : 208-220.
한재영(1999)「國語表記史속의 崔世珍」『語文研究』27/4 : 221-251.
鄭光(1999)「崔世珍의生涯와 業績」『새國語生活』9/3 : 5-18 ;『10月의 文化人物』1999/10 : 5-18.
康寔鎭(1999)「崔世珍의 飜譯活動」『새國語生活』9/3 : 31-54 ;『10月의 文化人物』1999/10 : 31-54.
姜信沆(1999)「崔世珍의 音韻研究」『새國語生活』9/3 : 55-68 ;『10月의 文化人物』1999/10 : 55-68 ; (2007)『國語學散稿』219-234. 서울 : 月印.
金希珍(1999)「崔世珍의 著書解說」『새國語生活』9/3 : 69-83 ;『10月의 文化人物』1999/10 : 69-83.
安秉禧(1999)「崔世珍의 生涯와 學問」『語文研究』104 : 193-198 ; (2007)『崔世珍研究』11-20. 서울 : 太學社.
安秉禧(1999)「崔世珍의 生涯와 年譜 : 그의 誌石發見을 契機로하여」『奎章閣』22 : 49-67 ; (2007)『崔世珍研究』21-52. 서울 : 太學社.
金俊憲(1999)「崔世珍の生涯に關する新資料の發見―附簡略年譜―」『開篇』19 : 24-30.
鄭光(2000)「崔世珍生涯의 研究에 對한 再考와 反省」『語文研究』105 : 49-61.
安秉禧(2000)「崔世珍關係文獻資料의 올바른 利用」『文獻과 解釋』11 ; (2007)『崔世珍研究』87-107. 서울 : 太學社.
安秉禧(2001)「經國大典의 '竝用文官'과 崔世珍의 身份」『國語學』38 : 329-346 ; (2007)『崔世珍研究』53-72. 서울 : 太學社.
姜信沆(2002)「申叔舟와 音韻學」『保閑齋申叔舟의 學問과 業績』1-31. 韓國語文敎育研究會 ; (2007)『國語學散稿』165-193. 서울 : 月印.
姜信沆(2002)「申叔舟와 韻書」『10月의 文化人物』2002/10 : 43-56.
李敦柱(2002)「申叔舟와 訓民正音」『새國語生活』12/3 : 27-42.
李敦柱(2002)「申叔舟의 言語學的業績」『한힌샘 周時經研究』43-75 ; (2003)『韓中漢字音研究』399-429. 서울 : 太學社.

金泰成(2002)「朝鮮申叔舟의 中國語觀」『中國言語研究』14 : 175-191.
鄭光(2002)「成三問의 學問과 朝鮮前期의 譯學」『語文研究』115 : 259-291.
成元慶(2002)「成三問과 義氣論」『語文研究』30/3 : 293-315.
朴泰權(2002, 06)「崔世珍의 言語學的業績과 語學史的位置」『國語學史研究』 17-136. 釜山 : 世宗出版社.
姜信沆(2004)「文靖公崔恆先生의 生涯와 業績」『語文研究』32/4 : 427-447.
全寅初(2004)「崔恒과『龍飛御天歌』」『語文研究』32/4 : 449-473.
權仁瀚(2004)「崔恒의 韻學的認識과 展開」『語文研究』32/4 : 475-496.
鄭光(2005)「申叔舟와 訓民正音創製」『國際高麗學會서울支會論文集』5 : 3-40.
金基石(2006)「崔世珍與韓國李朝時期的漢語文教育」『漢語學習』2006/4 : 76-80.
安秉禧(2007)『崔世珍研究』서울 : 太學社.
姜信沆(2007)「文靖公崔恒先生의 學問와 業績」『國語學散稿』195-217. 서울 : 月印.
朱星一(2008)「申叔舟와 崔世珍의 中國語正音觀」『中國學報』57 : 53-82.

2.6.3. 承文院

姜信沆(1966)「李朝時代의 譯學政策에 關한 考察—司譯院, 承文院設置를 中心으로 하여—」『大東文化研究』2 : 1-31.
李江魯(1973)「訓民正音創製以前의 吏學關係의 研究 15世紀前半期의 吏文을 中心으로」仁川教育大學校『論文集』8 : 1-30.
李江魯(1974)「吏學指南의 研究—書誌學的 考察을 中心으로」仁川教育大學校『論文集』9 : 1-15.
金龍卿・都守熙(1974)「李朝時代의 語學機關研究」忠南大學校『論文集』13/1 : 73-89.
李觀洙(1980)「朝鮮朝의 吏文教育」『國語國文學』82 : 108-140.
安秉禧(1984)「典律通補와 그 吏文에 對하여」『牧泉俞昌均博士還甲紀念論文集』347-362. 大邱 : 啓明大出版部.
延正悅(1994)「高麗와 至正條格에 關한 一研究」漢城大學校『論文集』18/1 :

51-74;『몽골學』2/1 : 63-96.
桑野榮治 (1994)「李朝初期における承文院の設立とその機能」『史淵』131 : 23-56.
朴洪甲 (2001)「朝鮮初期承文院의 成立과 그 機能」『史學研究』62 : 169-197.
鄭丞惠 (2001)「朝鮮時代漢吏文學習書「吏學指南」」『文獻과 解釋』16 : 234-248.
鄭丞惠 (2001)「〈吏學指南〉에 對하여」『書誌學報』25 : 79-102.
鄭光・鄭丞惠・梁伍鎭 (2002)『吏學指南』서울 : 太學社【包括世祖4年 (1458)刊本『吏學指南』(奎2180)的影印】.
梁伍鎭 (2003)「『吏學指南』의 性格과 言語的特徵에 對하여」『中國言語研究』16 : 273-305.
李玠奭 (2003)「元朝中期法典編纂研究와『至正條格』의 發見」『東洋史學研究』83 : 181-202.
鄭光 (2005)「漢吏文에 對하여」『韓國語學』29 : 107-136.
鄭光 (2006)「吏文과 漢吏文」『口訣研究』16 : 27-69 ; 竹越孝譯 (2008)「吏文と漢吏文」『開篇』27 : 83-107.
嚴基珠 (2007)「東アジア三國における『剪燈新話』の存在樣相」土屋昌明編『東アジア社會における儒教の變容』107-132. 東京 : 專修大學出版局.
韓國學中央研究院 (2007)『至正條格 (影印本・校註本)』서울 : 휴머니스트.
金浩東 (2007)「《至正條格》의 編纂과 元末의 政治」『至正條格(校註本)』369-391. 서울 : 휴머니스트【中譯:「《至正條格》之編纂及元末政治」同446-460】.
李玠奭 (2007)「《至正條格》의 編纂과 法制史上意義」『至正條格 (校註本)』392-413. 서울 : 휴머니스트【中譯:「《至正條格》之編纂及其法制史上的意義」同461-470】.
金文京 (2007)「元刊本《至正條格》에 對한 基礎的考察」『至正條格 (校註本)』414-430. 서울 : 휴머니스트【中譯:「有關慶州發現元刊本《至正條格》的若干問題」同471-484】.
植松正 (2007)「『至正條格』出現の意義と課題」『法史學研究會會報』12 : 105-113.

陳高華 (2008)「《至正條格・條格》初探」『中國史研究』2008/2 : 135-158.
金文京 (2008)「韓國發現元刊本《至正條格》殘卷簡介」『域外漢籍研究集刊』 4 : 263-282.
張帆 (2008)「重現於世的元代法律典籍—殘本《至正條格》」『文史知識』 2008/2 : 31-38.
梁伍鎭 (2008)「吏文과『至正條格』의 言語」『中國言語研究』27 : 293-319.

2.6.4. 音韻

金敏洙 (1953)「各自竝書音價論 竝書論研究 (二)」『國語國文學』4 : 4-12.
李崇寧 (1958)「世宗의 言語政策에 關한 研究—特히 韻書編纂과 訓民正音 制定과의 關係를 中心으로 하여—」『亞細亞研究』1/2 : 29-83.
楊裕國 (1963)「漢字的諺文注音」『文字改革』1963/9 : 10-12;楊耐思 (1997)『近代漢語音論』221-226. 北京 : 商務印書館.
姜吉云 (1964)「世宗朝의 韻書刊行에 對하여」『陶南趙潤濟博士回甲紀念論文集』.
朴泰權 (1964)「入聲終聲攷 語學史的立場에서」『釜山大學校論文集』5/1 : 27-40.
李崇寧 (1965)「李朝初期之韻書刊行」『慶祝李濟先生七十歲論文集』1 : 65-73. 臺北 : 清華學報社.
姜信沆 (1969)「韓國韻書에 關한 基礎的인 研究」『成大論文集』14 : 1-18;(2003)『文教部學術報告書』18.
文璇奎 (1969)「李朝初以來의 漢字音韻變化에 對한 一考察」『全北大學校論文集』11 : 7-39.
姜信沆 (1970)「韓國의 禮部韻略」『國語國文學』49・50 : 1-7.
成元慶 (1970)「訓民正音製字理論과 中國韻書와의 關係 切韻指掌圖와 廣韻을 爲主로」建國大『學術誌』11 : 131-147.
김석득 (1971)「韓國三大韻書의 言語學史的意義」『人文科學』24-25 : 1-20.
兪昌均 (1972)「世宗朝漢音系韻書의 成立過程에 對하여」『嶺南大學校文理大學報』1.

徐炳國 (1973)「中國韻學이 訓民正音制定에 미친 影響에 關한 硏究」慶北大學校師範大學『敎育硏究誌』15 : 25-52.

吳鐘甲 (1976)「崔世珍의 韻會音體系」『韓民族語文學』3 : 141-162 ; (1988)『國語音韻의 通時的硏究』297-320. 大邱 : 啓明大學校出版部.

姜信沆 (1977)『韓國의 韻書』서울 : 太學社.

姜信沆 (1978)「中國字音과의 對音으로 본 國語母音體系」『國語學』7 : 1-21.

李得春 (1979)「"ㅸ"終聲考」『延邊大學學報 (社會科學版)』1979/3 : 77-84.

姜信沆 (1980)「依拠朝鮮資料略記近代漢語語音史」『中央硏究院歷史語言硏究所集刊』51/3 : 515-534 ; (2003)『韓漢音韻史硏究』691-715. 서울 : 太學社.

姜信沆 (1980)「朝鮮時代資料로 본 近代漢語音韻史槪觀」『成均館大學校論文集』28 : 1-16.

姜信沆 (1984)「齒音과 한글表記」『國語學』12 : 13-34.

佐藤進 (1984)「李朝の韻書と漢詩押韻の變革—文字使用政策の一例として—」『國立民族學博物館硏究報告』9/3 : 631-644.

安奇燮 (1984)「漢語韻尾 /-m/의 /-n/ 化攷」『中國人文科學』3 : 137-170.

姜圭善 (1985)「訓民正音과 性理學, 韻學과의 關係」淸州大學校『語文論叢』4 : 1-17.

蔡瑛純 (1986)『從朝鮮對譯資料考近代漢語音韻之變遷』國立臺灣師範大學國文硏究所博士論文.

安世鉉 (1986)『中國漢字音體系硏究』平壤 : 外國文圖書出版社.

安奇燮 (1988)「朝鮮時代對漢語譯音書의 正音, 俗音性格의 再考 (序, 凡例上의 記述을 中心으로)」『中語中文學』10 : 71-103.

李得春 (1988)「微母終聲을 再次 論함」延邊大學朝鮮言語文學學部『朝鮮言語文學論文集』. 延邊 : 延邊大學出版社.

林東錫 (1989)「朝鮮時漢語敎學敎材에 對한 考察」『文鏡』1 : 185-198【現『中國語文學論集』】.

Kim, Youngman (1989) *Middle Mandarin phonology : a study based on Korean data*. Ph. D. Dissertation, The Ohio State University. (UMI No. TAQ90-11202)

李在敦 (1990)『中國近世官話的音韻演變硏究』서울大學校博士論文.
孫建元 (1990)「中古影、喩、疑、微諸紐在北京音系裏全面合流的年代」『廣西師範大學學報 (哲學社會科學版)』1990/3 : 6-14.
朴秋鉉 (1991)『韓國韻書與中國音韻學之關係』中國文化大學中國文學硏究所博士論文.
Kim, Kwangjo【金光照】(1991) *A phonological study of middle mandarin : reflected in Korean sources of the mid-15th and early 16th centuries.* Ph. D. Dissertation, University of Washington.
姜鎬天 (1992)「朝鮮韻學의 成立」『牛岩論叢』8 : 1-38.
劉援朝 (1993)「朝鮮古諺文傍點中所見的近代漢語聲調―關於北京話歷史聲調的一個考察」『解放軍外國語學院學報』1993/6 : 29-39.
權容華 (1993)「朝鮮初期譯音系韻書와 中國音韻과의 關係」『韓中音韻學論叢』1 : 315-336. 서울 : 書光學術資料社.
康寔鎭 (1993)「朝鮮의 韻書硏究 (1) : 『排字禮部韻略』・『排字禮部玉篇』을 中心으로」大韓中國學會『中國語文論集』8 : 27-52.
李得春 (1993)「借字表記硏究와 中國音韻學」서울大學校奎章閣『韓國文化』14 : 1-15.
李得春 (1994)「朝鮮學者對明・淸漢語音韻的硏究」『朝鮮學―韓國學與中國學』北京 : 中國社會科學出版社.
李得春 (1994)「朝鮮學者들의 明・淸漢語音韻硏究」서울大『語學研究』30/3 : 475-490.
李得春 (1994)「朝鮮諺解書에 表記된 近代中國音 혀끝母音에 對하여」連山都守熙先生華甲紀念論叢刊行委員會編『우리말 研究의 샘터 (連山都守熙先生華甲紀念論叢)』935-951. 서울 : 博而精.
金基石 (1994)「近代漢語脣音合口問題與朝鮮文獻的諺文注音」『延邊大學學報 (社會科學版)』1994/2 : 119-123.
오정란 (1994)「訓民正音初聲體系의 精密轉寫意識」光云大『人文社會科學論文集』23 : 9-24.
對音對譯資料硏究會 (1995)『漢語近世音朝鮮資料集覽』富山大學人文學部中國語學研究室.

安奇燮 (1995)「從漢朝對音考察 -m韻尾的轉化」『語言研究』1995/2 : 85-90.
金仁經 (1996)「朝鮮朝韻書에 對한 小考」『中國學論叢』5/1 : 177-205.
李得春 (1997)「關於標記在朝鮮諺解書中的近代漢語舌尖元音」『民族語文』1997/3 : 51-60.
河惠丁 (1997)「朝鮮韻書의 正音觀分析」『一平趙南先生七秩頌壽論叢 韓國學의 存在와 當爲』395-428. 서울 : 다운샘 ;『東洋古典研究』8/1 : 149-182.
李成根 (1997)「原音聲調에 對한 異例的反映을 보이는 朝鮮字音聲調에 對하여」『日本學報』39/1 : 91-101.
金基石 (1997)「朝鮮飜譯韻書中所反映的近代漢語－m尾韻消失的年代 (兼論 "怎"、"甚"兩字的讀音)」『延邊大學學報 (社會科學版)』1997/4 : 133-137.
金基石 (1997)「朝鮮韻書에 反映된 近代漢語微母의 變遷年代에 對하여」『中國朝鮮語文』1997/6.
金基石 (1998)「明清時期朝鮮韻書中的見曉精組字」『民族語文』1998/2 : 68-72.
金基石 (1998)「中古日母字的演變與朝鮮韻書的諺文注音」『延邊大學學報 (社會科學版)』1998/2 : 151-155.
金基石 (1998)「朝鮮韻書에 反映된 近代漢語兒化韻의 形成過程에 對하여」『中國朝鮮語文』1998/3.
金基石 (1998)「論朝鮮文獻中諺文注間符號V的音値」『朝鮮語學論文集』遼寧民族出版社.
張榮吉 (1998)「『苦行錄』의 國語學的研究 : 音韻」『東岳語文論集』33 : 437-469.
鄭卿一 (1998)「聲韻學의 導入과 高麗時代의 韻書」『順天鄕語文論集』5 : 485-504.
鄭卿一 (1998)「朝鮮時代의 韻書利用樣相」『韓國語學』7/1 : 259-281.
蔡瑛純 (1998)「朝鮮朝의 對譯漢音과 中國官話方言의 關係」『中語中文學』23 : 149-180.
蔡瑛純 (1999)「試論朝鮮朝的對譯漢音與中國官話方言之關係」『語言研究』1999/1 : 83-101.

康寔鎭 (1999)「朝鮮의 韻書硏究 (2) :『三韻通考』를 中心으로」釜山大『人文論叢』54 : 1-36.
金基石 (1999)「朝鮮對音文獻中的入聲字及其歸派」『語文硏究』1999/4 : 27-32.
金基石 (1999)「明淸時期에 刊行된 朝鮮對音資料의 文獻的價値」『中國朝鮮語文』1999/4.
金基石 (1999)「朝鮮對音文獻淺論」『民族語文』1999/5 : 9-18.
金基石 (1999)「論朝鮮文獻漢朝對音系統」『雙語雙文化論叢』延邊大學出版社.
朱星一 (2000)『15、16世紀朝漢對音硏究』北京大學博士論文.
鄭卿一 (2000)「『諺文志』에 나타난 國語音韻硏究」『새國語生活』10/3 : 27-42.
金尙敦 (2000)「近代國語의 圓脣母音化에 對하여」釜山外大『牛岩語文論集』10.
金基石 (2000)「朝鮮對音文獻中的微母字」『語言硏究』2000/2 : 30-38.
金武林 (2000)「國語學의 理解漢字音」『새國語生活』10/4 : 139-145.
金基石 (2001)「尖團音問題與朝鮮文獻的對音」『中國語文』2001/2 : 159-165.
李得春 (2001)「近代朝鮮文獻中的漢朝對音轉寫問題」『民族語文』2001/2 : 47-55.
姜信沆 (2001)「『諺文志』에 나타난 柳僖의 音韻硏究」『語文硏究』28/4 : 262-276.
金泰成 (2001)「15世紀朝鮮에서 바라 본 近代中國語音韻體系」『言語와 言語學』28 : 37-48.
蔡瑛純 (2002)『李朝朝漢對音硏究』北京 : 北京大學出版社.
柳在元 (2002)「朝鮮時代의 두 가지 中國語音表記體系」『中國學硏究』23/1 : 1-17.
柳在元 (2002)「朝鮮譯音書의 正俗音과 左右音의 關係 및 性格에 對한 硏究」『言語와 言語學』30 : 137-155.
李得春 (2002)『朝鮮對音文獻標音手冊』牡丹江 : 黑龍江朝鮮民族出版社.
崔玲愛 (2002)「漢語音韻學硏究的韓國資料之應用」『韓國中語中文學第一回國際學術發表會發表論文集』韓國中語中文學會.
정경일 (2002)『韓國韻書의 理解』서울 : 아카넷.
康寔鎭 (2003)「朝鮮의 韻書 硏究 (3) :『古今韻會擧要』를 中心으로」釜山大『人文論叢』59 : 99-137.
金基石 (2003)『朝鮮韻書與明淸音系』牡丹江 : 黑龍江朝鮮民族出版社.

崔玲愛(2003)「有關十五世紀前的漢音韓文資料」『民族語文』2003/5 : 6-12.
崔玲愛(2003)「『蒙古字韻』과 그 音韻特徵 15, 6세기의 韓國資料를 通하여」『中國語文學論集』24 : 89-115.
姜信沆(2003)『韓漢音韻史研究』서울 : 太學社.
柳在元(2003)「18世紀中國語正齒音聲母의 性格에 對한 考察」『中國學研究』25/1 : 1-21.
愼鏞權(2003)「朝鮮漢學書에 나타난 漢語口蓋音化에 對하여」『中國言語研究』16 : 225-245.
李敦柱(2003)『韓中漢字音研究』서울 : 太學社.
張曉曼(2003)「從韓國韻書看近代漢語入聲韻的樣相」『中國言語研究』17 : 339-352.
李承子(2003)『朝鮮朝韻書漢字音의 傳承樣相과 整理規範』서울 : 圖書出版亦樂.
唐作藩(2004)「蔡瑛純《李朝朝漢對音研究》序」『語文研究』2004/1 : 16-17.
金基石(2004)「近代音의 熱點問題與漢朝對音文獻的價值」『延邊大學學報(社會科學版)』2004/2 : 83-89.
伊藤英人(2004)「講經と讀經―正音と讀誦を巡って―」『朝鮮語研究』2 : 237-251.
이등룡(2004)「『訓民正音』諺解本의 '漢字齒聲'에 對한 管見」成均館大『人文科學』34 : 153-168.
안옥향(2005)『兒化音小考』釜山大學校碩士論文.
金泰完(2005)「『訓民正音』과 中國韻書와의 分合關係―『訓民正音』의 初聲을 中心으로」『中國人文學會學術大會發表論文集』2005/11 : 161-174 ; 『中國人文科學』31 : 19-35.
裵潤德(2005)『우리말 韻書의 研究』서울 : 誠信女子大學校出版部【内容包括「申景濬의 韻解―四聲通解와 關聯하여―」「崔錫鼎의 經世正韻―廣韻과 關聯하여―」「崔錫鼎의 經世正韻―韻攝圖와 關聯하여」「崔錫鼎의 經世正韻―外内四攝부터 外内八攝까지―」「黃胤錫의 理藪新編―『四聲通解』와 關聯하여―」「朴性源의 華東正音通釋韻考(一)」「朴性源의 華東正音通釋韻考(二)―各韻中聲을 中心으로―」「洪啓僖의

『三韻聲彙』」「李德懋의 奎章正韻—御定奎章全韻部目—」「洪純甫의 全韻玉篇」「柳僖의 諺文志—『四聲通解』・『訓蒙字會』와 關聯하여—」「四聲通解에 나타난 韻會」「"漢字音韻圖"와 "四聲通解音韻圖"의 對照」等】.

張玉來 (2005)「朝鮮時期所傳習的明代漢語官話的語音性質」『語言研究』2005/2 : 45-50.

沈小喜 (2005)「朝鮮時代外國語 한글表記法의 考察」『中國語文學志』17 : 665-683.

李在敦 (2005)「從朝鮮時代資料看近代漢語詞彙擴散過程」『中國言語研究』20 : 1-17 ; 嚴翼相・遠藤光曉編『韓國的中國語言學資料研究』15-29. 서울 : 學古房.

蔡瑛純 (2005)「從朝漢對音考近代漢語官話共同語的基礎方言」『中國言語研究』20 : 403-434 ; 嚴翼相・遠藤光曉編『韓國的中國語言學資料研究』51-81. 서울 : 學古房.

伊藤英人 (2005)「關於十五世紀朝鮮對'正音'的認識—世宗、世祖時期陀羅尼注音法淺析—」嚴翼相・遠藤光曉編『韓國的中國語言學資料研究』301-311. 서울 : 學古房.

崔在秀 (2005)「近代漢語入聲에 關한 考察—朝鮮時代譯音書를 中心으로—」『中國言語研究』21 : 315-332.

朱星一 (2005)「朝鮮初期韓中對譯音資料를 通해 본 捲舌音의 形成過程」『中國語文論譯叢刊』14 : 204-218.

朱星一 (2006)「朝鮮初期韓中譯音資料에 나타난 中國語音表記方式研究」『中語中文學』38 : 37-71.

朱星一 (2006)「明代官話의 聲調體系研究—漢中譯音資料를 中心으로—」『中國言語研究』22 : 135-159.

Coblin, W. S. (2007)*Modern Chinese phonology : from Guānhuà to Mandarin.* Paris : Centre de Recherches Linguistiques sur l'Asie Orientale, Ecole des Hautes Etudes en Sciences Sociales【涉及到朝鮮時代的韻書和譯學書裡的音韻】.

金基石 (2007)「漢語 y 韻母與朝鮮文獻的對音」『民族語文』2007/1 : 56-60.

金基石(2007)「近代音的濁音清化問題與漢、朝對音文獻的記錄」崔健・孟柱億主編『漢韓語言對比研究(1)』221 230. 北京:北京語言大學出版社.
金基石(2008)「朝鮮文獻對漢語"濁音清化"的描寫」『民族語文』2008/2:68-74.
李承英・湯澤質幸(2007)「日本の韻書と韓國の韻書」『日本學報』71:111-124.
更科愼一(2008)「韓漢語言史資料研究概述—近代音韻部分」遠藤光曉・嚴翼相編『韓漢語言研究』471-487. 서울:學古房.
李承英・湯澤質幸(2009)「日韓韻書比較考 聚分韻略の音訓付加と意味分類を中心として」『日本學報』78:85-98.

2.6.5. 詞彙・語法

太田辰夫(1951)「清代北京語語法研究の資料について」『神戶外大論叢』2/1:13-30【介紹朝鮮資料】.
太田辰夫(1952)「漢兒言語について—白話發達史における試論—」『(竹田博士還曆記念)中國文化研究會論文集』2/4特輯;(1954)『神戶外大論叢』5/2:1-29;(1988)『中國語史通考』253-282. 東京:白帝社;江藍生・白維國譯(1991)「關於漢兒言語—試論白話發達史」『漢語史通考』181-211. 重慶:重慶出版社.
田中謙二(1962)「元典章における蒙文直譯體の文章」『東方學報京都』32:187-224;(1964)校定本元典章刑部第1冊附錄『元典章の文體』47-161. 京都:京都大學人文科學研究所;(2000)『田中謙二著作集』2:275-370. 東京:汲古書院.
志村良治(1978)「「與」「饋」「給」—漢語の授與動詞と『給』の來源—」『東北大學文學部研究年報』27:173-220;(1984)「『與』『饋』『給』—中世より近世への漢語の授與動詞の史的變遷の檢討と『給』の來源—」『中國中世語法史研究』336-408. 東京:三冬社;(1995)江藍生・白維國譯"「與」"「饋」"「給」—從中古到近代的漢語授與動詞的歷史變遷和"給"的北京音的來源」『中國中世語法史研究』316-386. 北京:中華書局.

陳治文 (1988)「元代有指物名詞加"每"的説法」『中國語文』1988/1 : 71-72.
孫錫信 (1989)「元代指物名詞後加"們(每)"的由來」『中國俗文學研究』7 : 94-91 ; (1990)『中國語文』1990/4 : 302-303.
Eifring, Halvor【艾皓德】(1991)「近代漢語以「時」煞尾的從句」『中國語文』1991/6 : 451-459.
蔣紹愚 (1994)『近代漢語研究概況』北京:北京大學出版社.
大塚秀明 (1996)「明清資料における官話という言葉について」『言語文化論集』42 : 111-129.
장태원 (1999)「延續相 '著'의 歷史演變研究」『中國語文學』34 (1999夏季全國學術大會發表論文) : 293-321.
余志鴻 (1999)「元代漢語假設句的後置標記」『語文研究』1999/1 : 39-43.
李崇興 (2001)「元代直譯體公文的口語基礎」『語言研究』2001/2 : 65-70.
中村雅之 (2001)「契丹人の漢語:漢兒言語からの視點」『富山大學人文學部紀要』34 : 109-118.
江藍生 (2002)「時間詞"時"和"後"的語法化」『中國語文』2002/4 : 291-301 ; 吳福祥・洪波編 (2003)『語法化與語法研究(1)』181-201 ; 江藍生 (2008)『近代漢語研究新論』4-25. 北京:商務印書館.
梁伍鎮 (2002)「初期漢學書에 보이는 蒙古語成份」『中語中文學』31 : 75-96.
江藍生 (2003)「語言接觸與元明時期的特殊判斷句」『語言學論叢』28 : 43-60 ; (2008)『近代漢語研究新論』241-263. 北京:商務印書館.
梁伍鎮 (2004)「蒙文直譯體의 特徵과 韓國譯學書의 漢語」『中語中文學』34 : 79-103.
金文京 (2005)「漢兒言語考」嚴翼相・遠藤光曉編『韓國的中國語言學資料研究』83-90. 서울:學古房.
孫梅青 (2006)「助詞"呵"的語法演變」『語言研究』2006/2 : 53-58.
通拉嘎 (2007)「論"元代白話"與蒙元硬譯體」『內蒙古師範大學學報(哲學社會科學版)』2007/2 : 62-65.
岳輝・李無未 (2007)「19世紀朝鮮漢語教科書語言的干擾」『民族語文』2007/5 : 30-33.
陳衛蘭 (2007)「元代漢語語法研究總述」『臺州學院學報』2007/4 : 37-39, 50.

王君君・姚子艷 (2008)「試論15世紀漢語量詞的新發展─以15世紀朝鮮漢語教科書爲例」『社科縱橫(新理論版)』2008/4 : 157-158.
景盛軒 (2008)「《朝鮮時代漢語教科書》釋詞」『語言研究』2008/1 : 30-33.
何茂活 (2008)「《朝鮮時代漢語教科書叢刊》異文處理謅論」『古漢語研究』2008/2 : 95-96.
李崇興・丁勇 (2008)「元代漢語的比擬式」『漢語學報』2008/1 : 2-10, 95.
竹越孝 (2008)「韓漢語言史資料研究概述─語法詞彙部分」遠藤光曉・嚴翼相編『韓漢語言研究』489-506. 서울 : 學古房.

2.7. 老乞大・朴通事

2.7.1. 原始資料

a. 老乞大

a-1. 〔舊本〕老乞大

木版本 : 私人藏.

影印 : (2000)『元代漢語本《老乞大》』大邱 : 慶北大學校出版部【含飜字・索引】; 鄭光主編 (2000)『{原刊}《老乞大》研究』北京 : 外語教育與研究出版社【含點校・索引】; 鄭光主編 (2002)『原本老乞大』北京 : 外語教育與研究出版社【含點校・索引】; 汪維輝編 (2005)『朝鮮時代漢語教科書叢刊』2. 北京 : 中華書局【含點校】.

譯注 : 金文京・佐藤晴彥・玄幸子譯注 (2002)『老乞大―朝鮮中世の中國語會話讀本―』(東洋文庫699)東京 : 平凡社【含索引】; 鄭光譯注 (2004)『原本老乞大』서울 : 김영사.

a-2. 〔漢字本〕老乞大

木版本 : 奎章 (奎5158, 6293, 6294) ; 藏書 (13-8) ; 山氣文庫 ; 誠庵古書博物館 (3-926) ; 嶺南大學校圖書館 (古貴727, 古도727) ; 啓明大學校圖書館 (412.11).

影印：(1944)『老乞大諺解』(奎章閣叢書9)京城：京城帝國大學法文學部【奎6293】；(1972)『老乞大諺解・朴通事諺解』名古屋：采華書林【奎6293, 奎章閣叢書的重印】；(1973)『老乞大朴通事諺解』서울：亞細亞文化社【奎6293, 奎章閣叢書的重印】；(1978)『老乞大諺解・朴通事諺解』臺北：聯經出版事業公司【奎6293, 奎章閣叢書的重印】；(2003)『老乞大・老乞大諺解』(奎章閣資料叢書・語學篇1)서울：서울大學校奎章閣【奎6293】.

譯注：Svetlana Rimsky-Korsakoff Dyer (1983)*Grammatical Analysis of the Lao Ch'ita with an English Translation of the Chinese Text.* Faculty of Asian Studies Monographs：New Series No. 3, Canberra：Australian National University；Wedley, Stephen Alexander (1987)*A translation of the "Lao Qida" and investigation into certain of its syntactic structures.* Ph. D., Univ. of Washington, UMI 87-13413.

a-3. 〔飜譯〕老乞大

木版本【覆乙亥字本】：〔上卷〕白淳在氏藏；〔下卷〕誠庵古書博物館(3-925)【趙炳舜氏舊藏】.

影印：【上卷】(1972)『飜譯老乞大 卷上』서울：中央大學校大學院；(1974)『原本影印韓國古典叢書(復元版) III諺解. 譯語類』서울：大提閣；(1985)『飜譯老乞大・朴通事・小學諺解・四聲通解』(原本國語國文學叢林12)서울：大提閣.【下卷】(1975)『飜譯老乞大 卷下』仁川：仁荷大學校附設人文科學硏究所；(1988)『飜譯老乞大下・蒙語老乞大』(原本國語國文學叢林23)서울：大提閣.【上下卷合册本】(1980)『原本老乞大諺解(全)』서울：亞細亞文化社.

譯注：國語史資料硏究會 (1995)『譯注飜譯老乞大』서울：太學社；鄭光 (2006)『譯注飜譯老乞大와 老乞大諺解』서울：新丘文化社.

a-4. 老乞大諺解

活字【戊申字】本：奎章(奎1528, 2044, 2304, 2347)；天理(829.1 タ 11)【今西春秋舊藏書】；Columbia University；李敦柱氏.

木版本【平安監営重刊, 1745年】: 奎章 (奎2303).
影印: (1944)『老乞大諺解』(奎章閣叢書9)京城帝國大學法文學部【奎2044】; (1972)『老乞大諺解・朴通事諺解』名古屋: 采華書林【奎2044, 奎章閣叢書的重印】; (1973)『老乞大朴通事諺解』서울: 亞細亞文化社【奎2044, 奎章閣叢書的重印】; (1978)『老乞大諺解・朴通事諺解』臺北: 聯經出版事業公司【奎2044, 奎章閣叢書的重印】; (1984)『重刊老乞大諺解』弘文閣『『舊刊老乞大』, 奎2303】; (2003)『老乞大・老乞大諺解』(奎章閣資料叢書・語學篇1)서울: 서울大學校奎章閣【奎2044, 2303】; (2005)『朝鮮時代漢語教科書叢刊』2. 北京: 中華書局【奎2044, 含點校】.
點校: (1995)『近代漢語語法資料彙編・元代明代卷』北京: 商務印書館.

a-5. 老乞大新釋
木版本: 奎章 (奎4871, 4872); 延世.
影印: (2003)『老乞大新釋・重刊老乞大・重刊老乞大諺解』(奎章閣資料叢書・語學篇2)서울: 서울大學校奎章閣【奎4871】; (2005)『朝鮮時代漢語教科書叢刊』2. 北京: 中華書局【奎4871, 含點校】.

a-6. 老乞大新釋諺解
木版本: Columbia University【卷一】; 宋錫夏氏【卷二・三】.
寫本: 京畿道開城・中京文庫; 서울市鐘路區普成高等學校【拠國會圖書館司書局參考書誌課編 (1968)『韓國古書綜合目錄』大韓民國國會圖書館, 955頁】.

a-7. 重刊老乞大
木版本: 奎章 (奎932, 2052, 3173, 3186, 3799, 4868-70, 5198, 5563, 7852; 가람・古495. 1842-Y63j; 一簑・古495. 1824-Y63ja; 古3917-7); 中央 (한-40-2); 延世; 高麗大學校圖書館 (大學院C11-A24); 忠南大學校圖書館 (子部譯學類32); 小倉 (L175172, L175173, L175174); 阿川 (D40-287); 東洋 (VII-1-32); 日比谷圖書館 (室・特6575); 京大 (言語2D66)

; 京都大學附屬圖書館河合文庫(河合本, ロ, 3); 慶應義塾大學三田情報センター【小倉進平舊藏書】; 東京外國語大學附屬圖書館(K-II-57); Bibliothèque Nationale, Département des Manuscrits, Section Orientale (fond coréen 26); Institut National des Langues et Civilisations Orientales (Cor. I-126); University of California, Berkeley (The Asami Library 34. 2).

寫本: 延世; 東洋(VII-1-1001).

影印: (2003)『老乞大新釋・重刊老乞大・重刊老乞大諺解』(奎章閣資料叢書・語學篇2)서울: 서울大學校奎章閣【奎4869】.

a-8. 重刊老乞大諺解

木版本: 奎章(一簀・古495. 1824-Y63j-v. 1-2; 古3917-1; 奎2049-2051, 4866,5566; 一簀・古495. 1824-Y63jc-v-1/2; 가람・古495. 1824-Y63ja-v. 1-2); 中央(한-40-1); 小倉(L175175-6, L175177-8, L44550); 東洋(VII-1-31); 大阪(韓6-42); 京大(言語2D69); 京都大學附屬圖書館河合文庫(河合本, ロ, 4); 菅野裕臣氏; 慶應義塾大學三田情報センター【小倉進平舊藏書】; 濯足(466); 東京外國語大學附屬圖書館(K-II-57); Institut National des Langues et Civilisations Orientales (Cor. I-291, 295); University of California, Berkeley.

寫本: 延世.

影印: (1984)『重刊老乞大諺解』弘文閣【奎2049】; (2003)『老乞大新釋・重刊老乞大・重刊老乞大諺解』(奎章閣資料叢書・語學篇2)서울: 서울大學校奎章閣【奎2050】; (2005)『朝鮮時代漢語教科書叢刊』2. 北京: 中華書局【奎2049, 含點校】.

b. 朴通事

b-1. 〔飜譯〕朴通事【存卷上】

活字【乙亥字】本: 大韓民國國會圖書館(VB412.8-ㅊ231ㅂ)

影印: (1959)『朴通事上』大邱: 慶北大學校大學院國語國文學研究室; (1974)『原本影印韓國古典叢書(復元版)III諺解. 譯語類』서울: 大提閣;

(1985)『飜譯老乞大・朴通事・小學諺解・四聲通解』(原本國語國文學叢林12) 서울 : 大提閣.
譯注 : 장숙영 (2008)『飜譯朴通事 (上) 註釋』서울 : 韓國文化社.

b-2. 朴通事諺解
肅宗3年【1677】木版本 : 奎章 (奎1810).
刊年未詳木版本 : 奎章 (一簀・古495. 18-C456b-v. 1-2).
影印 : (1943)『朴通事諺解』(奎章閣叢書第8) 京城帝國大學法文學部【奎1810】; (1972)『老乞大諺解・朴通事諺解』名古屋 : 采華書林【奎1810, 奎章閣叢書의 重印】; (1973)『老乞大朴通事諺解』서울 : 亞細亞文化社【奎1810, 奎章閣叢書의 重印】; (1978)『老乞大諺解・朴通事諺解』臺北 : 聯經出版事業公司【奎1810, 奎章閣叢書의 重印】; (2004)『朴通事諺解』(奎章閣資料叢書・語學篇3) 서울 : 서울大學校奎章閣【奎1810】; (2005)『朝鮮時代漢語敎科書叢刊』3. 北京 : 中華書局【奎1810, 含點校】.
點校 : (1995)『近代漢語語法資料彙編・元代明代卷』北京 : 商務印書館.
譯注 : 田村祐之 (1996-2002)「『朴通事諺解』飜譯の試み (1-7)」『饕餮』4 : 57-91 ; 5 : 60-93 ; 6 : 46-72 ; 7 : 28-46 ; 8 : 8-28 ; 9 : 8-34 ; 10 : 8-25 ; 田村祐之 (1996-97)「譯注『朴通事諺解』(1-2)」『火輪』1 : 8-17 ; 2 : 16-26 ; (1997-98)「『朴通事諺解』試譯 (3-4)」『火輪』3 : 2-16 ; 4 : 27-40 ; 王霞・柳在元 (2006-08)「《朴通事諺解》譯註 (1-4)」韓國外國語大學校『中國研究』37 : 217-237 ; 40 : 207-224 ; 42 : 83-100 ; Svetlana Rimsky-Korsakoff Dyer (2006) *Pak the Interpreter : An annotated translation and literary-cultural evaluation of the Piao Tongshi of 1677*. Camberra : Pandanus Books, Research School of Pacific and Asian Studies, Australian National University.

b-3. 朴通事新釋
木版本 : 奎章 (一簀・古495. 1824-B992b) ; 中央 (한-41-21) ; 東洋 (Ⅶ-1-39) ; 小倉 (L44547, L44548, L44549) 國會 (243-13) ; 大阪 (韓13-27) ;

Bibliothèque Nationale, Département des Manuscrits, Section Orientale (fond coréen 20) ; Institut National des Langues et Civilisations Orientales (Cor. I-296, 297) ; 高麗大學校博物館【册板21板】.

影印 : (1972)『朴通事新釋・全』名古屋 : 采華書林 ; (2004)『朴通事新釋・朴通事新釋諺解』(奎章閣資料叢書・語學篇4)서울 : 서울大學校奎章閣【一簑・古495. 1824-B992b】; (1998)『司譯院譯學書册板研究』서울 : 高麗大學校出版部【拠册板, 42葉】.

b-4. 朴通事新釋諺解

木版本 : 奎章 (【英祖本】一簑・古495. 1824-G415ba ;【正祖本】一簑・古495. 1824-G415b-v. 1-2 ;【刊年未詳本】一簑・古495. 1824-B15-v. 3, 가람・古495. 1824-G995b-v. 1) ; 中央 (한-41-20) ; 藏書 (3-596) ; 延世 ; 小倉 (L174357-9 又印有L44545號, 卷二附有朱點】; L174360【零本, 存卷三, 附有朱點】; L194464【照片】; L44546【附有朱點】) ; 東京大學法學部 (乙-5-41)【J10273, 附有朱點, 東大中文系也有照片 (Y11-Jin)】; 東洋 (VII-1-88) ; 國會 (243-10)【卷二・三】; 京大 (言語2D83) ; 大阪 (韓13-27)【卷二以後缺】; 濯足 (385)【東洋文庫マイクロフィルム1-004】; 東京外國語大學附屬圖書館 (K-II-58) ; Institut National des Langues et Civilisations Orientales (Cor. I-115) ; University of California, Berkeley (The Asami Library 34. 4)【存卷二・三】; 高麗大學校博物館【册板44板】.

影印 : (1985)『朴通事新釋諺解』弘文閣【一簑・古495. 1824-G415ba】; (2004)『朴通事新釋・朴通事新釋諺解』(奎章閣資料叢書・語學篇4) 서울 : 서울大學校奎章閣【古3917-8】; (2005)『朝鮮時代漢語教科書叢刊』3. 北京 : 中華書局【一簑・古495. 1824-G415ba, 含點校】; (1998)『司譯院譯學書册板研究』서울 : 高麗大學校出版部【拠册板, 88葉】.

c. 老朴集覽

活字【乙亥字】本 : 東國大學校圖書館.

影印 : 李丙疇 (1965)「‘老・朴集覽’考究」『東國大學校論文集・人文科學篇』 2 ; 同氏編校 (1966)『老朴集覽考』서울 : 進修堂.
附注 : 肅宗本『朴通事諺解』含有「朴通事集覽」, 卷末附有「老乞大集覽」、「單字解」.

2. 7. 2. 索引・語料

陶山信男 (1973)『朴通事諺解・老乞大諺解語彙索引』名古屋 : 采華書林.
全在昊 (1973)「老乞大諺解索引」『語文學』28 : 129-176 ; 29 : 81-110.
鄒嘉彦 (1976)『老乞大諺解單字索引』『アジア・アフリカ語の計數研究』4.
慶谷壽信・陶山信男・讚井唯允・日下恆夫・佐藤進 (1976)『朴通事諺解索引』名古屋 : 采華書林 ; (1979)臺北 : 文海出版社.
胤森弘 (1987)『「老乞大諺解」・「朴通事諺解」中國漢字音表』廣島 : 私家版.
遠藤光曉 (1990)『《飜譯老乞大・朴通事》漢字注音索引』(『開篇』單刊3)東京 : 好文出版.
蘭州大學中文系語言研究室・計算機科學系編 (1991)『老乞大朴通事索引』北京 : 語文出版社.
柳應九 (1992)「《老乞大諺解》中、近古漢語音讀」手稿本.
徐尚揆 (1995)『「飜譯老乞大」文脈付き語彙索引 (KWIC INDEX)』筑波大學文藝言語學系.
白應鎭 (1997)『老乞大』서울 : 韓國文化社 【『飜譯老乞大』、『老乞大諺解』、『清語老乞大』、『蒙語老乞大』諺解部分的對照本】.
徐尚揆 (1997)『飜譯老乞大語彙索引』(古語資料研究叢書1)서울 : 博而精.
徐尚揆 (1997)『老乞大諺解語彙索引』(古語資料研究叢書2)서울 : 博而精.
徐尚揆 (1997)『平安監營重刊老乞大諺解語彙索引』(古語資料研究叢書3)서울 : 博而精.
徐尚揆 (1997)『重刊老乞大諺解語彙索引』(古語資料研究叢書4)서울 : 博而精.
鄭光・南權熙・梁伍鎭 (2000)「舊本《老乞大》對照」『元代漢語本《老乞大》』211-347. 慶北大學校出版部.

王霞(2002)「《老乞大》四版本全文」「四版本詞頻索引」『《老乞大》四版本詞彙研究』1-178. 韓國外國語大學校博士論文.
李泰洙(2003)「《老乞大》四種版本句節對照」『《老乞大》四種版本語言研究』117-203. 北京:語文出版社.
竹越孝(2007)「老乞大四種對照テキスト」平成15-18年度科學研究費『中國語のコーパス構築および近世中國語テキストの計量言語學的研究』1-156.
장숙영(2008)『朴通事諺解類(上)』서울:韓國文化社.

2.7.3. 總論

a. 老乞大・朴通事

朱德熙(1958)「《老乞大諺解》《朴通事諺解》書後」『北京大學學報(人文科學)』1958/2:69-75;(1990)『語法叢稿』216-226. 上海教育出版社;(1999)『朱德熙文集』3:262-275. 北京:商務印書館.
太田辰夫(1969)「老乞大諺解・朴通事諺解」『中國語學新辭典』295-296. 東京:光生館;(1988)『中國語史通考』236-237. 東京:白帝社;江藍生・白維國譯(1991)『漢語史通考』166-168. 重慶:重慶出版社.
入矢義高(1973)「序」陶山信男『朴通事諺解・老乞大諺解語彙索引』卷頭. 名古屋:采華書林.
鄭光(1974)「飜譯老乞大朴通事凡例研究」韓國全國國語國文學17次大會發表論文.
志村良治(1977)「私のこの一冊『朴通事諺解・老乞大諺解』」『中國語』214:8.
丁邦新(1978)「序」『老乞大諺解・朴通事諺解』1-6. 臺北:聯經出版事業公司.
羅錦堂(1978)「序」『老乞大諺解・朴通事諺解』7-17. 臺北:聯經出版事業公司.
康寔鎭(1985)『「老乞大」「朴通事」研究』國立臺灣師範大學國文研究所博士論文;(1985)臺北:學生書局【書評:鄭仁甲(1987)『文字與文化叢書』2:248-252. 北京:光明日報出版社;장태원(1988)『中國語文學』14:392-394】

李敦柱(1989)「「飜譯老乞大・朴通事凡例」攷I」全南大『語文論叢』10・11: 311-345 ; (1988)「「飜譯老乞大・朴通事凡例」攷II」全南大湖南文化硏究所『湖南文化硏究』18 : 1-29 ;「「飜譯老乞大・朴通事凡例」攷」; (2003)『韓中漢字音硏究』323-397. 서울 : 太學社.

張京姬(1993)「老乞大・朴通事의 諺解本」『國語史資料와 國語學의 硏究 (安秉禧先生回甲紀念論叢)』209-230. 서울 : 文學과 知性社.

朱德熙(1993)「《老乞大諺解》《朴通事諺解》漢文本序」『語文硏究』1993/1 : 1.

金武林(1998)「『飜譯老乞大朴通事』凡例의 새김과 解說」『韓國語學』7 : 63-98.

楊棟(2000)「元曲硏究失落的兩部珍貴域外文獻—對《朴通事諺解》與《老乞大諺解》的幾點認識」『山東科技大學學報 (社會科學版)』2000/4 : 73-76.

鄭光(2000)「『老乞大』・『朴通事』の成立とその變遷」日本中國語學會關東支部11月例會提綱.

鄭光(2000)「『老朴集覽』과 『老乞大』・『朴通事』의 舊本」『震檀學報』89 : 155-188.

洪允杓・鄭光(2001)「司譯院漢學書의 版本硏究 (1)—《老乞大》, 《朴通事》의 成立과 그 變遷을 中心으로—」『韓國語學』14 : 283-332.

程相文(2001)「《老乞大》和《朴通事》在漢語第二語言敎學發展史上的地位」『漢語學習』2001/2 : 55-62.

王慶雲(2002)「從《老乞大》、《朴通事》和《白姓官話》看古代國外漢語敎材的口語化特徵」趙金銘主編『漢語口語與書面語敎學—2002年國際漢語敎學學術硏討會論文集』.

王慶雲(2002)「古代朝鮮, 琉球漢語敎材硏究的當代價値—以《老乞大》, 《朴通事》, 《白姓官話》爲例」『中國人文科學』25 : 79-86.

王慶雲(2003)「古代朝鮮、琉球漢語敎學及敎材硏究引論—以《老乞大》、《朴通事》、《白姓官話》爲例」『雲南師範大學學報 (對外漢語敎學與硏究版)』2003/5 : 48-50.

石朱娟(2003)『老乞大와 朴通事의 言語』(國語學叢書47)서울 : 太學社.

양영희(2003)「『飜譯朴通事』와『飜譯老乞大』바로읽기를 爲한 提言」『우

리말 글』29 : 155-172.
張林濤 (2004)「《老》、《朴》用字比較研究」深圳大學文學院『漢語言文字學論文集』263-290. 中國社會科學出版社.
黃明明 (2004)「600多年前的對外漢語教學觀—《老乞大》《朴通事》的編寫特點及其理論價值」『無錫教育學院學報』2004/4 : 44-47.
梁伍鎭 (2005)「試論《老乞大》・《朴通事》的文化史價値」嚴翼相・遠藤光曉編『韓國的中國語言學資料研究』91-128. 서울 : 學古房 ; (2005)『中國語文論叢』28 : 1-26.
李得春・崔貞愛 (2008)「《老乞大》、《朴通事》及其諺解本在朝鮮王朝華語教育中的貢獻」『延邊大學學報 (社會科學版)』2008/2 : 34-38.
梁伍鎭 (2008)『漢學書老乞大朴通事研究』서울 : J&C.

b. 老乞大

方鍾鉉 (1935)「한글硏究圖書解題」『한글』20 : 20-22 ; 21 : 17-18 ; 23 : 17 ; 25 : 12-13 ; 26 : 16-17 ; 27 : 6-7 ; (1963)『一簑國語學論集』271-284. 서울 : 民衆書館【包括三韻通考和老乞大諺解】.
閔泳珪 (1943)「老〔乞〕大について」『大正大學學報』36 : 79-87.
末松保和 (1944)「老乞大諺解解題」『老乞大諺解』(奎章閣叢書第9)1-6. 京城帝國大學法文學部 ; (1997)『末松保和朝鮮史著作集6・朝鮮史と史料』154-158. 東京 : 吉川弘文館.
山川哲【金壽卿】(1945)『老乞大諸板の再吟味』(奎章閣叢書別冊附錄)京城帝國大學法文學部【油印本】.
方鍾鉉 (1946)「老乞大諺解」『한글』95 : 37-47 ; (1963)『一簑國語學論集』327-339. 서울 : 民衆書館.
方鍾鉉 (1946)「老乞大諺解의 影印原本과 訂正本과의 比較」『한글』96 : 42-55 ; (1963)『一簑國語學論集』340-359. 서울 : 民衆書館.
閔泳珪 (1964)「老乞大辨疑」『人文科學』12 : 201-209.
張基槿 (1965)「奎章閣所藏漢語老乞大 및 諺解本에 對하여」『亞細亞學報』1 : 57-68.
李基文 (1969)「老乞大」『韓國의 古典百選』【『新東亞』1969/1附錄】194-196.

서울 : 東亞日報社.
南廣祐(1972)「新發見인 崔世珍著「飜譯老乞大」卷上을 보고―語學的인 側面에서 그 文獻的價値를 論함―」『國語國文學』55-57 : 203-212 ; (2007)『蘭汀南廣祐文集I 國語學과 國語敎育』381-393. 서울 : 月印.
南廣祐(1972)「飜譯老乞大解題」『飜譯老乞大卷上』서울 : 中央大學校大學院 ; (1975)『飜譯老乞大 卷下』仁川 : 仁荷大學校附設人文科學硏究所.
朴泰權(1974)「老乞大諺解硏究」『釜山大論文集』18/1 : 1-16.
金完鎭(1978)「朱點本重刊老乞大諺解에 對하여」『奎章閣』2 : 79-88.
노하덕(1981)『老乞大諺解와 華音啓蒙諺解의 形態比較』成均館大學校碩士論文.
李學智(1983)「老乞大一書編成經過之臆測」『中韓關係史國際硏討會論文集』427-434. 臺北 : 中華民國韓國硏究學會.
金文雄(1984)「重刊『老乞大諺解』解題」『重刊老乞大諺解』1-10. 弘文閣.
Аткнин, В. Д. (1984) Корейский памятник XVI в. <Ногольтэ онхэ> как источник изучения средневекового корейского языка. *Третья всесоюзная школа молодых востоковедов. Тезисы* т 2 (2), Москва.
Аткнин, В. Д. (1985) <Ногольтэ онхэ> : графика. *Тезисы аспирантов и молодых сотрудников.* ИВ. АНСССР, т 1 (2), Москва.
崔起鎬(1985)「《老乞大》類硏究의 몇 가지 問題」『祥明大學校論文集』15 : 71-89.
大塚秀明(1989)「《老乞大》の會話文について」『筑波大學外國語センター 外國語敎育論集』11 : 285-296.
辛漢承(1990)『老乞大의 諺解本硏究』成均館大學校博士論文.
金完鎭(1992)「重刊老乞大諺解의 硏究」『韓國文化』13 : 19-53.
鄭光(1995)「飜譯老乞大解題」國語史資料硏究會譯注『譯注飜譯老乞大』21-31. 서울 : 太學社.
朴泰權(1996)「崔世珍의《老乞大諺解》硏究」『世宗學硏究』10 : 3-17.
安秉禧(1996)「『老乞大』와 그 諺解書의 異本」『人文論叢』35 : 1-20.
鄭丞惠(1998)「平壤版老乞大諺解序文譯註」『文獻과 解釋』3 : 125-135.
鄭丞惠(1998)「老乞大新釋序文譯註」『文獻과 解釋』4 : 144-155.

鄭光(1998)「新發掘譯學書資料元代漢語『舊本老乞大』」『第25回共同研究會個人研究發表文』國語學會.
金亨培(1998)「老乞大諺解解題」『國語史講讀選』한말研究學會.
鄭光(1999)「新發見『老乞大』について」大阪市立大學文學部講演提綱.
鄭光(1999)「譯學書資料研究의 몇 問題: 漢學書『舊本老乞大』와 倭學書『倭語類解』를 中心으로」『延世大國學研究院講演要旨』.
玄幸子(1999)「新發見『老乞大』について」『しにか』1999/12 : 96-101.
梁伍鎭(1999)「새로 發掘된 元代漢語老乞大의 文獻的價値에 對하여」中央民族大學『朝鮮學』.
鄭光・南權熙・梁伍鎭(1999)「元代漢語《老乞大》」『國語學』33 : 3-68 ; 鄭光(1999)「元代漢語の『舊本老乞大』」『開篇』19 : 1-23 ; 鄭光・南權熙・梁伍鎭(2000)「元代漢語《舊本老乞大》—新發掘譯學書資料《舊本老乞大》—」『元代漢語本《老乞大》』83-124. 慶北大學校出版部 ; 鄭光・梁伍鎭・南權熙・鄭丞惠(2000)「原刊《老乞大》解題」『{原刊}《老乞大》研究』1-32. 北京 : 外語教育與研究出版社 ; 鄭光・梁伍鎭・鄭丞惠(2002)「原本老乞大解題」『原本老乞大』1-32. 北京 : 外語教育與研究出版社.
梁伍鎭(2000)「『老乞大』諸刊本의 漢語文」『21世紀國語學의 課題 (솔미鄭光教授回甲紀念論叢)』395-422. 서울 : 月印.
胡明揚(2000)「舊本《老乞大》序」『{原刊}《老乞大》研究』卷首. 北京 : 外語教育與研究出版社 ; (2002)「原本老乞大序」『原本老乞大』卷首. 北京 : 外語教育與研究出版社.
김성란(2001)「『飜譯老乞大』와『老乞大諺解』의 表記法對照」祥明大『紫霞語文論集』16.
鄭丞惠・南權熙・梁伍鎭(2001)「『元刊老乞大』와『直解孝經』의 言語」國語史資料學會『國語史研究』2 : 5-38.
田村祐之(2001)「舊本『老乞大』と『飜譯老乞大』との異同について」『姫路獨協大學外國語學部紀要』14 : 248-259.
鄭光(2001)「『老乞大』의 成立과 그 變遷」『2001 가을研究會主題發表論文資料集』韓國言語學會 ; (2002)*Pathways into Korean Language and Culture*. 서울 : 博而精.

玉泳晸(2001)「漢文本《老乞大》解題」嶺南大『民族文化論叢』24：217-319.
金武植(2002)「飜譯老乞大諺解文의 正誤」『文學과 言語』24：1-36.
金文京(2002)「《老乞大》-高麗時代の中國語教科書」『月刊韓國文化』268：26-29.
鄭光・金文京・佐藤晴彦(2002)「解説」『老乞大-朝鮮中世の中國語會話讀本-』(東洋文庫699)349-384. 東京：平凡社【書評：古屋昭弘(2002)『開篇』21：268-272；大島吉郎(2002)「元代"中國(語)通"への指南書」『東方』261：26-29】.
陳高華(2002)「舊本《老乞大》書後」『中國史研究』1：123-130.
鄭光(2003)A Study on *Nogeoldae*, *Lao Chita* by Analyzing some Dialogue Situations in its Original Copy. Gregory K. Iverson, Sang-Cheol Ahn (eds) *Explorations in Korean Language and Linguistics* 31-49. Seoul：Hankook Publishing Co.
梁伍鎭(2003)「『原本老乞大』의 文化史的價値에 對하여」『中國學報』47：43-65.
梁伍鎭(2003)「『老乞大』의 文化史的價値에 對한 考察」『中國에서의 韓國語教育과 教材 및 二重言語教育發表論文集』二重言語學會・國際高麗學會・北京外國語大學.
宮紀子(2003-04)「モンゴルが遺した『飜譯』言語-舊本『老乞大』の發見によせて-(上下)」『內陸アジア言語の研究』18：53-96；19：157-209；(2006)『モンゴル時代の出版文化』177-268. 名古屋：名古屋大學出版會.
鄭光(2004)「解題」『原本老乞大』422-532. 서울：김영사.
鄭光(2004)「朝鮮時代中國語教育과 教材-《老乞大》를 中心으로-」『二重言語學』24：21-43；(2004)「朝鮮時代的漢語教育與教材-以〈老乞大〉爲例-」『國外漢語教學動態』5.
胡明揚(2004)「《老乞大》給對外漢語教學的啓示」『二重言語學』24：45-48.
張西平(2004)「《老乞大》對漢語史研究的啓示-漢語作爲第二語言學習和研究歷史簡論」『二重言語學』25：21-39.
關辛秋(2004)「元以來一部多個語種版本的第二語言教材-三種文本《老乞大》教材編寫特點分析」『漢語學習』2004/3：50-55.
張林濤(2004)「《老乞大》12版本用字研究」深圳大學文學院『漢語言文字學

論文集』236-262. 北京:中國社會科學出版社.
鄭丞惠 (2004)「外國語敎材로서의《老乞大》」『二重言語學』26 : 291-328.
于濤 (2004)「解讀古代漢語口語課本─《老乞大》」『雲南師範大學學報 (對外漢語敎學與硏究版)』2004/5 : 26-29.
中村雅之 (2004)「老乞大札記」『KOTONOHA』23 : 1-3.
竹越孝 (2005)「漢字本『老乞大』の版心について」『KOTONOHA』26 : 7-12.
竹越孝 (2005)「『飜譯老乞大』における「匹」「疋」字の分布」『KOTONOHA』27 : 9-13.
竹越孝 (2005)「二種の『老乞大諺解』における漢字部分の異同」『KOTONOHA』28 : 1-8.
竹越孝 (2005)「漢字本『老乞大』の異本について」『KOTONOHA』29 : 5-10.
竹越孝 (2005)「『飜譯老乞大』と『老乞大諺解』における分句の相違」『KOTONOHA』31 : 3-8.
竹越孝 (2005)「今本系《老乞大》四本的異同點」嚴翼相・遠藤光曉編『韓國的中國語言學資料硏究』129-159. 서울 : 學古房.
류기수 (2005)「《老乞大》의 몇 가지 問題에 關하여」『中國學硏究』33 : 211-230.
鄭光 (2005)Foreign Language Education and Foreign Language Teaching Materials in Korea : The Chinese Language Primer Nogoldae (老乞大 Lao Qida, "The Great Cathayan"). 李向玉・張西平・張永新主編『世界漢語敎育史硏究 : 第一屆世界漢語敎育史國際學術硏討會論文集』164-180. 澳門 : 澳門理工學院出版.
金文雄 (2005)「『老乞大諺解』의 顯宗版 (1670)과 英祖版 (1745)에 對한 比較硏究」『國語史硏究』5 : 7-48.
愼鏞權 (2006)「《老乞大》가 反映하는 漢語의 性格에 對하여」嶺南中國語文學會『中國語文學』48 : 537-572.
김현주・정경재 (2006)「飜譯《老乞大》, 刪改《老乞大》,《老乞大諺解》의 漢文原文對照」鄭光他『譯學書와 國語史硏究』293-335. 서울 : 太學社
鄭光 (2006)「山氣文庫所藏刪改《老乞大》에 對하여」韓國語文敎育硏究會『語文硏究』133 : 7-29.

鄭光 (2006)「嘉靖本〈老乞大〉의 欄上주記에 對하여」『國語史研究』6 : 19-48.
竹越孝 (2006)「『飜譯老乞大』に見られる墨書について」『KOTONOHA』40 : 13-22.
竹越孝 (2007)「新本『老乞大』における增加部分について」『KOTONOHA』52 : 10-14.
大島吉郎 (2007)「《元刊〈老乞大〉》における常用漢字について」『語學教育研究論叢』24 : 77-96.
柳岳梅 (2007)「論《老乞大》的商務漢語教學特徵及其啓示」『韓中言語文化研究』12 : 25-37.
柳岳梅・劉継紅 (2007)「論《老乞大》的商務漢語教學特徵」『雲南師範大學學報(對外漢語教學與研究版)』2007/5 : 41-46.
鄭光 (2007)「漢語教材《老乞大》의 場面分析」『國語學』49 : 225-252.
鄭光・苗春梅 (2007) On the Composition and Content of *Lao Qita*, a Textbook used for Teaching the Chinese Language in Joseon Dynasty : Mainly on the scene analysis of *Lao Qita* published at the Jiajing age. 關西大學亞洲文化交流研究中心第4屆國際研討會・世界漢語教育史研究學會第2屆大會『16-19世紀西方人的漢語研究』會議論文集61-70. 大阪 : 關西大學亞洲文化交流研究中心 ; (2008)「朝鮮時代的漢語教材《老乞大》的成書和內容」北京外國語大學『亞非研究』2 : 211-223.
李得春・金光洙 (2007)「略論《老乞大》系列版本」『東疆學刊』2007/3 : 10-15.
장은경 (2007)『現代中國語教育觀點에서 본《老乞大》分析』慶熙大學校碩士論文.
曾昭聰 (2007)「《老乞大》等朝鮮時代漢語教科書語言硏究總述」『綿陽師範學院學報』2007/4 : 69-73.
烏雲高娃 (2008)「朝鮮司譯院"漢學"與《老乞大》」遠藤光曉・嚴翼相編『韓漢語言研究』35-50. 서울 : 學古房.
古屋昭弘 (2008)「《老乞大》與《賓主問答》」遠藤光曉・嚴翼相編『韓漢語言研究』101-109. 서울 : 學古房.
何茂活 (2008)「從《老乞大》諸版本管窺近代漢字之分化」『域外漢籍硏究集刊』4 : 107-114.

竹越孝(2009)「天理圖書館藏の内賜本『老乞大諺解』について―印出後の訂正狀況を中心に―」『愛知縣立大學外國語學部紀要』(言語・文學編) 41 : 379-404.

c. 朴通事

末松保和(1943)「朴通事諺解解題」『朴通事諺解』(奎章閣叢書第8)1-3. 京城帝國大學法文學部; (1997)『末松保和朝鮮史著作集6・朝鮮史と史料』152-154. 東京 : 吉川弘文館.
豊田穰(1944)「『朴通事諺解』の刊行について」『斯文』26/3 : 23-25.
劉昌惇(1960)「朴通事考究」『人文科學』5 : 1-37.
中村完(1961)「〈批評・紹介〉影印『朴通事 上』付金思燁解題」『朝鮮學報』18 : 121-132.
閔泳珪(1966)「朴通事의 著作年代」『東國史學』9・10 : 5-9.
金永信(1966)「朴通事(上)의 整理〈國語學의 資料整理〉」『한글』136 : 28-58; 137 : 41-63.
金永信(1968)『朴通事의 研究』釜山大學校碩士論文.
金永信(1969)『朴通事(上)의 研究』東亞大學校碩士論文.
李鉉奎(1974)「朴通事諺解研究」嶺南大學校『國語國文學研究』16.
金永信(1976)「『朴通事 上』의 研究」東亞大學校『國語國文學』1 : 72-90.
趙奎高(1984)「飜譯朴通事에 나타난 談話性」『牧泉兪昌均博士還甲紀念論文集』673-695. 大邱 : 啓明大出版部.
김원석(1990)『朴通事諺解와 朴通事新釋諺解의 比較研究』慶北大學校碩士論文.
吳淮南(1993)「作爲外語的漢語口語教材《朴通事》和《朴通事》諺解」胡明揚主編『第四屆國際漢語教學討論會論文選』; (1995)『南京大學學報(哲學社會科學版)』1995/4 : 126-131.
梁伍鎭(1995)「朴通事編纂小考―漢語原文을 中心으로―」『韓國語學』2 : 247-264.
鄭丞惠(1998)「朴通事諺解序文譯註」『文獻과 解釋』5 : 143-151.
金亨培(1998)「朴通事諺解解題」『國語史講讀選』한말研究學會.

王剛 (2002)「《朴通事》—朝鮮早期的中文教科書」『東北亞論壇』2002/4 : 46.
鄭丞惠 (2003)「《朴通事新釋》,《朴通事新釋諺解》의 刊行에 對한 一考察」
    『國語史資料와 口訣—口訣學會, 國語史資料學會共同全國學術大會
    發表論文集』; (2004)「『朴通事新釋(諺解)』의 刊行에 對한 一考察」
    『語文研究』32/1 : 63-83.
이정일 (2003)「『飜譯朴通事(上)』에 나타난 中國語表記法의 歷史的理解」
    『語文研究』40 : 29-50.
유수정 (2003)「《朴通事》의 教材性格研究 : 文化教育的側面을 中心으로」韓
    國外國語大學校碩士論文.
竹越孝 (2005)「『飜譯朴通事』と『朴通事諺解』の本文における異同につい
    て」『KOTONOHA』30 : 1-7.
竹越孝 (2005)「『飜譯朴通事』と『朴通事諺解』における分句の相違」『KO
    ONOHA』33 : 5-21.
汪維輝 (2006)「《朴通事》的成書年代及相關問題」『中國語文』2006/3 : 266-
    267.
竹越孝 (2006)「『朴通事新釋』と『朴通事新釋諺解』における異同について」
    『KOTONOHA』45 : 3-13.
박청희 (2007)「〈朴通事〉類文體研究」『한말研究』21 : 107-126.
田村祐之 (2008)「《朴通事諺解》與《新釋朴通事》之異同初探」遠藤光曉・
    嚴翼相編『韓漢語言研究』111-124. 서울 : 學古房.
張馨實 (2008)「『飜譯朴通事』編纂者에 對한 再考」民族語文學會『語文論
    集』57 : 121-144.
張馨實 (2008)「『飜譯朴通事』의 編纂者」『國語史資料와 音韻研究』137-161.
    서울 : 보고사.

d. 老朴集覽

李丙疇 (1965)「'老・朴集覽'考究」『東國大學校論文集・人文科學篇』2 ; 李
    丙疇編校 (1966)『老朴集覽考』서울 : 進修堂.
中村完 (1967)「〈批評と紹介〉李丙疇編校『老朴集覽考』」『朝鮮學報』45 :
    118-124.

朴泰權(1967)「『老・朴集覽』小考」『國語國文學』34・35：198-200.
朴泰權(1968)「老朴集覽研究」『李崇寧博士頌壽紀念論叢』255-268. 서울：乙酉文化社.
李丙疇(1972)「'月印釋譜'第十七과 '老朴集覽'補缺紀實」『東岳語文論集』8：263-290.
山川英彥(1977)「《老朴集覽》覺え書き」『名古屋大學文學部研究論集』70：61-72.
金裕範(1997)「《老朴集覽》의 落張復原에 關한 研究」『國語國文學』119：109-130.
金裕範(1999)「『老朴集覽』의 成立에 對하여」『國語史資料研究』서울：太學社.
鄭光(2000)「《老朴集覽》과《老乞大》《朴通事》의 舊本」『震檀學報』89：155-188.
金裕範(2000)「『老朴集覽』의 成立에 對하여：音義,質問,譯語指南의 性格 糾明을 通하여」國語史資料學會『國語史研究』1.
梁伍鎭(2001)「『老朴集覽』을 通해 본 元代語成份」『中國言語研究』12：153-180.
곽진영(2004)「『老朴集覽』의「單字解」,「累字解」研究」韓國外國語大學校碩士論文.
田村祐之(2005)「『老朴集覽』と『飜譯老乞大』『飜譯朴通事』の成立過程に關する一考察」平成12-16年度科學研究費補助金『東アジア出版文化の研究』研究成果報告書本冊1：759-768.
遠藤光曉(2005)「《老朴集覽》裡的音韻資料」嚴翼相・遠藤光曉編『韓國的中國語言學資料研究』31-49. 서울：學古房.
정윤철(2006)「『老朴集覽』에 보이는 "語助", "語助辭", "助語辭"의 쓰임 研究」『中國學研究』35/1：213-234.
田村祐之(2006)「『老乞大集覽』所收語彙と舊本『老乞大』『飜譯老乞大』用例對象」平成12-16年度科學研究費補助金『東アジア出版文化の研究』研究成果報告書.
竹越孝(2006)「『老朴集覽』と『飜譯老乞大・朴通事』の編纂順序」『東ユー

ラシア言語研究』1 : 150-160.
竹越孝(2006)「『老朴集覽』に見られる吏語について」『KOTONOHA』41 : 3-7.
何茂活(2008)「《老乞大集覽》、《單字解》訓詁方法評介」『蘭州大學學報(社會科學版)』2008/2 : 77-81.
竹越孝(2008)「二つの『單字解』」(上下)『KOTONOHA』64 : 3-9 ; 65 : 5-10.
竹越孝(2008)「二つの『老乞大集覽』」(上下)『KOTONOHA』69 : 5-9 ; 70 : 4-6.

2. 7. 4. 音韻

a. 飜譯老乞大・飜譯朴通事

中村完(1961)「『朴通事上』の漢字の表音について」『朝鮮學報』21・22 : 532-566 ; (1995)『訓民正音の世界』235-263. 仙臺 : 創榮出版.
兪昌均(1967)「朴通事諺解의 中國音에 對한 考察」『嶺南大學校論文集』1/2 : 1-12.
鄭光(1970)「司譯院譯書의 外國語表記法研究 : 飜譯朴通事를 中心으로」서울大學校碩士論文【111頁】.
姜信沆(1974)「飜譯老乞大・朴通事의 音系」『震檀學報』38 : 123-150 ; (1983)『國語學資料論文集』1音聲學・音韻論13-40. 서울 : 大提閣 ; (2003)『韓漢音韻史研究』471-523. 서울 : 太學社.
鄭光(1974)「飜譯老乞大朴通事의 中國語音表記研究—四聲通解歌韻內諸字의 中聲表記를 中心으로—」『國語國文學』64 : 1-26.
康寔鎭(1986)「《飜譯老乞大朴通事》의 右音聲母體系」大韓中國學會『中國語文論集』3 : 111-132.
李得春(1990)「飜譯朴通事의 中國語標音에 對한 初步鑒別」『朝鮮學研究』III. 延邊大學出版社 ; (1990)『二重言語學』7 (第2回國際學術大會 : 中國에서의 韓國語教育2) : 311-325.
遠藤光曉(1991)「《飜譯老乞大・朴通事》の中朝對音について」第77回朝鮮語研究會提綱 (於神田外語學院).
李莊熙(1991)『飜譯老乞大漢語韻母의 表記法研究』慶北大學校碩士論文.

김선옥 (1991)「『飜譯老乞大』와『老乞大諺解』의 音韻體系變遷研究」建國大『中原語文』7.
鄭光 (1991)「飜譯老乞大朴通事凡例의 國音・漢音・諺音에 對하여」『서울大語學研究所國際學術會議』.
李長熙 (1992)『飜譯老乞大漢語韻母의 表記法研究』慶北大學校碩士論文.
張馨實 (1994)『《飜譯老乞大》의 中國語 注音에 對한 研究』高麗大學校碩士論文.
鄭光 (1995)「飜譯老朴凡例의 國音・漢音・諺音에 對하여」『大東文化研究』30 : 185-208.
李鍾九 (1996)『《老乞大、朴通事》漢語語音研究』復旦大學博士論文.
진지연 (2002)『飜譯老乞大의 表記法과 音韻研究』慶星大教育大學院.
金武植 (2003)「飜譯老乞大의 表記와 音韻」『文學과 言語』25 : 19-46.
愼鏞權 (2004)「『飜譯老乞大』에 나타난 左側音의 性格에 對하여」『中國文學』42 : 243-269.
遠藤光曉 (2006)「『飜譯老乞大・朴通事』に存在する注音・用字上の内部差異について」『KOTONOHA』38 : 1-5.
崔玲愛 (2006)「《飜譯老乞大》入聲字의 訓民正音表記研究」『中國語文學論集』37 : 83-119.
柳在元 (2006)「《飜譯老乞大》,《朴通事》中國語表音에 關한 考察—變則의 類型을 中心으로—」『中國學研究』36 : 27-74.
김명금 (2008)『《飜譯老乞大》의 漢字音과 中國現代漢字音對比』全北大學校碩士論文.

b. 老乞大諺解・朴通事諺解

胡明揚 (1963)「《老乞大諺解》和《朴通事諺解》中所見的漢語、朝鮮語對音」『中國語文』1963/3 : 185-192；(1991)『語言學論文選』257-274. 北京：中國人民大學出版社.
朴泰權 (1974)「老乞大諺解研究」『釜山大學校論文集 (人文社會科學編)』18 : 1-16.
金仁經 (1974)『《老乞大》의 中國音表記法研究』서울大學校碩士論文.

林東錫(1977)『老乞大朴通事의 譯音과 諸韻書와의 關係』建國大學校碩士論文 ; (1977, 79)『國語教育』31 : 23-47 ; 34 : 173-205.

姜信沆(1978)「老乞大・朴通事諺解內字音의 音系」『東方學志』18 : 61-86 ; (2003)『韓漢音韻史研究』525-559. 서울 : 太學社.

胡明揚(1980)「《老乞大諺解》和《朴通事諺解》中所見的《通考》對音」『語言論集』1 : 66-77. 北京 : 中國人民大學出版社 ; (1991)『語言學論文選』275-293. 北京 : 中國人民大學出版社.

安世鉉(1988)「《老乞大諺解》와《朴通事諺解》의 表音을 通한 16-17世紀中國漢字音體系에 對한 考察」『朝鮮語文』72 : 22-27.

韓亦琦(1988)「朝鮮《老乞大諺解》研究」『語言研究集刊』2 : 205-229. 江蘇教育出版社.

尉遲治平(1990)「《老乞大、朴通事諺解》漢字音的語音基礎」中國聲韻學國際學術研討會論文【香港浸會學院】; (1990)『語言研究』1990/1 : 11-24.

李得春(1992)「《老・朴諺解》의 中國語借用語와 그 沿革」『한글』215 : 5-28.

李得春(1992)「老乞大、朴通事諺解朝鮮文注音」『延邊大學學報(社會科學版)』1992/1 : 85-93.

安世鉉(1993)「透過〈老乞大諺解〉和〈朴通事諺解〉的標音考察16世紀到17世紀中國漢字音體系」『朝鮮學—韓國學與中國學』北京 : 中國社會科學出版社.

愼鏞權(1994)『老乞大諺解의 漢字音硏究—以18世紀刊本的左右字音爲中心—』서울大學校碩士論文 ; (1994)서울大『言語學硏究』22.

愼鏞權(1996)「18世紀刊本老乞大諺解의 漢語音轉寫에 對하여」서울大『言語硏究』14 : 53-75.

姚駿(2008)『《老乞大諺解》朝鮮語語音研究』北京大學博士論文.

c. 重刊老乞大諺解・朴通事新釋諺解

姜信沆(1978)「『朴通事新釋諺解』內字音의 音系—18世紀北京音系의 片貌」『學術院論文集(人文・社會科學篇)』79-102 ; (2003)『韓漢音韻史研究』561-601. 서울 : 太學社.

玄幸子(1981)「《重刊老乞大諺解》內の音系—"給"について—」大阪市立大學

文學部畢業論文【179頁】.
遠藤光曉 (1987)「《重刊老乞大諺解》牙喉音字顎化的條件」中國語學會關東
　　支部1987年3月例會提綱 ; (1993)「《重刊老乞大諺解》牙喉音字顎化的
　　條件・附パリにある朝鮮資料」『開篇』11 : 102-109 ; (2001)『漢語方
　　言論稿』182-189. 東京 : 好文出版.
愼鏞權 (1995)「《漢淸文鑑》의 漢語音表記에 對하여—《朴通事新釋諺解》와
　　의 比較를 中心으로—」서울大學校言語硏究會『言語硏究』10-12 : 57-79.
李鍾九 (1999)「新釋本《朴通事諺解》의 漢語語音」韓國外國語大學校外國學
　　綜合硏究센타 中國硏究所『中國硏究』23 : 169-180.
愼鏞權 (1999)「老乞大新釋諺解의 漢語音硏究」『言語의 歷史(成百仁敎授停
　　年退任紀念論文集)』455-480. 서울 : 太學社.
李政桓 (2002)『重刊老乞大諺解의 中國語音韻體系硏究』韓國外國語大學校
　　碩士論文.
柳在元 (2003)「老乞大新釋諺解의 中國語聲母表音體系에 關한 考察」『中國
　　硏究』32 : 31-48.
愼鏞權 (2003)「《漢淸文鑑》의 漢語音表記에 對하여—《朴通事新釋諺解》와
　　의 比較를 中心으로」『言語硏究』10/12 : 57-79.
吉田知世・竹越孝 (2008)「『重刊老乞大諺解』(上)同音字表」『KOTONOHA』
　　63 : 6-12.

d.　聲調

河野六郎 (1951)「諺文古文獻の聲點に就いて」『朝鮮學報』1 : 93-140 ; (1979)
　　『河野六郎著作集』1 : 407-445. 東京 : 平凡社.
金完鎭 (1973)『中世國語聲調의 硏究』(韓國文化硏究叢書11)서울 : 韓國文
　　化硏究所 ; (1977)서울 : 塔出版社.
朴泰權 (1973)「老乞大諺解硏究—崔世珍의 聲調說을 中心하여—」『文敎部硏
　　究報告書(語文學系2)』서울 ; (1983)『國語學資料論文集1音聲學・音
　　韻論』513-527. 서울 : 大提閣.
吳鐘甲 (1988)「16世紀國語漢字語의 聲調型」『國語音韻의 通時的硏究』241-
　　295. 大邱 : 啓明大學校出版部【(1974)『16世紀國語聲調硏究』嶺南

大學校碩士論文(153頁)】.
菅野裕臣(1977)「司譯院漢學書에 記入된 近世中國語聲調表記」李崇寧先生古稀紀念國語國文學論叢刊行委員會編『李崇寧先生古稀紀念國語國文學論叢』405-416. 서울 : 塔出版社.
Mei, Tsu-lin (1977) Tones and tone sandhi in 16th century Mandarin. *Journal of Chinese Linguistics* 5/2 : 237-260.
康寔鎮(1980)「老乞大朴通事硏究(I)—調値説을 中心으로—」釜山大學校『文理科大學論文集』19.
遠藤光曉(1981)「『飜譯老乞大・朴通事』の聲調について」東京大學碩士論文【137頁+付表】.
康寔鎮(1982)「老乞大朴通事硏究(II)—入聲字의 派入樣相을 中心으로—」釜山大學校『人文論叢』22 : 41-59.
遠藤光曉(1984)「《飜譯老乞大・朴通事》裏的漢語聲調」『語言學論叢』13 : 162-182;(2001)『中國音韻學論集』253-266. 東京 : 白帝社.
蔡瑛純(1985)「《朴通事新釋諺解》의 漢語聲調研究」仁荷大學校『人文科學研究所論文集』11 : 397-430.
木之(1985)「入派三聲和朝鮮的喉音字母"ㆆ"考」『延邊大學學報(社會科學版)』1985/1 : 68-72.
安奇燮(1988)「朝鮮時代對漢語譯音書序・凡例上의 聲調認識과 入聲—/-k/ /-t/ /-p/ 韻尾脱落後의 變遷探究를 爲하여—」『中國人文科學』7 : 1-97.
李敦柱(1989)「飜譯老乞大・朴通事의 漢音上聲變調에 對하여」『周時經學報』3 : 89-102.
李敦柱(1989)「飜譯老乞大・朴通事의 漢音調値에 對하여」韓國國語學會『國語學』18 : 42-63.
吳葆棠(1991)「《老乞大諺解》中古入聲字分派狀況研究」『煙臺大學學報(哲學社會科學版)』1991/2 : 71-82, 29.
吳葆棠(1992)「《老乞大諺解》中古入聲字的分派研究」『紀念王力先生九十誕辰文集』205-223. 濟南 : 山東教育出版社.
權仁瀚(1995)「〈老・朴〉在右音傍點變動例의 考察」『南鶴李鍾徹先生回甲紀念韓日語學論叢』341-359. 서울 : 國學資料院.

李鍾九 (1997)「《飜譯老乞大・朴通事》所反映的漢語聲調調值」『古漢語研究』1997/4 : 36-40.

朱星一 (1997)「從《飜譯老乞大、朴通事》左側音看近代漢語入聲」北京大學碩士論文；(2000)「從《飜譯老乞大・朴通事》左側音看近代漢語入聲」『古漢語研究』2000/2 : 38-44.

최범훈 (1998)『飜譯老乞大・朴通事의 聲調體系研究』延世大學校碩士論文.

福井玲 (2000)「16世紀朝鮮語傍點資料についての基礎的研究」『朝鮮文化研究』7 : 168-188【涉及『飜譯老朴』傍點情況】.

Endo, Mitsuaki (2001)A Historical Study of Chinese Stress Accent. Hana Třísková, ed. *Tone, Stress and Rhythm in Spoken Chinese*, Journal of Chinese Linguistics Monograph Series No. 17, 192-208.

鋤田智彦 (2005)「東洋文庫本『重刊老乞大諺解』に現れた上聲の連讀變調について」『開篇』24 : 85-92.

中村雅之 (2006)「飜譯老乞大朴通事の左側音の入聲表記について」『KOTONOHA』41 : 1-2.

中村雅之 (2006)「飜譯老乞大朴通事の右側音」『KOTONOHA』42 : 1-3.

中村雅之 (2006)「飜譯老乞大・朴通事の輕聲について」『KOTONOHA』43 : 1-3.

鋤田智彦 (2006)「東洋文庫所藏《重刊老乞大諺解》の入聲字に附せられた傍點について」『中國古籍文化研究』4 : 7-13.

鋤田智彦 (2006)「東洋文庫所藏『重刊老乞大諺解』の傍點に見える聲調について」『日本中國語學會第56回全國大會預稿集』315-319.

中村雅之 (2007)「近世漢語資料における輕聲表示」『佐藤進敎授還曆記念中國語學論集』199-203. 東京 : 好文出版.

朱星一 (2007)「『飜譯老乞大・朴通事』에 나타난 中國語入聲의 性質考察」『中國言語研究』24 : 185-207.

鋤田智彦 (2007)「『重刊老乞大諺解』三本に見える聲調を表す傍點について」『中國文學研究』33 : 69-82.

e. 其他

中村由紀 (2003)「《飜譯老乞大》《老乞大諺解》《重刊老乞大諺解》におけ る時代別ハングル音注の比較」『KOTONOHA』9：12-13.

張衞東 (2003)「再論"正音俗音皆時音"—以多版本諺解《老乞大》爲中心」韓 國雙語教育學會2003年北京國際學術會議論文；(2004)深圳大學文學 院『漢語言文字學論文集』111-126. 北京：中國社會科學出版社.

張衞東 (2004)「《老乞大》六版本左音變異條例及其成因初探」深圳大學文學 院『漢語言文字學論文集』127-143. 北京：中國社會科學出版社.

張衞東 (2005)「從《老乞大》六諺解本看近代漢語語音史」『世界漢語教育史 研究：第一屆世界漢語教育史國際學術研討會論文集』澳門：澳門理 工學院出版.

2.7.5. 詞彙・語法

太田辰夫 (1953)「老乞大の言語について」『中國語學研究會論集』1：1-14； (1988)『中國語史通考』238-252. 東京：白帝社；江藍生・白維國譯 (1991)「≪老乞大≫的語言」『漢語史通考』168-181. 重慶：重慶出版社.

太田辰夫 (1957)「老乞大」『中國歷代口語文』62-69. 東京：江南書院；(1982) 朋友書店.

楊聯陞 (1957)「老乞大朴通事裏的語法語彙」『中央研究院歷史語言研究所集 刊』29：197-208；(1957)『東方學誌』3：1-15【李鐘運譯 (1959)「老乞 大와 朴通事에 있어서의 語法과 語彙」『外大學報』2：80-94】； (1992)『楊聯陞文集』北京：中國社會科學出版社；(2006)『中國語文札 記』241-256. 北京：中國人民大學出版社.

林美惠 (1972)「『老乞大諺解・朴通事諺解』中の「裏・裡」について」『漢學 研究』9：31-46.

黃碧麗 (1974)『老乞大朴通事諺解研究—特히 虛詞을 中心으로하여—』成均 館大學校碩士論文.

陶山信男 (1975)「《朴通事》《老乞大》の言語—「着」についての考察」『愛知

大學文學論叢』53 : 1-43.

康寔鎭 (1982)「老乞大朴通事硏究 (III)—原刊에서 新釋重刊까지의 語法變化硏究 (1)—」『中國語文學』5 : 185-208.

尹正鉉 (1983)「朴通事硏究」『中國文學硏究』1/1 : 45-75.

Svetlana Rimsky-Korsakoff Dyer (1983)*Grammatical Analysis of the Lao Ch'ita*. Faculty of Asian Studies Monographs : New Series No. 3, Canberra : Australian National University【書評 : 莊吉發 (1984)『漢學硏究』2/2 : 693-698】.

胡明揚 (1984)「《老乞大》複句句式」『語文硏究』1984/3 : 35-40 ; (1991)『語言學論文選』103-112. 北京 : 中國人民大學出版社.

劉堅 (1985)「老乞大」「朴通事」『近代漢語讀本』323-335. 上海 : 上海教育出版社.

朴泰衡 (1986)「《朴通事》方俗詞語淺釋」『延邊大學學報 (社會科學版)』1986/4 : 95-101.

劉澤民 (1986)「計算機處理《朴通事諺解》字詞」『漢語學習』1986/3 : 7.

呂叔湘 (1987)「《朴通事》裏的指代詞」『中國語文』1987/6 : 401-403 ; (1992)『呂叔湘文集』3 : 407-414. 北京 : 商務印書館 ; (2002)『呂叔湘全集』3 : 331-337.

許成道 (1987)「重刊老乞大에 보이는 中國語語法에 對한 硏究」서울大學校東亞文化硏究所『東亞文化』25 : 31-87.

劉公望 (1987)「《老乞大》裏的語気助詞"也"」『漢語學習』1987/6 : 23-24.

Wedley, Stephen Alexander (1987)*A translation of the "Lao Qida" and investigation into certain of its syntactic structures*. Ph. D. Dissertation, Univ. of Washington, UMI 87-13413.

劉公望 (1988)「《老乞大》裏的"着"」『蘭州大學學報 (社會科學版)』1988/2 : 121-127.

劉公望 (1988)「《老乞大》裏的"來"」『延安大學學報 (社會科學版)』1988/4 : 70-78.

大塚秀明 (1988)「《老乞大》《朴通事》の言語について」筑波大學現代語・現代文化學系『言語文化論集』27 : 41-53.

官長馳 (1988)「《老乞大諺解》所見的元代量詞」『内江師專學報』1988/1 : 18-22.
陳志強 (1988)「《老乞大》"將""的"初探」『廣西師院學報 (哲學社會科學版)』1988/1 : 75-82.
陳志強 (1988)「試論《老乞大》裏的助詞"着"」『廣西師院學報 (哲學社會科學版)』1988/3.
張文軒 (1989)「《老乞大》《朴通事》中的"但、只、就、便"」『唐都學刊』1989/1 : 82-89, 71.
都興宙 (1989)「西寧方言的《老乞大》詞語釋例」『青海民族學院學報』1989/4 : 132-135.
朴淑慶 (1989)『老乞大、朴通事詞彙演變研究』國立政治大學中文研究所碩士論文.
劉公望 (1989)「《老乞大》裏的"將"及"將"在中古以後的虛化問題」『寧夏教育學院學報』1989/3.
官長馳 (1989)「《朴通事諺解》中的量詞」『内江師專學報』1989/1 : 25-30.
太田辰夫 (1990)「『老朴』清代改訂三種の言語」『中文研究集刊』2 : 49-69.
王森 (1990)「《老乞大》《朴通事》的複句」『蘭州大學學報 (社會科學版)』1990/2 : 146-155.
朴淑慶 (1990)「老乞大朴通事에 보이는 接尾辭 兒과 子의 研究」『中語中文學』12 : 351-389.
이육화 (1991)『近代漢語代詞用例演變考 : 老乞大, 朴通事, 朴通事新釋, 重刊老乞大, 華音啓蒙을 中心으로』國民大學校碩士論文.
王森 (1991)「《老乞大》《朴通事》裏的動態助詞」『古漢語研究』1991/2 : 16-20.
巴圖 (1991)「《老乞大》的介詞"將"和"把"」『煙臺大學學報 (哲學社會科學版)』1991/3 : 60.
謝曉安等 (1991)『《老乞大》《朴通事》語言研究』蘭州 : 蘭州大學出版社.
劉公望 (1992)「《老乞大》裏的助詞研究 (上)」『延安大學學報 (社會科學版)』1992/2 : 90-94.
黃濤 (1992)「《元刊雜劇三十種》《老乞大》《朴通事》中的助詞"的"」『北方論叢』1992/5 : 43-48.

劉漢誠 (1992)「"來"在《老乞大》《朴通事》中的幾種用法辨」『現代語言學』24 : 24-29.
孫錫信 (1992)「《老乞大》《朴通事》中的一些語法現象」胡竹安等編『近代漢語研究』293-306. 北京 : 商務印書館.
王森 (1993)「《老乞大》《朴通事》裏的"的"」『古漢語研究』1993/1 : 80-84, 96.
柳應九 (1993)「《老乞大》中的"這們""那們"與"這般""那般"」『語言研究』1993/2 : 140-143.
Lamarre, Christine (1994)「可能補語考 (I)—『老乞大』・『朴通事』諸版本の異同を中心に—」大阪女子大學『女子大文學』45 : 1-13.
謝曉安 (1994)「《朴通事》的動詞」『蘭州大學學報 (社會科學版)』1994/2 : 103-109.
서미란 (1994)『老乞大의 特殊助詞研究』忠南大學校碩士論文.
吳葆棠 (1995)「《老乞大》和《朴通事》中動詞"在"的用法」『煙臺大學學報 (哲學社會科學版)』1995/1 : 16, 96.
王森 (1995)「《老乞大》《朴通事》的融合式"把"字句」『古漢語研究』1995/1 : 32-33, 73 ; (1998)『中國語研究』40 : 5-13.
黃征 (1996)「《老乞大》《朴通事》俗語詞研究」『韓中人文科學研究』1 : 327-334.
常曉雁 (1997)「《老乞大》《朴通事》兩書中的副詞"却"」『懷化師專學報』1997/1 : 84-86.
유영기 (1997)「老乞大漢語에 對한 考察」京畿大學校『論文集』41/1 : 15-40.
梁伍鎭 (1998)「老乞大・朴通事의 漢語文性格에 對한 研究」『韓國語學』8/1 : 207-236.
梁伍鎭 (1998)『老乞大朴通事研究 : 漢語文에 보이는 語彙와 文法의 特徵을 中心으로』高麗大學校博士論文.
梁伍鎭 (1998)『老乞大朴通事研究』서울 : 太學社.
鄧宗榮 (1998)「《老乞大》和《朴通事》中的幾個句法特點」『紀念馬漢麟先生論文集』145-158. 天津 : 南開大學出版社.
劉堅 (1999)「老乞大」「朴通事」『古代白話文獻選讀』375-388. 北京 : 商務印書館.

劉性銀 (1999)「『老乞大』・『朴通事』의 名詞에 對하여」『中國語文論集』12 : 137-155.
李泰洙 (2000)『《老乞大》四種版本語言研究』中國社會科學院研究生院博士論文.
李泰洙 (2000)「《老乞大》四種版本從句句尾助詞研究」『中國語文』2000/1 : 47-56.
李泰洙 (2000)「古本、諺解本《老乞大》裏方位詞的特殊功能」『語文研究』2000/2 : 30-38.
李泰洙 (2000)「古本《老乞大》的語助詞"有"」『語言教學與研究』2000/3 : 77-80.
李泰洙 (2000)「《老乞大》四種版本語法專題比較研究」『元代漢語本《老乞大》』125-145. 慶北大學校出版部.
李泰洙・江藍生 (2000)「《老乞大》語序研究」『語言研究』2000/3 : 71-82 ; 江藍生 (2008)『近代漢語研究新論』264-265. 北京 : 商務印書館.
劉性銀 (2000)「《老乞大》,《朴通事》에 보이는 "的"와 "着"의 用法考察」『中國言語研究』10 : 1-22.
劉性銀 (2000)「『老乞大』・『朴通事』의 複文에 對하여」『人文科學研究』5 : 329-352.
梁伍鎭 (2000)「論元代漢語《老乞大》的語言特點」『民族語文』2000/6 : 1-13 ; (2000)『中國言語研究』10 : 145-178.
竹越孝 (2000)「蒙漢對譯文獻における"有"の對應蒙古語」『開篇』20 : 66-99.
劉性銀 (2001)『老乞大・朴通事語法研究』延世大學校博士論文.
劉勳寧 (2001)「新發現的《老乞大》裏的句尾"了也"」『中國語文研究』2001/1 : 93-94.
唐韻 (2001)「《元曲選》賓白動詞重疊式中賓語的位置及"兒"尾的問題─兼與《老乞大》《朴通事》《水滸全傳》等比較」『樂山師範學院學報』2001/3 : 46-49, 56.
王霞 (2002)『《老乞大》四版本詞匯研究』韓國外國語大學校博士論文.
佐藤晴彦 (2002)「舊本『老乞大』の中國語史における價值」『中國語學』249 : 20-41.
竹越孝 (2002)「從《老乞大》的修訂來看句尾助詞"了"的形成過程」『中國語

學』249 : 42-61.

姚慶保 (2002)「《老乞大》、《朴通事》中的動補結構」『五邑大學學報』2002/2 : 61-65.

王建軍 (2002)「《老乞大》與《朴通事》中的存在句」『語文研究』2002/3 : 26-28 ; 南京大學韓國研究所 (2005)『中韓歷史文化交流論文集』2 : 53-63. 香港 : 華夏文化藝術出版社.

金光照 (2002)「老乞大에 나타난 "將/把"字文의 文法化研究」『中語中文學』30 : 1-20.

黄曉雪 (2002)「古本《老乞大》和諺解本《老乞大》裏的語氣詞"也"」『語言研究』2002年增刊 : 65-68.

照那斯圖 (2002)「釋《老乞大》中與蒙古語有關的幾個詞和短語」第一屆中國語言文字國際學術研討會報告論文 ; 單周堯・陸鏡光主編 (2005)『語言文字學研究』332-337. 北京 : 中國社會科學出版社 ; 舩田善之譯・解題 (2006)「『老乞大』中のモンゴル語と關連する語句に對する解釋について」『内陸アジア史研究』21 : 73-84.

王建軍 (2003)「《老乞大》和《朴通事》存在句的對比研究」大邱大學校『人文藝術論叢』26 : 111-128.

黎平 (2003)「《老乞大》、《朴通事》中的"是…也"句式分析」『連雲港師範高等專科學校學報』2003/1 : 6-7 ; 南京大學韓國研究所 (2005)『中韓歷史文化交流論文集』2 : 47-52. 香港 : 華夏文化藝術出版社.

遠藤雅裕 (2003)「『老乞大』各版本中所見的「將」「把」「拿」—并論元明清的處置句—」『中國文學研究』29 : 74-93.

栗林均 (2003)「《元朝秘史》におけるモンゴル語と漢語人稱代名詞の對應」『東北アジア研究』7 : 1-32.

佐藤晴彦 (2003)「栗林均氏の批判に答える—氏の「『元朝秘史』におけるモンゴル語と漢語の人稱代名詞の對應」をめぐって—」『開篇』22 : 137-143.

淺井澄民 (2003)「《(舊本)老乞大》の疑問詞とその變遷—'甚麼'と'怎麼'を中心に」『大東文化大學外國語學研究』4 : 12-29.

李泰洙 (2003)『《老乞大》四種版本語言研究』北京 : 語文出版社【書評 : 竹

越孝(2004)「中國語北方方言の通時的研究のために」『東方』285 : 39-43】.

愼鏞權(2003)「《老乞大》에 나타난 後置詞에 對하여」嶺南中國語文學會『中國語文學』12 : 523-546.

陳雅(2003)「《老乞大》中的疑問句」『金陵職業大學學報』2003/4 : 40-44.

량홍매(2003)『《老乞大》의 제 刊本을 通해 본 中國語의 文法變化樣相 : 《舊本老乞大》와 《飜譯老乞大》를 中心으로』서울大學校碩士論文.

劉性銀(2003)「近代中國語類義語小考-《老乞大》, 《朴通事》에 보이는 常用動詞를 中心으로-」『中國言語研究』16 : 107-131.

汪維輝(2003)「從《老乞大》四種版本看漢語基本詞匯的歷時演變」『中國文化研究』2 : 125-143.

張全眞(2003)「古本《老乞大》與諺解本《老乞大》《朴通事》語法比較研究」胡有清・錢厚生主編『對外漢語教學與研究』1. 南京 : 南京大學出版社.

王霞(2003)「《老乞大》詞彙研究瑣記」韓國外國語大學校外國學綜合研究센타 中國研究所『中國研究』32 : 131-142.

文盛哉(2003)「近代漢語의 家/價研究-元代雜劇을 中心으로-」『中國語文論叢』25 : 21-49.

遠藤光曉(2004)「中國語の"來"の文法化-『老乞大』諸本におけるテンス・アスペクトマーカーの變化を中心として-」『コーパスに基づく言語研究-文法化を中心に-』97-116. 東京 : ひつじ書房.

淺井澄民(2004)「『(舊本)老乞大』の疑問文とその變遷-「選擇的疑問文」を中心に-」『外國學研究』5 : 81-93.

소은희(2004)「"古本"《老乞大》中的選擇問句」『中國語文論叢』26 : 25-41.

劉性銀(2004)「『老乞大』・『朴通事』에 보이는 常用動詞類義語」延世中國語學研究모임『中國語學의 主體探求』429-454. 서울 : 韓國文化社.

黃曉雪(2004)「古本《老乞大》的動補結構」『黃岡師範學院學報』2004/4 : 75-78.

于濤(2004)「《老乞大》和《朴通事》的名量詞研究」『雲南師範大學學報(對外漢語教學與研究版)』2004/6 : 25-27.

張林濤(2004)「《朴通事諺解》與《朴通事新釋》"來"字比較研究」『中國學研究』28 : 445-467.

王霞 (2004)「《老乞大》中"賣買"相關的幾條詞的變遷」『中國學研究』29/1：547-562.
蘇恩希 (2004)「"古本"《老乞大》中的選擇問句」『中國語文論叢』26：25-44.
陳雅 (2004)「《老乞大》中的時間助詞"來"」『中文自學指導』2004/6：55-58.
董明 (2004)「《原本老乞大》中的"有"」『明海大學外國語學部論集』16：151-156.
金丸邦三 (2004)「俗語隨考：老乞大語彙「背起」釋義」『中國俗文學研究』18：78.
竹越孝 (2005)「論介詞"着"的功能縮小—以《老乞大》、《朴通事》的修訂爲例」『中國語研究』47：20-34.
王霞 (2005)「《老乞大》四版本中的稱謂系統淺探」嚴翼相・遠藤光曉編『韓國的中國語言學資料研究』161-202. 서울：學古房.
崔宰榮 (2005)「《老乞大》4種版本副詞研究」『中國學研究』33/1：231-258.
김미랑 (2005)『《老乞大》4種版本前置詞研究』韓國外國語大學校碩士論文.
최욱 (2005)『『老乞大』의 'V着'研究』韓國外國語大學校碩士論文.
鄭潤哲 (2005)『老乞大方向動詞研究』韓國外國語大學校博士論文.
愼鏞權 (2005)「《老乞大》에 나타난 語順變化에 對하여—文法化(Grammaticalization)를 中心으로—」嶺南中國語文學會『中國語文學』45：641-673.
夏鳳梅 (2005)『《老乞大》四種版本詞彙比較研究』浙江大學博士論文.
遠藤雅裕 (2005)「《老乞大》四種版本裡所見的人稱代詞系統以及複數詞尾」嚴翼相・遠藤光曉編『韓國的中國語言學資料研究』203-233. 서울：學古房.
汪維輝 (2005)「《老乞大》諸版本所反映的基本詞歷時更替」『中國語文』2005/6：545-556；(2007)『漢語詞彙史新探』26-46. 上海：上海人民出版社.
蔡歡・付開平 (2005)「《朴通事》裡的"著"」『語言研究』2005年增刊：1-4.
付開平 (2006)『《朴通事諺解》助詞研究』華中科技大學碩士論文.
夏鳳梅 (2006)「《原本老乞大》詞語釋義三則」『古漢語研究』2006/3：74-75.
金和英 (2006)「《飜譯老乞大》에 나타난 動補構造考察」『中國學』27：109-

126.
玄幸子(2006)「現代中國語文法化理論による近世語の態(Voice)の分析」『關西大學外國語敎育硏究』11 : 1-11.
楊璧苑(2006)「四種版本《老乞大》中"待"、"敢"的使用情況的考察」『甘肅高師學報』2006/4 : 16-19.
周曉林(2006)「《老乞大》《朴通事》中"那"字類疑問句及其歷史沿革」『學術交流』2006/9 : 140-144.
이수진(2006)「《老乞大》處置文의 把/將字硏究」『中國學』27 : 85-107.
愼鏞權(2006)「『老乞大』에 나타난 漢語統辭變化의 類型과 原因에 對하여」『中國文學』48 : 199-225.
정수현(2006)『『老乞大』에 나타난 名詞句內包文의 變化』建國大學校碩士論文.
愼鏞權(2007)『《老乞大》,《朴通事》諸刊本에 나타난 漢語文法變化硏究 : 漢語의 性格究明과 文法化現象을 中心으로』서울大學校博士論文.
金初演・崔宰榮(2007)「《老乞大》4種板本의 '將'字小考」『中國語文論譯叢刊』19 : 3-29.
周曉林(2007)『近代漢語語法現象考察―以《老乞大》《朴通事》爲中心』上海 : 學林出版社.
竹越孝(2007)「《老乞大》四種版本中所見的量詞演變」『佐藤進敎授還曆記念中國語學論集』164-173. 東京 : 好文出版.
竹越孝(2007)「從《老乞大》的修訂來看"着"的功能演變(上)(下)」『KOTONOHA』58 : 6-15 ; 59 : 1-8.
增野仁(2007)「中國語における人稱代名詞の變遷―『老乞大』諸版本からの檢討―」『開篇』26 : 54-68.
增野仁(2007)「從《老乞大》看漢語第一人稱代詞的變遷」『對外漢語硏究』3. 北京 : 商務印書館.
增野仁(2007)「漢語人稱代詞的歷時變遷―以朝鮮王朝漢語敎科書《老乞大》系列爲中心―」松山大學『言語硏究』26/2 : 51-82.
玄幸子(2007)「李氏朝鮮期中國語會話テキスト『朴通事』に見られる存在文について」『關西大學外國語敎育硏究』14 : 1-12.

丁勇 (2007)「古本《老乞大》的選擇問句」『湖北教育學院學報』2007/4 : 20-22,75.

畢小紅 (2007)「論《朴通事》中的稱謂語」『安康學院學報』2007/5 : 49-51.

王建軍 (2007)「《老乞大》和《朴通事》中的顯性祈使句」『浙江師範大學學報(社會科學版)』2007/4 : 100-104.

朱麗芳 (2007)「"得"的語法化過程在《朴事通》中的體現」『現代語文(語言研究版)』2007/8 : 41-42.

毛麗 (2008)「《老乞大諺解》中詞綴的用法」『湖南城市學院學報』2008/4 : 31-33.

宋苗境 (2008)「從《老乞大》中看"們"的使用和發展」『現代語文(語言研究版)』2008/6 : 28-31.

淦海強 (2008)「從《老乞大》四種版本看元明淸方位短語作狀語時語義指向的發展面貌」『寧夏大學學報(人文社會科學版)』2008/1 : 18-21,25.

付開平・姜永超 (2008)「《朴通事諺解》裏的"着"」『鄖陽師範高等專科學校學報』2008/5 : 43-45.

遠藤雅裕 (2008)「淺談『老乞大』各版本中的非完成體標誌—以「着」和「呢」爲中心」遠藤光曉・嚴翼相編『韓漢語言研究』75-101. 서울 : 學古房.

張盛開 (2008)「第1人稱複數排除式和包括式的對立—以《老乞大》和《朴通事》爲例」遠藤光曉・嚴翼相編『韓漢語言研究』125-157. 서울 : 學古房.

劉麗川 (2008)「《老乞大》多版本中"要"的研究」『開篇』27 : 108-134.

夏鳳梅 (2008)「《原本老乞大》衣食住行詞語考釋」『內蒙古師範大學學報(哲學社會科學版)』2008/5 : 97-99.

이윤선 (2008)『舊本《老乞大》語氣詞의 用法과 發展』明知大學校碩士論文.

김정림 (2008)『《老乞大》四種版本의 助詞 '的', '得'研究』韓國外國語大學校碩士論文.

이주은 (2008)『『老乞大諺解』,『朴通事諺解』의 '是'字構文分析』淑明女子大學校碩士論文.

최재영・김초연 (2008)「『老乞大』4種版本의 "得", "的"考察」『中國研究』42 : 145-163.

山田忠司 (2009)「元曲選『趙氏孤兒』における〈的〉の用法について」『中國俗文學研究』20 : 171-179.

2. 7. 6. 老朴裡的韓國語

李基文(1964) Mongolian Loan-words in Middle Korean. *Ural-altaische Jahrbücher* 35 : 188-197 ; (1991)「中世國語의 蒙古語借用語」『國語語彙史研究』123-139. 서울 : 東亞出版社.
李基文(1965)「近世中國語借用語에 對하여」『亞細亞研究』8/2 : 193-204 ; (1991)『國語語彙史研究』214-226. 서울 : 東亞出版社.
南豊鉉(1968)「中國語借用에 있어 直接借用과 間接借用의 問題에 對하여 ―初刊『朴通事』를 中心으로하여―」『李崇寧博士頌壽紀念論叢』213-223. 서울 : 乙酉文化社.
鄭和子(1969)『飜譯朴通事와 朴通事諺解의 比較研究』梨花女子大學校碩士論文.
李承旭(1971)「18世紀國語의 形態論的特徵―「老乞大」類의 國語關係資料를 中心으로하여―」『東洋學』1 : 87-133.
金昇坤(1974)「[오/우]形態素考―老乞大와 朴通事를 中心으로―」『國語國文學』65・66 : 1-28.
金完鎭(1975)「飜譯朴通事와 朴通事諺解의 比較研究」『東洋學』5 : 15-28.
金完鎭(1976)『老乞大의 諺解에 對한 比較研究』(韓國研究叢書31)韓國研究院.
金炯哲(1978)「『飜譯老乞大』와『老乞大諺解』의 比較」慶北大學校碩士論文.
吳今子(1978)『『飜譯老乞大』와『老乞大諺解』의 比較研究』誠信女子大學校碩士論文.
吳鍾甲(1978)「16世紀國語의 Hiatus 回避現象―飜譯朴通事, 老乞大를 中心―」『韓民族語文學』5 : 67-86.
趙奎卨(1979)「朴通事諺解의 構文에 對하여」『余泉徐炳國博士華甲紀念論文集』螢雪出版社.
連圭東(1980)「『老乞大』의 母音調和」『한글』242 : 31-46.
梁泰植(1980)「[飜譯老乞大]의 서법소」釜山水産大『論文集』25 : 173-189.
朴泰權(1980)「飜譯老乞大의 물음씨끝 研究」釜山大『言語研究』18.
朴泰權(1981)「『飜譯老乞大』의 물음법에 對하여」『한글』173・174 : 455-482

; (2002/2006)『國語學史研究』183-208. 釜山:世宗出版社.

梁泰植(1981)「『飜譯老乞大』의 서법소」『송천 김용태선생회갑紀念論文集』 소문出版社.

하치근(1983)「16世紀國語助詞의 갈래—老乞大를 中心하여—」『진주文化』 4:211-223.

朴泰權(1983)「물음과 응답의 關係—'飜譯老乞大'를 中心하여」『白影鄭炳煜先生還甲記念論叢』1.

朴泰權(1984)「飜譯老乞大의 가리킴말에 對한 意味論的研究」釜山大『語文教育研究』8;(2002, 06)『國語學史研究』209-233. 釜山:世宗出版社.

全哲雄(1984)「飜譯老乞大와 老乞大諺解의 語彙比較研究」『改新語文研究』 3:19-45.

趙奎卨(1984)「飜譯朴通事에 나타난 談話性」『牧泉兪昌均博士還甲紀念論文集』673-695. 大邱:啓明大出版部.

朴貞秀(1984)「『飜譯老乞大』의 안맺음씨끝」한글學會釜山之會『釜山한글』3.

金文雄(1984)「近代國語의 語彙變遷—老乞大諺解와 重刊老乞大諺解의 比較를 通하여」『牧泉兪昌均博士還甲紀念論文集』85-114. 大邱:啓明大學校出版部.

金文雄(1984)「近代國語의 表記와 音韻—《老乞大諺解》와《重刊老乞大》의 比較를 通하여—」『한글』185:3-33.

李基文(1985)「蒙古語借用語에 對한 研究」『語學研究』21/1:1-14;(1991) 『國語語彙史研究』164-178. 서울:東亞出版社.

李基文(1985)「'祿大'와 '加達'에 對하여」『國語學』14:9-18;(1991)『國語語彙史研究』179-187. 서울:東亞出版社.

奇周衍(1986)「『飜譯老乞大』와『老乞大諺解』의 比較研究」崇田大學校碩士論文.

奇周衍(1986)「老乞大의 諺解上比較研究」崇實大『崇實語文』3:193-227.

王汶鎔(1986)「'飜朴'과 '朴諺'의 '-를'」江原大『人文學研究』24/1:3-16.

朴貞秀(1987)「『飜譯老乞大』의 形態音素的變動」한글學會釜山之會『釜山한글』6.

成光秀(1987)「諺解類에 난타난 '이'(是)의 強調用法과 解釋」『語文論集』27:

777-789 ; (1987)『石軒丁奎福博士還曆紀念論叢』777-789.
리상호(1987)「16-17世紀朝鮮말 말소리 發展에서의 몇 가지 問題-《朴通事》上(飜譯)과 《朴通事諺解》의 對比的考察을 通하여-」『朝鮮語文』1987/4 : 38-43, 48.
朴喜龍(1988)『老乞大諺解의 諺解와 飜譯에 對한 比較研究』서울大學校碩士論文.
朴喜龍(1988)「老乞大諺解의 諺解와 飜譯에 對한 比較研究」『國語研究』82.
閔賢植(1988)「『老乞大諺解』의 漢字語에 對한 考察:原文對譯文의 漢字語 對比目錄作成을 爲하여」江陵大『人文學報』56.
金永根(1988)「朴通事・老乞大諺解의 否定表現」啓明大『啓明語文學』4 : 1-34.
장숙영(1989)『16世紀國語의 이음씨끝 研究:『飜譯老乞大』와『飜譯朴通事』를 對象으로』建國大學校碩士論文.
金彦姝(1989)「飜譯老乞大와 老乞大諺解의 比較研究」釜山大『國語國文學』26 : 173-199.
王汶鎔(1989)「'飜朴'과 '朴諺'의 사이시옷」齊曉李庸周博士回甲記念論文集刊行委員會編『齊曉李庸周博士回甲記念論文集』355-368. 서울 : 한샘出版社.
辛漢承(1990)「老乞大諺解本比較研究(1)」『姜信沆敎授回甲紀念國語學論文集』209-239. 서울 : 太學社 ; (1990)「老乞大諺解本比較研究(2)」『語文學』9 : 161-219 ; (1992)「『老乞大』諺解本의 研究(3)-語彙變遷을 中心으로-」『語文學』11 : 87-100.
이병숙(1990)『16,18世紀國譯本의 使動文研究:『朴通事』,『老乞大』를 中心으로』漢陽大學校碩士論文.
金元錫(1990)「朴通事諺解와 朴通事新釋의 比較研究」慶北大學校碩士論文.
박향숙(1992)『老乞大諺解類의 比較研究』曉星女子大學校碩士論文.
李得春(1992)「『老・朴諺解』의 中國語借用語와 그 沿革」『한글』215 : 5-28.
손성지(1992)『『飜譯老乞大』와『老乞大諺解』의 語尾體系研究』啓明大學校碩士論文.
김연순(1992)「『老乞大』類에 나타난 同義語研究1-名詞類를 中心으로-」德成女大『德成語文』7.

高明均(1992)「『飜譯朴通事』와『朴通事諺解』에 對하여 : 文章의 終結語尾를 中心으로」韓國外大『韓國語文學研究』4 : 3-20.
徐尚揆(1992)「『飜譯老乞大』와『老乞大諺解』의 副詞對照索引」『東京外國語大學論集』44 : 203-223.
徐尚揆(1992)「『飜譯老乞大』と『重刊老乞大諺解』の副詞對照索引」『東京外國語大學論集』45 : 155-182.
이근열(1993)「諺解서의 'ㅅ'研究—特히 老乞大, 朴通事類를 中心으로—」釜山大『國語國文學誌』30 : 299-330.
조용상(1994)「諺解文에 나타난 數詞와 數量詞 :『飜譯朴通事』와『朴通事諺解』를 中心으로」『弘益語文』13.
徐尚揆(1994)『パソコンによる老乞大の諸諺解本の副詞の用例データベース構築に關する研究』筑波大學文藝言語學系.
徐尚揆(1995)「老乞大の諺解文における陳述的時間副詞」筑波大學『文藝言語研究』言語篇7 : 125-154.
金完鎭(1995)「『老乞大諺解』에서의 意圖形의 崩壞再論」서울大『韓國文化』16 : 1-30.
이익(1995)『語尾 '-대'의 通時的研究 : 老乞大諺解의 異本들을 中心으로』慶北大學校碩士論文.
정병량(1995)『『老乞大』諺解類의 比較研究』全州大學校碩士論文.
朱庚美(1996)「『朴通事』・『老乞大』諺解에 나타난 疑問法의 通時的研究」『國語學』27 : 29-64.
김현종(1996)『『朴通事』諺解類에 나타난 疑問語尾의 分布와 機能에 關한 研究』崇實大學校碩士論文.
金興洙(1996)「諺解文間의 差異에 對한 文體的解釋」『李基文教授停年退任紀念論叢』182-201. 서울 : 新丘文化社.
金美亨(1997)「諺解文의 文體特徵研究」『語文學研究』.
윤혜준(1998)「引用文構成의 實現樣相考察 :『飜譯老乞大』와『老乞大諺解』를 中心으로」서울大『言語研究』18 : 109-120.
국경아(1998)『『老乞大新釋諺解』에 나타난 18世紀 韓國語의 語尾研究』서울大學校碩士論文.

石朱娟(1998)「『老乞大』,『朴通事』類異本들의 '거/어'에 對하여―終結形'거다/어다'를 中心으로」서울大『冠岳語文研究』23/1 : 165-193.
李珖鎬(1998)「飜譯老乞大에 나타난 時間副詞의 意味」『抽象과 意味의 實在(李勝明博士華甲紀念論叢)』서울 : 博而精.
정병량(1998)『老乞大諺解類의 比較研究』全州大學校碩士論文.
金亨培(1998)「16世紀初期國語의 使動詞派生과 使動詞의 變化 :『飜譯老乞大』와『飜譯朴通事』를 中心으로」『한말研究』4 : 105-125.
金亨培(1999)「16,17世紀國語의 使動詞의 變化 :『飜譯老乞大』와『老乞大諺解』의 比較를 通하여」『한말研究』5 : 95-115.
구현정(1999)「『老乞大』를 通해서 본 條件形態의 文法化」『第42回全國國語國文學學術大會發表論文集』國語國文學會.
김원석(1999)『朴通事諺解와 朴通事新釋諺解의 比較研究』慶北大敎育大學院.
김성란(2000)『『飜譯老乞大』와『老乞大諺解』의 對照研究』祥明大學校碩士論文.
이태욱(2000)「『飜譯老乞大』에 나타난 否定法考察」成均館大『成均語文研究』35.
김준희(2000)「토씨 '와'의 機能變化研究―〈老乞大〉類를 中心으로―」『겨레語文學』25 : 47-67.
이광(2001)「時間副詞의 通時的考察 : 老乞大의 異本을 中心으로」『言語科學研究』20 : 229-248.
石朱娟(2001)『『老乞大』와『朴通事』의 諺解에 對한 國語學的研究』서울大學校博士論文.
高明均(2001)「助詞「-에」의 類型・意味 및 그 限定性에 關한 研究 :『朴通事諺解』를 中心으로」韓國外大『韓國語文學研究』13.
김혜정(2001)『『飜譯老乞大』의 對話構造研究』仁濟大學校碩士論文.
김수현(2002)『『老乞大』類諺解書의 因果關係接續研究』釜山外國語大學校碩士論文.
김수정(2002)『『朴通事』諺解本의 形態・統辭變化研究』建國大學校碩士論文.

안주호(2002)「'原因'을 나타내는 連結語尾에 對한 通時的考察:『老乞大諺解』類를 中心으로」韓國言語學會『言語學』34 : 133-158.

高明均(2002)「『老乞大諺解』에 나타난 單位性依存名詞의 類型・意味에 關한 研究」『韓國語文學研究』韓國外大韓國語文學研究會.

석주연(2002)「"둘우다"의 形態와 意味」『韓國語意味學』11 : 79-92.

임혜원(2003)「『老乞大』諺解類에 나타난 空間概念隱喩研究」『한말연구』13 : 217-247.

강연임(2003)「『飜譯老乞大』의 텍스트 言語學的研究」『韓國言語文學』51 : 89-114.

김성란(2004)「『老乞大』類諺解本에 對한 研究」祥明大學校博士論文.

栗田諭(2005)「〈老乞大〉와〈華音啓蒙諺解〉의 介詞와 그 諺解에 對한 研究」서울大學校碩士論文.

조신옥(2006)『朴通事比較研究 : 中國語原文과 韓國語와의 比較를 中心으로』서울市立大學校碩士論文.

장숙영(2006)「『老乞大・朴通事』類에 나타난 國語의 이음씨끝 變化研究」『한말연구』19 : 253-270.

장숙영(2006)「『老乞大・朴通事』類에 나타난 國語의 이음씨끝의 消滅」『겨레語文學』36 : 37-59.

허재영(2006)「「『老乞大・朴通事』類에 나타난 國語의 이음씨끝 變化研究」에 對한 討論文」한말연구학회『學會發表集』24 : 128-129.

고은숙(2006)「近代國語連結語尾의 機能研究—譯學書資料를 中心으로—」『우리語文研究』27 : 7-45.

劉京玟(2006)「『飜譯老乞大』終結語尾의 反意表現에 對하여」『國語史研究』6 : 101-124.

張馨實(2006)「《飜譯朴通事》와《朴通事諺解》의 飜譯樣相差異研究」鄭光 他『譯學書와 國語史研究』121-143. 서울 : 太學社.

孟柱億(2006)「老乞大諺解類諸版本 飜譯의 問題에 關한 研究 (1)—"是"의 對譯을 中心으로—」『中國學研究』36 : 3-25.

孟柱億(2006)「老乞大諺解類諸版本中 "將"의 飜譯에 關한 研究」『中國學研究』38 : 31-56.

孟柱億・金廷林 (2006)「老乞大諺解類諸版本中 '就'의 飜譯에 關한 研究」『中國文化硏究』9 : 269-290.

孟柱億 (2007)「老乞大諺解類諸版本中 '着'의 飜譯에 關한 研究」『中國硏究』39 : 205-228.

孟柱億 (2007)「《老乞大》諺解諸版本中"是"的飜譯問題」崔健・孟柱億主編『漢韓語言對比研究 (1)』175-192. 北京 : 北京語言大學出版社.

孟柱億 (2007)「老乞大諺解諸版本에 反映된 統辭規則難點의 類型」『中國學研究』42 : 121-138.

伊藤英人 (2007)「『飜譯老乞大』の「了」の朝鮮語譯をめぐって」東京外國語大學『語學硏究所論集』12 : 1-29.

南黎明 (2007)「《老乞大諺解》類諸版本飜譯問題研究—以"却"字爲中心」『韓中言語文化研究』12 : 3-23.

李鐘琴 (2007)「『老乞大』諺解類諸板本中 '往'의 飜譯에 關한 研究」『韓中言語文化研究』13 : 123-136.

劉京玟 (2007)「『飜譯老乞大』語彙의 反意表現에 對하여」『國語史硏究와 資料』225-256. 서울 : 太學社.

김희선 (2007)「『飜譯老乞大』와「老乞大諺解」의 連結語尾比較硏究」濟州大學校碩士論文.

김주국 (2008)「〈飜譯老乞大〉와〈老乞大諺解〉의 比較硏究」圓光大學校碩士論文.

장숙영 (2008)「〈老乞大〉・〈朴通事〉諺解類에 나타난 韓國語 이음씨끝의 通時的研究」建國大學校博士論文.

김영석 (2008)「『飜譯老乞大』와『老乞大諺解』에 나타난 語尾의 比較硏究 : 先語末語尾와 終結語尾를 中心으로」明知大學校碩士論文.

김성란 (2008)「老乞大諺解本에 나타난 疑問法終結語尾」『東方學術論壇』2 : 141-149.

최재영・김초연 (2008)「『老乞大』4種版本의 '득', '적'考察」『中國研究』42 : 145-163.

이윤화 (2008)「『老乞大』諺解類諸版本에 나타난 '還, 再, 又'의 飜譯樣相 研究」韓國外國語大學校碩士論文.

孟柱億(2008)「《老乞大》諸諺解本所反映的對"又", "再", "還"語法功能的掌握情況」『中國研究』42 : 197-210.

孟柱億(2008)「老乞大諺解諸版本所反映的語法難點類型初探」遠藤光曉・嚴翼相編『韓漢語言研究』51-74. 서울 : 學古房.

張馨實(2008)「『飜譯朴通事』와『朴通事諺解』의 飜譯樣相」『國語史資料와 音韻研究』162-184. 서울 : 보고사.

손달임(2008)「『飜譯老乞大』와『老乞大諺解』의 疑問文研究—『老乞大』諺解類에 나타난 '하라體'疑問語尾의 變化樣相을 中心으로—」『韓國文化研究』15 : 217-249.

伊藤英人(2008)「『飜譯老乞大』中の句末助詞「了」, 「也」, 「裏」, 「來」の朝鮮語譯について」『東京外國語大學論集』77 : 243-263.

2.7.7. 其他

太田辰夫(1959)「朴通事諺解所引西遊記考」『神戶外大論叢』10/2 : 1-22 ; (1984)『西遊記の研究』69-94. 東京 : 研文出版.

太田辰夫(1965)「「銷釋眞空寶卷」に見える「西遊記」故事—元本西遊記考—」『神戶外大論叢』15/6 : 17-30 ; (1984)「『朴通事諺解』と『銷釋眞空寶卷』」『西遊記の研究』95-111. 東京 : 研文出版.

陳高華(1983)「《朴通事》所記元代飲食」『中國烹飪』1983/3.

熊篤(1986)「論楊景賢《西游記》雜劇—兼說《朴通事諺解》中所引《西游記平話》非元代產物」『重慶師範大學學報(哲學社會科學版)』1986/4 : 65-76.

大和田孝志(1992)「《朴通事諺解》と《西遊記》研究(資料紹介)」國立國會圖書館『アジア資料通報』30/9 : 2-4.

나영아・김상빈・이성우(1992)「『老乞大』를 通하여 본 高麗末食生活考」『東아시아食生活學會誌』2/2 : 243-250.

나영아・남궁석・김상보(1993)「朴通事와 老乞大를 通하여 본 14世紀高麗末食文化考察」『東아시아食生活學會誌』3/1 : 1-9.

伊永文(1993)「元代"捶丸"與今日高爾夫球」『中外文化交流』1993/2 : 12-13
　　【附「《朴通事諺解》有關"捶丸"原文標校」13-14】.
陳高華(1995)「從《老乞大》《朴通事》看元與高麗的經濟文化交流」『歷史研究』1995/3 : 45-60.
劉蔭柏(1995)「從《朴通事諺解》看中朝文化交往」『海內與海外』1995/5 : 48.
李偉實(1996)「《朴通事諺解》與《西游記》平話」『零陵師範高等專科學校學報』1996/1 : 164-166 ; (1996)『文史知識』1996/2.
劉勳寧(1996)「『禿禿麻食』和『饅頭』」『開篇』14 : 32-34.
金鎭玖(1996)「老乞大의 服飾研究」『服飾文化研究』4/1 : 1-14.
위은숙(1997)「元干涉期對元貿易－『老乞大』를 中心으로－」『地域과 歷史』4 : 53-94.
李鍾九(1997)「明代北方民間에서 쓰여진 俗字－《老乞大》《朴通事》翻譯本, 諺解本을 中心으로－」『中國語文學』29/1 : 257-278.
田村祐之(1998)「『朴通事』の職業」『火輪』5 : 9-15.
舩田善之(2000)「新發現の舊本《老乞大》にみえる物價について : その歷史史料としての可能性を探るための一礎石(第九八回史學會大會報告記事)」『史學雜誌』109/12 : 109 (2237).
金鎭玖(2000)「朴通事諺解의 服飾研究」『服飾文化研究』8/3 : 493-511.
舩田善之(2001)「元代史料としての舊本『老乞大』－鈔と物價の記載を中心として－」『東洋學報』83/1 : 01-030.
이순미(2002)『貿易中國語敎材로서의 '老乞大'研究』梨花女子大學校碩士論文.
田村祐之(2002)「『朴通事』と日用類書との關係について」『姬路獨協大學外國語學部紀要』15 : 223-241.
서정원(2003)『『老乞大』刊本들을 通해본 14～18世紀의 服飾關聯用語比較研究』梨花女子大學校碩士論文.
蘇力(2004)『原本《老乞大》歷史學研究』中央民族大學碩士論文.
盧辰宣(2004)「從《老乞大》看中國元代的紡織品」『東華大學學報(社會科學版)』2004/2 : 73-78.
陳遼(2004)「《朴通事》: 元明兩代中國文化的百科全書」『中華文化論壇』

2004/2 : 77-82.

游順釗 (2004)「燒賣」【附載於「呂叔湘先生語言學小品文賞讀」】『中國語文』 2004/5 : 466-470.

舩田善之 (2005)「舊本『老乞大』にみえる元代の商取引の現場」『東ASIA 3國의 文化交流―歷史와 展望―』408-425. 全州 : 全北大學校人文學研究所 ; (2005)The Scenes of Business Transaction in the Yuan Period Seen in the Old Edition of the *Laoqida (Nogeoldae)*. *Interaction and Transformations* vol. 3 : 1-19.

장윤희 (2005)「《飜譯老乞大》를 通해 본 中國의 生活問題」『韓中人文科學研究』14 : 267-291.

蘇力 (2006)「原本《老乞大》所見元代衣俗」『呼倫貝爾學院學報』2006/5 : 21-24,27.

孫紅娟 (2006)「『老乞大』民俗學研究初探」『亞細亞文化研究』10 : 337-353.

石昌渝 (2007)「《朴通事諺解》與《西游記》形成史問題」『山西大學學報 (哲學社會科學版)2007/3 : 52-57.

이강한 (2007)『13-14世紀高麗-元交易의 展開와 性格』서울大學校博士論文.

毛佩琦 (2009)「朝鮮《老乞大》的時代和它描述的社會生活」『大連大學學報』 2009/1 : 6-12.

2.8. 蒙古韻略【佚】

2.8.1. 原始資料

復元版 : Chang-kyun Yu (1973)*Mêng-ku Yün-lüeh*. Taipei : Chinese Materials and Research Aids Service Center, Inc.

2.8.2. 研究

俞昌均(1969)「四聲通解에 反映된 蒙古韻略―蒙古韻略研究I―」『金載元博士回甲紀念論文集』755-771. 서울: 乙酉文化社

俞昌均(1969)「蒙古韻略의 再構와 그實際」『嶺南大學校論文集(人文科學篇)』3: 1-36.

俞昌均(1969)「'蒙古韻略'研究序說―元代韻書編纂의 始末과 蒙古韻略―」『明大論文集』3: 205-227.

俞昌均(1972)「蒙古韻略再構를 爲한 資料」『嶺南大學校國語國文學研究』14.

俞昌均(1974)『蒙古韻略과 四聲通考의 研究』서울: 螢雪出版社【書評: 姜信沆(1976)『語文學』34: 253-256】.

中村雅之(2003)「四聲通解に引く蒙古韻略について」『KOTONOHA』9: 1-4.

俞昌均(2004)「蒙古韻略과 東國正韻」『國語史研究』4: 7-23.

俞昌均(2008)「蒙古韻略과 東國正韻」『訓民正音과 八思巴文字國際學術Workshop』101-110. 城南: 韓國學中央研究院.

2.9. 洪武正韻譯訓・四聲通考

2.9.1. 原始資料

a. 洪武正韻譯訓

初刊木活字本: 高麗大學校中央圖書館(華山A12-A42)【缺第1冊(卷一、二)】.

影印: (1974)『洪武正韻譯訓』(高麗大學校影印叢書第2輯) 서울: 高麗大學校出版部; 金武林(2006)『洪武正韻譯訓』서울: 新丘文化社.

大木活字交甲寅小字本【零本, 1冊(卷三~四)】: 延世.

b. 四聲通考

復元版 : Chang-kyun Yu (1973)*Sa-seong Thong-ko or Ssŭ-shêng T'ung-k'ao*. Taipei : Chinese Materials and Research Aids Service Center, Inc.

2.9.2. 研究

河野六郎 (1940)「『東國正韻』及び『洪武正韻譯訓』に就いて」『東洋學報』 27/4 : 87-135 ; (1979)『河野六郎著作集』2 : 181-220. 東京 : 平凡社.
許雄 (1953)「申叔舟의 中國語入聲處理에 對하여」『國語國文學』5 : 6-7,5.
李崇寧 (1959)「《洪武正韻譯訓》에 關하여」『國語國文學』20 : 51-53.
李崇寧 (1959)「洪武正韻譯訓의 研究」『震檀學報』20 : 116-179.
金完鎭 (1966)「續添洪武正韻에 對하여」『震檀學報』29・30 : 351-370.
辻本春彦 (1967)『洪武正韻と四聲通解』私家版【1967年以前】.
辻本春彦 (1967)『洪武正韻と毛晃增韻』私家版【191頁】.
李東林 (1968)「洪武正韻譯訓과 四聲通解의 比較─四聲通考의 再構─」『東國大學校論文集』5 : 99-128.
成元慶 (1971)「東國正韻과 洪武正韻譯訓音의 比較研究」建國大學校學術院 『學術誌』12附錄.
鄭然粲 (1972)『洪武正韻譯訓의 研究』서울 : 一潮閣.
朴柄采 (1973)「原本洪武正韻譯訓의 板本에 對한 考察」『高麗大學校文科大學人文論集』18.
朴柄采 (1973)「洪武正韻譯訓の板本について」『朝鮮學報』69 : 208-181.
兪昌均 (1973)「四聲通考再構의 實際的問題」『語文學』28 : 99-127.
朴柄采 (1974)「原本洪武正韻譯訓缺本의 復原에 關한 研究」『亞細亞研究』 17/1 (總51) : 1-63.
兪昌均 (1974)『四聲通考와 蒙古韻略의 研究』螢雪出版社.
李基文 (1974)「洪武正韻譯訓」『新東亞』8月號.
朴柄采 (1975)「洪武正韻譯訓의 俗音考」高麗大學校文科大學『人文論叢』20.
成元慶 (1976)「『洪武正韻譯訓』에 있어서의 問題點─譯訓本校注를 試圖하여

原本과 對照하면서」延世大『韓佛硏究』3 ; (1993)『韓中音韻學論叢』
2 : 347-381. 서울 : 書光學術資料社.
辻本春彦 (1981)「洪武正韻入聲韻について」『均社論叢』10 : 87-91.
朴柄采 (1982)「洪武正韻譯訓의 古韻注記에 對하여」『語文論集』23 (鄭漢淑,
宋敏鎬兩敎授回甲紀念特輯號) : 17-24.
朴柄采 (1983)『洪武正韻譯訓의 新硏究』高大民族文化硏究所【書評 : 金武林
(1994)『韓國語學』1 : 1-18】.
朴炳采 (1983)「洪武正韻譯訓의 發音註釋에 對하여」『韓國語系統論訓民正
音硏究』集文堂.
姜信沆 (1985)「洪武正韻譯訓「歌韻」의 한글表音字에 對하여」『羨烏堂金炯
基先生八臺紀念國語學論叢』47-60. 서울 : 語文硏究會 ; (1988)『虛堂
李東林博士定年退任紀念論叢國語學硏叢』285-298. 서울 : 集文堂.
朴成熏 (1987)「洪武正韻譯訓의 一考察─韻字의 誤刻에 對하여」『國際語文』
8 : 99-134.
朴成熏 (1987)「洪武正韻譯訓通用韻目中表記上의 誤謬와 그 類型 (1)」檀國
大『東洋學』17/1 : 383-421.
朴成熏 (1988)「洪武正韻譯訓通用韻目中表記上의 誤謬와 그 類型 (2)」檀國
大『東洋學』18/1 : 417-459.
姜信沆 (1989)「洪武正韻譯訓韻母音의 한글表音字에 對하여」『國語國文學
論叢』1. 塔出版社.
姜信沆 (1989)「洪武正韻譯訓內母音字의 한글表音에 對하여」『二靜鄭然粲
先生回甲紀念論叢』11-28.
姜信沆 (1989)「洪武正韻譯訓的韓國表音硏究」『韓國學報』8 : 226-239. 臺北 :
中華民國韓國硏究學會.
李得春 (1990)「介紹《洪武正韻譯訓》的韻母譯音」『延邊大學學報 (社會科學
版)』1990/2.
成元慶 (1990-91)「〈洪武正韻〉譯訓音硏究」『興大中文學報』3 : 69-108 ; 4 : 47-
100 ; (1993)「洪武正韻譯訓硏究」『韓中音韻學論叢』2 : 319-345. 서울
: 書光學術資料社.
金武林 (1990)『洪武正韻譯訓의 音韻論的硏究』高麗大學校博士論文.

禹敏燮 (1990) 「洪武正韻譯訓俗音의 ㅇ終聲表記考」『새國語敎育』46 : 87-94.
金武林 (1994) 「『四聲通考』凡例의 考察」『周時經學報』13.
金武林 (1994) 「[書評]洪武正韻譯訓의 新研究」『韓國語學』1 : 1-18.
李得春 (1997) 「洪武正韻譯訓에 對하여」『金日成綜合大學學報』1997/2, 4 ;
 (2001) 『朝鮮語歷史言語學研究』303-320. 서울 : 圖書出版亦樂.
Domels, Rainer (1997) *Das Hongmu-chŏngun-yŏkhun (1455) − Analyse der in koreanischer Buchstabenschrift standardisierten "korrekten" Lautungen zur Bestimmung des Grades der Übereinstimmung mit seiner Grundlage, dem chinesischen Reimwörterbuch Hung-wu cheng-yün (1375)*. Ph. D. thesis, Universität Hamburg.
金武林 (1999) 『洪武正韻譯訓研究』서울 : 圖書出版月印.
Domels, Rainer (1999) *Koreanische Reimwörterbucher des 18. Jahrhunderts, List und Tücke bei der Standardisierung der sinokoreanischen Lautungen*. Hamburg : Lit Verlag.
張衛東 (2000) 「正音俗音皆時論辨─以《四聲通考》和《四聲通考》之《凡例》爲中心─」『中國學研究』19 : 443-460.
玄幸子 (2001) 「『洪武正韻譯訓』二等開口牙喉音に見られる拗音化(口蓋化)について」高田時雄編『明淸時代の音韻學』1-16. 京都 : 京都大學人文科學研究所.
金泰成 (2001) 「15世紀朝鮮에서 바라 본 近代中國語音韻體系」『言語와 言語學』28 : 37-48.
金泰成 (2001) 「《洪武正韻譯訓・序》釋譜」韓國外國語大學校外國學綜合研究센타 中國研究所『中國研究』28 : 59-68.
Domels, Rainer (2001) 「洪武正韻譯訓과 訓民正音」, 태평무『世界속의 朝鮮語(韓國語)對比研究』55-64. 瀋陽 : 遼寧民族出版社.
金泰成 (2002) 「朝鮮申叔舟의 中國語觀」『中國言語研究』14 : 175-191.
金武林 (2006) 『洪武正韻譯訓』서울 : 新丘文化社.
李紅・岳輝 (2006) 「從朝鮮對音文獻看《洪武正韻》語音基礎」『長春師範學院學報』2006/5 : 72-75.
權恩善 (2006) 『『洪武正韻譯訓』中國語音韻體系研究』韓國外國語大學校碩

士論文.

金武林 (2006)「『鷄林類事』의 基礎母音論―洪武正韻譯訓을 參照하여」『地名學』12 : 5-31.

Domels, Rainer (2006)「洪武正韻譯訓의 正音硏究와 訓民正音創製에 끼친 影響」『國語史와 漢字音』605-646. 서울 : 博而精.

李庚姬 (2007)「『蒙古字韻』의 入聲韻尾消失에 關한 考察」『中國語文學論集』45 : 89-106.

王玉枝 (2007)「《蒙古字韻》과《東國正韻》의 關係硏究 (1)」『中國學』28 : 19-37.

權恩善 (2007)「『洪武正韻譯訓』中國語聲母의 正・俗音對應樣相」『韓中言語文化硏究』12 : 39-65.

Domels, Rainer (2008)「訓民正音과 八思巴文字사이의 聯關關係―洪武正韻譯訓分析에 따른 考察」『訓民正音과 八思巴文字國際學術Workshop』115-136. 城南 : 韓國學中央硏究院.

2.10. 東國正韻

2.10.1. 原始資料

金屬活字本 : 澗松美術館【國寶71號, 全鎣弼氏舊藏 ; 存卷一・六】
木活字本 : 建國大學校中央圖書館【國寶142號, 沈敎萬氏舊藏】.
寫本 : 서울大學校中央圖書館 (411.5-D717j).
影印 : (1958)『東國正韻 聚珍叢書第一』서울 : 서울大學校大學院【全氏舊藏本】; 鄭寅承・成元慶共編 (1972)『東國正韻六卷 (附 : 解題・索引)』서울 : 建國大學校出版部【沈氏舊藏本】; (1973)『原本韓國古典叢書 (復元版)I語學類』서울 : 大提閣【沈氏舊藏本】; (1988)『原本東國正韻』(原本國語國文學叢林1) 서울 : 大提閣.

2.10.2. 研究

河野六郎 (1940)「『東國正韻』及び『洪武正韻譯訓』に就いて」『東洋學報』
    27/4 : 87-135 ; (1979)『河野六郎著作集』2 : 181-220. 東京 : 平凡社.
金敏洙 (1958)「東國正韻解題」『한글』123 : 98-112.
金喆憲 (1958)「東國正韻初聲攷」『國語國文學』19 : 107-132.
河野六郎 (1959)「再び「東國正韻」に就いて」『朝鮮學報』14 : 443-462 ;
    (1979)『河野六郎著作集』2 : 155-180. 東京 : 平凡社.
金喆憲 (1959)「東國正韻韻母攷」『國語國文學』21 : 1-90.
兪昌均 (1959)「東國正韻에 나타난 母音의 特色」『靑大論文集』2.
兪昌均 (1963)「訓民正音中聲體系構成의 根據」韓國語文學會『語文學』10 :
    24-43.
李東林 (1964)「東國正韻의 研究」東國大『論文集』1 : 91-124.
南廣祐 (1964)「東國正韻式漢字音聲調의 研究」中央大『論文集』9/1 : 9-34.
兪昌均 (1965)「東國正韻研究―其一・韻目字 策定의 源流―」『語文學』12 :
    12-36.
李東林 (1965)「東國正韻研究 (II)―ユ 等韻圖作成을 中心으로―」『國語國文
    學』30 : 21-50.
兪昌均 (1965)「東國正韻研究―其二・91韻의 成立과 ユ 背景―」『震檀學報』
    28 : 97-134.
兪昌均 (1966)「東國正韻研究―其三・洪武正韻과의 比較―」『語文學』14 : 21-
    58.
兪昌均 (1966)「《東國正韻序》考」高麗大『亞細亞研究』22 : 107-146.
兪昌均 (1966)『東國正韻研究 (復原篇・研究篇)』서울 : 螢雪出版社.
南廣祐 (1966)『東國正韻式漢字音研究』서울 : 韓國研究院.
李東林 (1967)「兪昌均著 東國正韻研究의 解析」『東岳語文論集』5 : 1-48.
李東林 (1967)「東國正韻研究 (其三) ユ 再構方法과 結論」東國大學校『論文
    集』3-4 : 89-104.
兪昌均 (1967)「東國正韻式漢字音의 基層에 對한 試論」『震檀學報』31 (故
    李相佰博士追悼論文集) : 115-142.

俞昌均 (1967)『東國正韻의 編纂에 關한 硏究』서울大學校博士論文.
俞昌均 (1968)「古今韻會擧要의 反切과 東國正韻의 比較」嶺南大『東洋文化』8.
李東林 (1970)『東國正韻硏究』東國大學校博士論文【書評:朴炳采 (1971)高麗大『亞細亞硏究』41 : 217-223】.
成元慶 (1971)「東國正韻과 洪武正韻譯訓音의 比較硏究」建國大『學術志』12 ; (1993)『韓中音韻學論叢』2 : 259-296. 서울 : 書光學術資料社.
千惠鳳 (1972)「東國正韻의 書誌的考察」『圖書館學報』1 : 52-67.
金善琪 (1972)「東國正韻의 ㅃ, ㄸ, ㄲ의 音價」『한글』150 : 5-18.
成元慶 (1972)「解題:東國正韻 完帙本에 對하여」『겨레語文學』6・7 : 306-308.
鄭寅承・成元慶 (1973)「東國正韻硏究」建國大『學術志』15 : 45-84 ; (1993)『韓中音韻學論叢』2 : 187-257. 서울 : 書光學術資料社.
南廣祐 (1974)「申叔舟等撰東國正韻」中央大『韓國學』2.
李敦柱 (1975)「脣輕音「ㅸ」終聲漢字音攷」『全南大學校論文集』21 : 125-159 ; (2003)「『東國正韻』의 「ㅸ」終聲表記漢字音」『韓中漢字音硏究』31-73. 서울 : 太學社.
崔吉元 (1979)「《東國正韻》序文中的"上去無別"考」『延邊大學學報』1979/1 : 47-49.
中村完 (1979)「東國正韻の史的意義について」旗田巍先生古稀記念會編『朝鮮歷史論集』539-550. 東京 : 龍溪書舍 ; (1995)『訓民正音の世界』223-233. 仙臺 : 創榮出版.
俞昌均 (1979)『東國正韻』螢雪出版社.
정영주 (1980)「『東國正韻』喉音 'ㆆ' 初聲考」建國大學校碩士論文.
李敦柱 (1982)「『東國正韻』序의 「昧於紐躡之要」攷」全南大語學硏究所『語學敎育12 省齋申相淳敎授華甲紀念論叢』245-259 ; (2003)『韓中漢字音硏究』13-29. 서울 : 太學社.
金英國 (1982)「全濁音의 解得에 對한 硏究 全濁字의 限界設定과 各自竝書의 音價를 中心으로」『東岳語文論集』16 : 273-302.
韓泰東 (1985)「東國正韻硏究」延世大『延世論叢』21/1 : 279-320.
權在善 (1985)「世宗의 御製東國正韻과 申叔舟等의 反切」大邱大『人文科學

研究』3 : 1-12 ; 嶺南大學校國語國文學科同門會編『碧松李根厚先生華甲紀念文集』139-155.
禹敏燮 (1986)「東國正韻濁聲母考」『全州大論文集 (人文社會科學編)』15 : 11-25.
成元慶 (1989)「韓國에서 最初로 漢字에 表音한 東國正韻考」建國大『人文科學論叢』21 : 159-174 ; (1993)『韓中音韻學論叢』2 : 297-318. 서울 : 書光學術資料社.
李東林 (1990)「東國正韻研究」『蘭汀南廣祐博士古稀紀念國語學關係博士學位論文要約集』467-475. 韓國語文教育研究會.
俞昌均 (1990)「東國正韻의 編纂에 關한 研究」『蘭汀南廣祐博士古稀紀念國語學關係博士學位論文要約集』450-466. 韓國語文教育研究會.
成元慶 (1990)「韓國에서 最初로 漢字에 表音한『東國正韻』考」『第三屆中國域外漢籍國際學術會議論文集』457-480. 聯合報基金會國學文獻館.
文璇奎 (1991)「東國正韻의 「疑」(業)母字音表記에 對하여」『들메徐在克博士還甲紀念論文集』.
李東林 (1993)「《東國正韻》初聲字母 "23字"의 策定과 解釋」『國語學』23 : 1-40.
金武林 (1996)「《東國正韻》의 編韻에 對하여」『韓國語學』3 : 117-133.
최명재 (1996)『訓民正音과 최항 先生 : 訓民正音創製의 主體와 東國正韻 및 龍飛御天歌의 선술에 關한 研究』정문당.
최병권 (1997)「『切韻指掌圖』가 朝鮮音韻史에 미친 影響에 關한 小考」空軍士官學校『論文集』39 : 225-248.
姜信沆 (1997)「『東國正韻』音系의 性格」誠齋李敦柱先生華甲紀念刊行委員會編『國語學研究의 새 地平』13-35. 서울 : 太學社.
金武林 (1997)「東國正韻의 編韻과 訓民正音의 中聲」誠齋李敦柱先生華甲紀念刊行委員會編『國語學研究의 새 地平』37-58. 서울 : 太學社.
李敦柱 (1997)「東國正韻의 「昧於紐攝之要」攷」『강진식博士華甲紀念論叢』.
權赫埈 (1997)「東國正韻과 古今韻會舉要의 通・宕・曾・梗攝音韻體系比較」『中國語文論叢』12 : 15-39.
權赫埈 (1997)「東國正韻과 古今韻會舉要의 臻・山攝音韻體系比較」『中國

語文論叢』13 : 7-26.
權赫埈(1998)「東國正韻과 古今韻會舉要의 咸・深音韻體系比較」『中國語文論叢』14 : 7-26.
玄淑子(1998)「15世紀韓國漢字音研究(I)」德成女子大『人文科學研究』4 : 149-163.
백인빈(1998)『半齒音 ᅀ音價의 再攷 :『東國正韻』音을 中心으로』建國大學校碩士論文.
權赫埈(1999)「『東國正韻』과『古今韻會舉要』의 遇果假攝音韻體系比較」江南大『論文集』34/1 : 127-150.
權赫埈(2001)「『東國正韻』과『古今韻會舉要』의 止・蟹攝音韻體系比較」『中國言語研究』12 : 203-234.
權赫埈(2001)「『東國正韻』과『古今韻會舉要』의 效・流攝音韻體系比較」江南大『論文集』38 : 1-16.
權赫埈(2001)「《東國正韻》與《古今韻會舉要》之間的音位系統比較」『中國學報』43 : 3-32.
박경송(2002)「『東國正韻』에 나타난 朝鮮音韻學者들의 中古漢語音韻研究」『中國言語研究』15 : 317-343.
玄淑子(2002)「漢字音의 歷史的研究 ㄷ, ㅌ 口蓋音化를 中心으로(II)」德成女子大『人文科學研究』7 : 97-142.
愼鏞權(2003)「《古今韻會舉要》,《蒙古字韻》과《東國正韻》」『알타이學報』13 : 185-207.
玄淑子(2003)「漢字音齒音のハングル表記について」德成女子大『人文科學研究』8 : 35-56.
兪昌均(2004)「蒙古韻略과 東國正韻」『國語史研究』4 : 7-23.
金智衡(2005)「東國正韻式漢字音에서의ᅌ, ᅙ의 音價−中國漢字音과의 對比를 中心으로−」『語文研究』125 : 85-108.
王玉枝(2007)「《蒙古字韻》과《東國正韻》의 關係研究(1)」『中國學』28 : 19-37.
王玉枝(2008)「《東國正韻》과《蒙古字韻》의 實際分韻體系比較研究」『中國語文論譯叢刊』23 : 139-166.

兪昌均 (2008)「蒙古韻略과 東國正韻」『訓民正音과 八思巴文字國際學術 Workshop』101-110. 城南 : 韓國學中央硏究院.
이현선 (2008)『《東國正韻》漢字音淵源硏究』梨花女子大學校碩士論文.
王玉枝 (2009)「《蒙古字韻》과 《東國正韻》의 聲母・入聲體系에 對한 深層考察」『中國語文論譯叢刊』24 : 413-430.

2.11. 四聲通解

2.11.1. 原始資料

光海君6年【1614】木活字本 : 奎章 (奎1593, 3551, 3885, 3887) ; 高麗大學校圖書館 (大學院貴11-1-2) ; 中央 (BA3134-27).
光海君時【?】訓練都監字本 : 奎章 (一簣・古495. 15-C456s-v. 1-2) ; 高麗大學校圖書館(晚松貴11A-2)【卷下】; 嶺南大學校圖書館(古목721.1).
孝宗7年【1656】木版本 : 奎章 (古3914-8) ; 同年別本 : 奎章 (古3951).
刊年未詳木版本 : 奎章 (가람・古495. 115-C456s) ; 誠庵古書博物館(1-318)【卷下】; 小倉 (L44535) ; 東洋 (VII-1-18) ; 國會 (820-8) ; 濯足 (463) ; Institut National des Langues et Civilisations Orientales (Cor. I-129).
寫本 : 內閣文庫 (2125號-278函269架)【昌平坂學問所文政壬年寫本】.
照片 : 小倉 (L194462) ; 東京大學總合圖書館 (8D8-D40)【影照奎3551, 1931年】.
影印 : (1973)『四聲通解』서울大學校文理科大學國語國文學科 ; (1974)『原本影印韓國古典叢書 (復元版)III諺解. 譯語類』서울 : 大提閣 ; (1985)『飜譯老乞大・朴通事・小學諺解・四聲通解』(原本國語國文學叢林12)서울 : 大提閣.

2. 11. 2. 研究

金敏洙(1957)「四聲通解」『한글』122 : 524-533.
方鍾鉉(1963)「四聲通解研究」『一簑國語學論集』285-310. 서울 : 民衆書館.
姜信沆(1966)「四聲通解卷頭의 字母表에 對하여」『가람李秉岐先生頌壽論文集』451-460.
姜信沆(1969)「四聲通解」『韓國의 名著』387-394. 서울 : 玄岩社.
姜信沆(1972)「四聲通解의 編纂經緯」『東喬閔泰植博士古稀記念儒敎學論叢』189-203.
姜信沆(1972)「四聲通解의 音系研究序說」『震檀學報』34 : 62-95.
姜信沆(1973)「四聲通解의 聲類」『成均館大學校論文集(人文・社會系)』17 : 31-50.
姜信沆(1973)「四聲通解의 韻類」『東洋學』3 : 1-73.
姜信沆(1973)『四聲通解研究』서울 : 新雅社 ; (1974)서울大學校博士論文.
兪昌均(1974)「四聲通解音의 本質에 對하여」『霞城李瑄根博士古稀紀念論文集』393-411. 서울 : 螢雪出版社.
朴泰權(1977)「《四聲通解》속의 우리말 語彙(1)」문창語文學會『國語國文學志』13・14 : 7-19 ; 朴泰權(2002/2006)『國語學史研究』153-181. 釜山 : 世宗出版社.
朴泰權(1977)「《四聲通解》속의 우리말 語彙(II)」『廷岩현평효博士回甲紀念論叢』.
長田夏樹(1978)「蒙古韻略と中原音韻—四聲通解の俗音と今俗音—」『神戸外大論叢』29/3 : 27-43 ; (2000)『長田夏樹論述集』上 : 113-135. 京都 : ナカニシヤ出版.
朴泰權(1983)「《訓蒙字會》와 《四聲通解》研究」釜山大『國語國文學』21 : 15-31.
朴泰權(1985)「『訓蒙字會』와 『四聲通解』研究2」高麗大『語文論集』24・25 : 187-198.
孫建元(1985?)「《四聲通解》今俗音研究」廣西師範大學碩士論文.
李得春(1988)「《四聲通解》今俗音初探」『民族語文』1988/5 : 29-41.

裵潤德 (1988)『申景濬의 韻解硏究 :『四聲通解』와 關聯하여』延世大學校博士論文.
孫建元 (1989)「《四聲通解》俗音、今俗音的性質」『廣西師範大學學報 (哲學社會科學版)』1989/1 : 43-46.
孫建元 (1990)「《四聲通解》今俗音研究」『語言學新探—1978-1983年全國語言專業研究生論文提要集』73-74. 高等教育出版社.
劉敎蘭 (1990)『四聲通解之研究』國立政治大學中文研究所碩士論文.
姜信沆 (1990)「四聲通解研究」『蘭汀南廣祐博士古稀紀念國語學關係博士學位論文要約集』16-26. 韓國語文敎育研究會.
花登正宏 (1990)「四聲通解所引古今韻會考」『東北大學文學部研究年報』40 : 1-14 ; (1997)「『四聲通解』所引の「古今韻會」について」『古今韻會擧要研究』65-76. 東京 : 汲古書院.
朴泰權 (1991)「《四聲通解》속의 우리말 語彙」延世大學校國學研究院『東方學志』71・72 (외솔 崔鉉培先生20周忌追慕論叢) : 535-562.
李在敦 (1993)「《四聲通解》에 反映된 16世紀中國語音系研究」韓國中國語文學會『中國文學』21 : 287-314 ; (1994)『中國語文學志』1 : 215-251.
遠藤光曉 (1994)「『四聲通解』の所據資料と編纂過程」『靑山學院大學一般敎育論集』35 : 117-126 ; (2001)『中國音韻學論集』241-252. 東京 : 白帝社.
裵潤德 (1994)「四聲通解가 國語學에 미친 影響 : 韻解・諺文志와 關聯하여」『우리말 研究』1.
裵潤德 (1994)「柳僖의 諺文志研究—四聲通解・訓蒙字會와 關聯하여—」連山都守熙先生華甲紀念論叢刊行委員會編『우리말 研究의 샘터 (連山都守熙先生華甲紀念論叢)』669-690. 서울 : 博而精.
小早川眞理子 (1995)「「四聲通解」と「韻學集成」」『開篇』13 : 56-60.
裵潤德 (1997)「黃胤錫의 理藪新編研究—四聲通解와 關聯하여—」延世大學校國學研究院『東方學志』97 : 169-192.
姜信沆 (1997)「四聲通解卷頭序文과 字母圖에 對하여」圓光大學校人文科學大學『國語國文學研究』19 : 1-17.
姜信沆 (1998)「四聲通解凡例에 對하여」『世宗學研究』12・13 : 89-101.
李江魯 (1999)「《四聲通解》의 中聲音과 實地의 中國音과의 比較研究」『한

힌샘 周時經研究』12 : 123-168.
李江魯(2000)「《四聲通解》에 關聯된 韻書의 比較」『한글』249 : 5-50.
李江魯(2000-01)『四聲通解의 硏究(上)(下)』서울 : 博而精.
朴成勳(2000)「16世紀北方音硏究書『四聲通解의 硏究上』」『한글새消息』333 : 17-18.
張曉曼(2002)「『動靜字音』硏究」『東洋漢文學硏究』16 : 213-224.
姜信沆(2003)「『四聲通解』의 音系槪觀」『韓漢音韻史硏究』561-601. 서울 : 太學社.
張曉曼(2003)「《四聲通解》陽聲韻－ｍ尾硏究」『東洋漢文學硏究』18 : 179-194.
張曉曼(2003)「《四聲通解》聲母系統硏究」『中國學』【舊『中國語文論集』】21 : 51-75.
裵潤德(2003)「四聲通解에 나타난 韻會硏究」『敦岩語文學』16 : 123-166.
楊劍橋(2003)「朝鮮《四聲通解》在漢語史硏究上的價値」『復旦學報(社會科學版)』2003/6 : 128-133.
李英月(2004)「《四聲通解》의 正音・俗音・今俗音性格考察—《洪武正韻》과 《蒙古字韻》과의 關聯을 中心으로」『中國語文學論集』29 : 119-131.
李英月(2004)『《四聲通解》를 通한 早期官話硏究』延世大學校博士論文.
李江魯(2004)『四聲通解의 音韻學的硏究』서울 : 博而精【書評 : 都守熙(2004) 「李江魯지은『四聲通解의 音韻學的硏究』를 읽은 所感」『한글새消息』383】.
張曉曼(2004)『《四聲通解》硏究』釜山大學校博士論文 ; (2005) 濟南 : 齊魯書社.
李英月・張在雄(2005)「《四聲通解》에 記載된《中原音韻》注釋硏究」『中國學硏究』32 : 69-91.
裵銀漢(2005)「『洪武正韻』兩種版本以及『四聲通解』之分韻體系」『中國言語硏究』20 : 435-464 ; (2005)「『洪武正韻』兩種版本以及『四聲通解』之韻部體系」嚴翼相・遠藤光曉編『韓國的中國語言學資料硏究』313-342. 서울 : 學古房.
崔在秀(2005)「近代漢語入聲에 關한 考察—朝鮮時代譯音書를 中心으로—」

『中國言語研究』21 : 315-332.
李英月 (2005)「試論《四聲通解》音系特徵」『中國言語研究』21 : 333-349 ; (2005) 嚴翼相・遠藤光曉編『韓國的中國語言學資料研究』343-358. 서울 : 學古房.
朴泰權 (2006)「崔世珍의 學問世界와『四聲通解』」『國語史研究』6 : 8-16.
鋤田智彦 (2006)「『四聲通解』における崔世珍「按」」『開篇』25 : 54-62.
陳潔・葉寶奎 (2006)「《四聲通解》今俗音與《等韻圖經》音系」中國音韻學研究會・汕頭大學文學院編『音韻論集』128-135. 北京 : 中華書局.
張曉曼 (2007)「《四聲通解》中的漢語入聲韻」『當代韓國』2007/4 : 79-83.
張曉曼 (2007)「崔世珍《四聲通解》是最早反映漢語北方話m尾已并入n尾的」『中國言語研究』24 : 605-618.
朱星一 (2008)「『四聲通解』入聲韻의 今俗音考察」『中國文學研究』37 : 375-405.
張曉曼 (2008)「試論《四聲通解》的漢語入聲韻」遠藤光曉・嚴翼相編『韓漢語言研究』159-172. 서울 : 學古房.

2.12. 韻會玉篇

2.12.1. 原始資料

銅活字本 : 尊經閣文庫 (『尊經閣文庫漢籍分類目錄』752頁) ; 東洋 (XI-4B-6) 國會(821-193).
木版本 : 奎章 (奎983, 奎1013, 一簑古495.13 C456ua v. 00, 一簑古495.13 C456u, 古3914-1) ; 中央 (一簑貴3134-2, 한貴古朝41-127, 한貴古朝41-23, b23134-2, BA3134-8) ; 延世 ; 高麗大學校圖書館(大學院貴10, 육당A12-A16-1-2, 晚松A12-A19-1-2) ; 中央大學校中央圖書館(010.42) ; 成均館大學校尊經閣(A10B-0020) ; 圓光大學校圖書館(AN723.2-ㅊ492) ; 宮内廳書陵部 (556-14) ; 山形大學圖書館 (821/I2/1)【宮内廳書陵部圖書寮本照片】; 國會(821-14) ; 筑波大學 (チ530-46 10076925937-8).

2.12.2. 研究

尹仁鉉(1986)『[韻會玉篇]의 [古今韻會擧要]에 對한 索引性』中央大學校碩士論文.
尹仁鉉(1987)「[韻會玉篇]考」『書誌學硏究』2 : 233-255.

2.13. 訓世評話

2.13.1. 原始資料

木版本 : 蓬左文庫 (103-1-36).
影印 : 朴在淵・安章利・李在弘譯解(1998)『訓世評話』서울 : 太學社【含點校・譯注】; (2005)『朝鮮時代漢語敎科書叢刊』4. 北京 : 中華書局【含點校】.
排印 : 姜信沆(1971)「〈資料〉訓世評話」『成大文學』17 : 47-76 ; 姜信沆(1990)「訓世評話에 對하여」『大東文化研究』24 : 5-61【古屋昭弘校(1991-92)「訓世評話について(資料篇上・下)」『開篇』8 ; 9 : 75-90】.

2.13.2. 研究

姜信沆(1990)「訓世評話에 對하여」『大東文化研究』24 : 5-61 ; 古屋昭弘譯(1990)「訓世評話について」『開篇』7 : 65-86 ; (2007)『國語學散稿』109-146. 서울 : 月印.
姜信沆(1990)「『訓世評話』에 對하여」『第三屆中國域外漢籍國際學術會議論文集』423-426. 聯合報基金會國學文獻館.
太田辰夫(1991)「『訓世評話』の言語」『中國語研究』33 : 29-49.
劉堅(1992)「《訓世評話》中所見明代前期漢語的一些特點」『中國語文』

1992/4 : 287-293 ; (2005)『劉堅文集』130-142. 上海：上海辭書出版社；
(2008)『劉堅文存』86-94. 上海：上海教育出版社.

元鍾敏 (1998)「《訓世評話》所見的若干方言詞匯」『第二屆國際暨第四屆全國訓詁學學術研討會論文集』371-389. 臺北：國立臺灣師範大學；(1998)『訓詁論叢』4：369-387. 臺北：文史哲出版社.

朴在淵 (1998)「15世紀譯學書『訓世評話』에 對하여」『中國小說論叢』7：131-155；朴在淵・安章利・李在弘譯解 (1998)『訓世評話』11-23. 서울：太學社【中譯本 (1999)「關於十五世紀朝鮮譯學書《訓世評話》」南京大學中韓文化研究中心『中韓文化研究通訊』3. 中文出版社】.

張美蘭 (1998)「《訓世評話》詞語考釋」『南京師大學報』1998/3：135-138；(2004)『近代漢語論稿』63-74. 南昌：江西教育出版社.

이의활・박종연 (1998)「『訓世評話』를 通해서 본 漢語의 語順問題—把字文을 中心으로—」『語文學研究』11：21-44.

유덕룡 (1998)「中韓小說交流的例證—韓國小說《訓世評話》評介」『中國語文論譯叢刊』2：76-99

張美蘭 (1999)「《訓世評話》校勘記」『訓詁研究』1999/1；(2004)『近代漢語論稿』30-37. 南昌：江西教育出版社.

陳遼 (1999)「朝鮮漢文小說《訓世評話》的發現」『書屋』1999/2：34-35.

陳榴 (1999)「一本失而復得的朝鮮時代漢語讀本—李邊《訓世評話》評介」『文史知識』1999/11：78-82.

劉堅 (1999)「訓世評話」『古代白話文獻選讀』389-396. 北京：商務印書館.

朴鍾淵 (1999)「關於十五世紀朝鮮譯學書〈訓世評話〉」『KRF研究結果論文』90-96. 中文出版社.

朴鍾淵 (2000)『『訓世評話』語法研究』嶺南大學校博士論文.

禹在鎬・朴鍾淵 (2000)「『訓世評話』中의 被動文研究」嶺南大『人文研究』39：65-84.

張美蘭 (2001)「《訓世評話》詞語考釋、校勘」『近代漢語語言研究』345-362. 天津：天津教育出版社.

張美蘭 (2002)「《訓世評話》中的授與動詞"給"」『中國語文』2002/3：281-282；(2004)『近代漢語論稿』75-79. 南昌：江西教育出版社.

汪維輝 (2003)「關於《訓世評話》文本的若干問題」『語言研究』2003/4：55-61.
陳莉 (2004)「關於《訓世評話》的授予動詞"給"兼及版本問題」『中國語文』 2004/2：167-169.
陳莉 (2005)「《訓世評話》詞語考釋三則」『古漢語研究』2005/3：93-94.
盧慶俠 (2006)『書寫範式的轉型—從朝鮮王朝李邊《訓世評話》說起』天津師範大學碩士論文.
盧慶俠 (2006)「書寫範式的轉型—從李邊《訓世評話》看朝鮮王朝文化政策的調整」『中國語文論譯叢刊』17：107-117.
關旭 (2008)『《訓世評話》的口語教材特徵研究』華東師範大學碩士論文.

2.14. 伍倫全備記

2.14.1. 原始資料

a. 伍倫全備記
木版本：小倉 (L174510-1)【存卷一・二】; Institut National des Langues et Civilisations Orientales (Cor. I-286).

b. 伍倫全備諺解
木版本：奎章 (奎1456, 1457, 古3917-9) ; 小倉 (L174508-9)【存卷一・二・五・六】.
影印：(1982)『伍倫全備諺解』서울：亞細亞文化社 ; (1986)『童蒙先習諺解・伍倫全備諺解』(原本國語國文學叢林22) 서울：大提閣 ; (1997)『伍倫全備諺解』弘文閣.
譯註：丘濬・柳在元・鄭蓮實・趙娟廷 (2006-07)「『伍倫全備諺解』譯註(1)～(3)」:『中國語文論譯叢刊』17：355-387 ; 同18：331-356 ; (2007)韓國外大『中國研究』39：455-471.

2. 14. 2. 研究

田光鉉 (1978)「18世紀 前期國語의 一考察：「伍倫全備諺解」를 中心으로」
　　　全北大『語學』5 : 15-24.
田光鉉 (1982)「伍倫全備諺解解題」『伍倫全備諺解』1-9. 서울 : 亞細亞文化社.
박종은 (1984)『18 世紀前半期의 안맺음씨 끝 硏究：『伍倫全備諺解』를 中
　　　心으로』漢陽大學校碩士論文.
鄭季順 (1986)『『伍倫全備諺解』의 國語學的研究』慶南大學校碩士論文 ;
　　　(1986)「伍倫全備諺解의 國語學的研究」『慶南語文』14.
정영인 (1989)「近代國語의 否定法에 對한 한 考察―伍倫全備諺解의 境遇」
　　　全北大『語學』16 : 129-143.
金永根 (1990)「伍倫全備諺解의 漢字音研究」『語文學』51 : 1-23.
福田和展 (1990)「『伍倫全備諺解』のことば」『中國語研究』32 : 32-46.
寺村政男 (1990)「『伍倫全備忠孝記』に見える胡語考」早稻田大學『中國文學
　　　研究』16 : 左14-31.
林光淑 (1990)『伍倫全備諺解에 對한 國語學的研究』德成女子大學校碩士論文
이승연 (1996)『『伍倫全備諺解』의 研究』高麗大學校碩士論文.
洪允杓 (1997)「伍倫全備諺解解題」『伍倫全備諺解』1-3. 弘文閣.
金永根 (1998)「伍倫全備諺解의 疑問法研究」『語文學』65 : 1-36.
吳秀卿 (1998)「《五倫全備記》研究 (1)―《五倫全備記》의 版本系統과 作者問
　　　題」韓國中國語文學會『中國文學』29 : 95-113.
福田和展 (2001)「《伍倫全備諺解》語彙、語法分析―《老乞大》《朴通事》と
　　　の比較を中心に―」三重大學『人文論叢』18 : 97-114.
柳在元 (2002)『伍倫全備諺解의 中國語音韻體系研究』韓國外國語大學校博
　　　士論文.
石朱娟 (2003)「『伍倫全備諺解』의 國語學的研究」『震檀學報』96 : 173-201.
朴相珍 (2003)「伍倫全備諺解一考」檀國大『國文學論集』19 : 31-55.
박상권 (2003)『『伍倫全備諺解』의 語彙研究』慶南大學校碩士論文.
柳在元 (2003)「『伍倫全備 (諺解)』의 敎材的 價値 및 特性에 對한 研究」

　　　　Foreign Languages Education 10 : 197-213. 韓國外國語教育學會.
김형철(2004)「伍倫全備諺解의 語彙硏究」『國語敎育硏究』36 : 77-102.
楊愛姣(2004)「《伍倫全備諺解》中兼語句的結構類型及特點」『武漢大學學報(人文科學版)』2004/4 : 488-493 ; 深圳大學文學院(2004)『漢語言文字學論文集』169-181. 中國社會科學出版社.
楊愛姣(2004)「《伍倫全備諺解》中同位結構的語義屬性與語法屬性」『深圳大學學報(人文社會科學版)』2004/4 : 112-116.
蘇恩希(2004)「《伍倫全備諺解》中的動詞重疊式」『中國文化硏究』3 : 199-208.
竹越孝(2005)「『伍倫全備諺解』に見られる『質問』の編者と佚文について」『KOTONOHA』32 : 4-8.
蘇恩希(2005)「《伍倫全備諺解》中的選擇問句」『中國文化硏究』6 : 97-107.
정연실(2007)「『伍倫全備諺解』異體字의 類型分析」『中國學硏究』40 : 33-68.

2.15. 華音啓蒙

2.15.1. 原始資料

a. 華音啓蒙

木活字本 : 奎章(古3917-5 ; 古495.18-Y54h ; 古3917-12 ; 奎2993-3003 ; 一簑・古495.18-Y54h) ; 藏書(3-605) ; 延世 ; 中央(b1321-12) ; 高麗大學校圖書館(大學院C11-A14) ; 成均館大學校尊經閣(C13-0007) ; 釜山大學校圖書館(3-15-1) ; 서울大學校中央圖書館(418.3-Y54g) ; 小倉(L174578,L44739) ; 阿川(D40-436) ; 東洋(VII-1-66) ; 遼寧省立圖書館(000025) ; Institut National des Langues et Civilisations Orientales (Cor. I-350, 390) ; Musée Guimet ; Harvard-Yenching Institute Library (K5161/4402) ; Columbia University.

木版本 : 中央(한-40-3) ; 中央大學校中央圖書館(412.8) ; 濯足(422).

寫本 : 檀國大學校圖書館(고478.4-이815ㅎ).

b. 華音啓蒙諺解

古活字本 : 奎章 (古3917-6, 3917-13 ; 가람・古495. 183-Y54h ; 一簑・古495. 18-H99g ; 奎4043) ; 中央 (한-40-8) ; 藏書 (3-606) ; 延世 ; 成均館大學校尊經閣(C13-0008) ; 淑明女子大學校圖書館(CL412.8) ; 忠南大學校圖書館(子部譯學類165) ; 釜山大學校圖書館(3-15-2) ; 中央大學校中央圖書館(418.3-Y54ge) ; 小倉 (L174579, L44740) ; 阿川 (D30-377) ; 東洋 (VII-1-66) ; 大阪女子大學附屬圖書館 ; Institut National des Langues et Civilisations Orientales (Cor. I-349) ; University of California, Berkeley (The Asami Library 34. 6) ; Harvard-Yenching Institute Library (K5161/4403) ; Columbia University.

木版本 : 大阪 (韓8-4) ; 西尾市立圖書館岩瀬文庫 (142-19).

寫本 : 忠南大學校圖書館 (子部譯學類693) ; 東洋 (VII-1-58).

影印 : (2002)『漢語資料叢書』牙山 : 鮮文大學校中韓飜譯文獻研究所【含校注】; (2005)『朝鮮時代漢語教科書叢刊』4. 北京 : 中華書局【含點校】.

2. 15. 2. 研究

日下恆夫 (1978)「近代北方語史における『朝鮮資料』序説―《華音啓蒙》の可能性―(上)」『關西大學中國文學會紀要』7 : 1-16.

姜信沆 (1980)「『華音啓蒙諺解』内字音의 音系」『東方學志』23・24 : 167-192 ; (2003)『韓漢音韻史研究』603-637. 서울 : 太學社.

鵜殿倫次 (1985)「『華音啓蒙諺解』の漢字音注の特質」『愛知縣立大學外國語學部紀要 (言語・文學編)』18 : 153-198.

鵜殿倫次 (1986)「『華音啓蒙』千字文の音注」『愛知縣立大學創立二十周年記念論集』459-480.

정향숙 (1989)『華音啓蒙의 虛詞와 句法結構研究』高麗大學校碩士論文.

이육화 (1991)『近代漢語代詞用例演變考 : 老乞大, 朴通事, 朴通事新釋, 重刊老乞大, 華音啓蒙을 中心으로』國民大學校碩士論文.

이상란(1992)『華音啓蒙諺解에 나타난 19世紀中國語音硏究』釜山大學校 碩士論文.
鵜殿倫次(1992)「『華音啓蒙』入聲字の音注(1)ieとieiの書き分け」『愛知縣立大學外國語學部紀要(言語・文學編)』24 : 233-250.
鵜殿倫次(1994)「『華音啓蒙』入聲字の音注(2)iとyの書き分け」『愛知縣立大學外國語學部紀要(言語・文學編)』26 : 219-241.
鵜殿倫次(1995)「『華音啓蒙』入聲字の音注(3)u,iu,iui (ui)の書き分け」『愛知縣立大學外國語學部紀要(言語・文學編)』27 : 389-409.
鵜殿倫次(1996)「《華音啓蒙》入聲字の音注(4)e,o,ue,iuieの書き分け」『愛知縣立大學外國語學部紀要(言語・文學編)』28 : 317-342.
노하덕(1998)『『老乞大諺解』와『華音啓蒙諺解』의 形態比較』成均館大學校碩士論文.
Lamarre, Christine (1998)「大阪女子大學附屬圖書館收藏『華音啓蒙』の言語特徵について」『環日本海論叢』13『日中韓三國關係と東北アジアの平和的發展國際學術シンポジウム論文集』176-188.
李得春(1998)「〈華音正俗變異〉聲母系統的特點」『韓文與中國音韻』黑龍江朝鮮民族出版社.
박신영(1999)『華音啓蒙諺解의 漢語語音硏究』韓國外國語大學校碩士論文.
李紅梅(1999)『《華音啓蒙諺解》硏究』延邊大學碩士論文.
李得春(2000)「介紹一份19世紀末的漢朝對音資料─《華音啓蒙》卷後的《華音正俗變異》」『東疆學刊』2000/3 : 84-89.
張衛東(2000)「《華音正俗變異》考」『國際中國學硏究』3.
王淸棟(2001)「『華音啓蒙諺解』의 語彙的特徵」『中國言語硏究』13 : 235-255.
王淸棟(2001)「『華音啓蒙諺解』에 보이는 近代漢語의 特徵」『中國學論叢』14 : 105-124.
李在弘・金瑛(2002)『華音啓蒙諺解』(漢語資料叢書)鮮文大學校中韓飜譯文獻硏究所.
권병로・李得春(2002)「19世紀中國語學習書의 한글表記가 보여주는 近代中國語語音의 몇 特徵考察─《華音啓蒙》과《華音啓蒙諺解》를 中心으

로―」『國語文學』37 : 31-52.
崔銀喜(2002)『華音啓蒙과 華音啓蒙諺解의 中國語音韻體系硏究』韓國外國語大學校碩士論文.
이승연(2002)「「華音啓蒙諺解」의 表記와 文法」國語史資料學會『國語史硏究』3 : 125-151.
김영수(2002)「『華音啓蒙諺解』의 言語的特徵과 飜譯에 對하여」朝鮮語文事業協議小組『中國朝鮮語文』119.
栗田諭(2005)「〈老乞大〉와 〈華音啓蒙諺解〉의 介詞와 그 諺解에 對한 硏究」서울大學校碩士論文.
岳輝(2006)「《華音啓蒙諺解》和《你呢貴姓》的語言基礎」『吉林大學社會科學學報』2006/4 : 149-154.
이승연(2006)「19世紀漢學書《華音啓蒙諺解》硏究」鄭光他『譯學書와 國語史硏究』183-214. 서울 : 太學社.
劉靜(2007)『朝鮮時代漢語會話課本常見句式硏究―以《華音啓蒙諺解》和《你呢貴姓》爲依據』吉林大學碩士論文.

2.16. 華語類抄

2.16.1. 原始資料

木活字本 : 奎章(奎4044 ; 一簑・古418. 3-H99 ; 古3912-4) ; 藏書(3-603,3-604 ; 13-1) ; 延世 ; 中央(b1321-11) ; 嶺南大學校圖書館(古도723) ; 啓明大學校圖書館(412.12) ; 國民大學校圖書館(711.47-화01) ; 小倉(L174542-3) ; 天理(829. 1タ15) ; 宮内廳書陵部(303-39) ; University of California, Berkeley (The Asami Library 34. 5) ; Columbia University.

木版本 : 奎章(一簑・古418.3-H99y ; 가람・古418.3-H99a) ; 中央(한-41-40) ; 延世 ; 慶熙大學校圖書館(412.3-화64) ; 高麗大學校圖書館(육당C11-A7A, 華山C11-A17, 晩松C11-A17A) ; 成均館大學校尊經閣(C13-0006) ; 中央大學校中央圖書館(412.311) ; 忠南大學校圖書館(子

部譯學類166) ; 梨花女子大學校圖書館 (412.8-화73) ; 全南大學校圖書館 (30-화63) ; 誠庵古書博物館 (3-932) ; 小倉 (L174540) ; 大阪 (韓4-10).
刊本【分類未詳】: 小倉 (L174541) ; 阿川 (D20-113) ; 東洋 (VII-1-34) ; 靜嘉堂文庫 (94函57架) ; 京大 (言語2D68 ; 2D71) ; 濯足 (417) ; Institut National des Langues et Civilisations Orientales (Cor. I-306, 433).

2. 16. 2. 硏究

洪悙赫 (1946)「華語類抄小考」『한글』97 : 32-36.
伊藤英人 (1998)「『華語類抄』에 對하여」『朝鮮語硏究會第149・150回記念大會發表要旨集』183-202. 東京 : 東京外國語大學.
金哲俊 (1999)『《華語類抄》語彙硏究』延邊大學碩士論文.
伊藤英人 (2002)「高宗代司譯院漢學書字音改正について―『華語類抄』の字音を通じて―」『朝鮮語硏究』1 : 129-146.
金哲俊 (2004)「《華語類抄》詞彙體系硏究」『民族語文』2004/6 : 46-49.
金哲俊 (2004)「《華語類抄1》의 表記法에 對한 若干한 考察」東北三省語文事業協議小組『中國朝鮮語文』131.
이은지 (2008)『〈華語類抄〉의 中國語音韻體系硏究』梨花女子大學校碩士論文.
金哲俊・조광범・박진하 (2009)「《同文類解》와《華語類抄1》에서 보여지는 表記法의 變化에 對한 考察」『中國朝鮮語文』2009/2 : 22-26.

2. 17. 譯語類解・譯語類解補

2. 17. 1. 原始資料

木版本 : 奎章 (奎5651 ; 가람・古413. 1-G418y-v. 1-2 ; 一簑・古413. 1-G418y-v. 1-2 ; 古3912-5 ; 一簑・古413. 1-G418s ; 가람・古413. 1-G419y ; 一簑・

古413. 1-G419y【補】; 古3912-5a【補】); 中央(BA323-3, 한-41-42; 한-41-29【補】); 藏書(3-598); 延世; 高麗大學校圖書館(大學院C11-A3-1【卷上】, 晚松C11-A3A-2【卷下】); 朝鮮大學校圖書館(495.103-ㅅ888ㅇ); 嶺南大學校圖書館(古도713)【卷下】; 敎會史硏究所(ㅇ-717. 4-오635); 小倉(L174827-8, L194463, L44536, L44537); 東洋(VII-1-33, VII-1-33複); 京大(言語2D72, 2D82); 濯足(468); Bibliothèque Nationale, Département des Manuscrits, Section Orientale (fond coréen 24, 25); Institut National des Langues et Civilisations Orientales (Cor. I-239); Musée Guimet (20962)【補】; University of California, Berkeley (The Asami Library 34. 7)【卷下·補】.
寫本: 梨花女子大學校圖書館(412-역73).
影印: (1974)『譯語類解』서울: 亞細亞文化社; (1985)『譯語類解』弘文閣【奎5651; 古3912-5a】; (1988)『吏讀集成·譯語類解』(原本國語國文學叢林24)서울: 大提閣; (2005)『譯語類解·譯語類解補』(奎章閣資料叢書·語學篇6)서울: 서울大學校奎章閣.

2. 17. 2. 硏究

安田章(1967)「類解攷」『立命館文學』264: 223-254; (1980)『朝鮮資料と中世國語』(笠間叢書147)190-222. 東京: 笠間書院.
鄭光(1978)「類解類譯學書에 對하여」『國語學』7: 159-188.
蔡瑛純(1978)『譯語類解所見中國音系之硏究』中國文化大學碩士論文.
李喆鏞(1983)『類解類譯學書의 國語學的考察』漢陽大學校碩士論文.
안종복(1986)『類解類書에 나타난 國語의 表記法硏究』檀國大學校碩士論文.
孔在錫(1989)「《譯語類解》의 中國語音系」高麗大亞細亞問題硏究所『亞細亞硏究』82: 67-101.
福田和展(1989)「『譯語類解』中に"上仝"と記された語彙について」大東文化大學『外國語學會誌』18: 128-142.
沈載箕(1991)「近代國語의 語彙體系에 對하여─譯語類解의 分析을 中心으

로ㅡ」『國語學의 새로운 認識과 展開 金完鎭先生回甲紀念論叢』783-801. 서울 : 民音社.

權仁瀚 (1991)「類解類譯學書의 音節末 'ㅅ', 'ㄷ'表記法一考察」『國語學의 새로운 認識과 展開 金完鎭先生回甲紀念論叢』162-173. 서울 : 民音社.

鄭秀惠 (1992)『『譯語類解』의 造語法硏究』德成女子大學校碩士論文.

沈小喜 (1992)「『譯語類解』小考」『中國語文學論集』4 : 383-390.

郭在鏞 (1994)『類解類譯學書의 '身體'部語彙硏究』慶南大學校博士論文.

郭在鏞 (1995)「類解類譯學書의 '身體'部語彙硏究」『한글』228 : 31-64.

洪允杓 (1995)「譯語類解・譯語類解補解題」『譯語類解』1-9. 弘文閣.

延圭東 (1995)「譯語類解現存本에 對한 一考察」『國語學』26 : 293-316.

延圭東 (1996)『近代國語語彙集硏究 : 類解類譯學書를 中心으로』서울大學校 博士論文.

延圭東 (2001)「近代國語의 낱말밭 : 類解類譯學書의 部類配列順序를 中心으로」『言語學』28 : 101-128.

福田和展 (2002)「《譯語類解》に注記された漢語の同義・類義語について—司譯院類解辭書中の漢語について (その1)—」三重大學『人文論叢』19 : 127-142.

福田和展 (2003)「《譯語類解》《同文類解》《蒙語類解》の漢語見出し語の異同について—司譯院類解辭書中の漢語について (その2)—」三重大學『人文論叢』20 : 145-159.

金榮一 (2003)「『譯語類解』속의 우리말 難解語」『語文學』80 : 27-43.

박찬식 (2005)『類解類譯學書에 나타난 語彙의 硏究』暎園大學校博士論文.

김은정・강순제 (2006)「朝鮮時代外國語學習書를 中心으로 본 服飾名稱硏究」『服飾』56/6 : 72-86.

이주리 (2007)『『譯語類解』를 通해 본 朝鮮時代漢語語彙硏究—品詞分類를 中心으로—』木浦大學校碩士論文.

2.18. 語錄解

2.18.1. 原始資料

a. 鄭瀁本

木版本 : 奎章 (가람・古495.17090-J466e) ; 高麗大學校圖書館 (晚松C11-A7C) ; 成均館大學校尊經閣 (C13-0001) ; 梨花女子大學校圖書館 (411.32-정72ㅇ, 412.3-이95어) ; 淑明女子大學校圖書館 (CL412.709-정양어) ; 啓明大學校圖書館 (411.14-정양ㅇ) ; 小倉 (L44526, L44527).

寫本 : 中央 (c1321-15, e1321-19, f1321-22) ; 藏書 (13-2A) ; 啓明大學校圖書館 (411.14-이황ㅇ) ; 檀國大學校圖書館 (고473.5-정517오, 어) ; 忠南大學校圖書館 (子部譯學類164, 931) ; 小倉 (L44528, L44529).

影印 : 安秉禧 (1983)「〈語錄解〉解題」서울大『韓國文化』4 : 257-316【가람文庫本】.

b. 南二星本

木版本 : 奎章 (一簑・古413.1-N15e ; 一簑・古413.1-N15e-c2 ; 가람・古413.1-N15e ; 奎5306, 1536 ; 藏書 (13-2C, 13-2D) ; 中央 (b13010-1) ; 大韓民國國會圖書館 (OL411.32-ㅇ232) ; 高麗大學校圖書館 (晚松C11-A7D, 晚松C11-A7E ; 경화당C11-A7 ; 大學院 C11-A7) ; 嶺南大學校圖書館 (古목724) ; 檀國大學校圖書館 (고728-정517ㅇ) ; 忠南大學校圖書館 (子部譯學類105) ; 梨花女子大學校圖書館 (411.32-남79ㅇ) ; 啓明大學校圖書館 (411.14-남이성ㅇ) ; 中央大學校中央圖書館 (412.311-이황어) ; 天理 ; 宮內廳書陵部 ; Harvard Yenching Institute Library (K5179/8230).

木活字本 : 中央 (BA3239-6, b13010-2, e13239-5, f1321-21) ; 藏書 (13-2) ; 全南大學校圖書館 (1J2-어235ㅇ) ; 全北大學校圖書館 (411.3) ; 嶺南大學校圖書館 (古724-어록해-2) ; 崇實大學校圖書館 (410.3-남6905어) ; 忠南大學校圖書館 (子部譯學類937) ; 慶尚大學校圖書館 (A10A-이96ㅇ) ; 成均館大學校尊經閣 (C13-0002) ; 誠庵古書博物館 (3-927, 3-928) ; 東

洋(VII-1-39)

寫本 : 奎章(奎5, 奎7656 ; 古3820-6, 古3820-7 ; 一簑495.17-N15ea, 一簑 495.17-N15eb, 一簑495.17-N15er【語錄抄】, 一簑495.1-F068【語錄輯解】 ; 상백・古170-y57h【學校模範】) ; 中央(古朝41-16, 41-114 ; BA3010-10) ; 藏書(3-597, 13-2B) ; 高麗大學校圖書館(大學院C11-A7A, C11-A7B ; 晚松C11-A7A, C11-A7B ; 치암C11-A7) ; 東國大學校圖書館(D713.02-남69, 419.303-남69ㅇ) ; 成均館大學校尊經閣(C13-0002a) ; 圓光大學校圖書館(AN727.4-ㅅ177, AN727.4-ㅇ294, AN727.4-ㅇ294ㄱ) ; 檀國大學校圖書館(고718-정517아, 요 : 고473.5-정517ㅇ, 여, 야 ; 473.5-어553ㄱ) ; 全北大學校圖書館(411.3-ㄱ, 181.24) ; 誠庵古書博物館(3-929, 3-930, 3-931) ; 東亞大學校圖書館(3:11-11, 1:10:1-7, 1:10:1-14) ; 釜山大學校圖書館(3-11-9, 3-11-9B) ; 全南大學校圖書館(1J2-어235ㅇ, ㅅ) ; 啓明大學校圖書館(411.14-남이성ㅅ, 411.14-어록ㅎ) ; 忠南大學校圖書館(子部譯學類66, 259) ; 京畿大學校圖書館(K121411, K114343) ; 淑明女子大學校圖書館(CL412.709-남이성-어-가, 거) ; 成均館大學校尊經閣(C13-0002b) ; 慶尚大學校圖書館(A10-어235) ; 東洋(VII-1-39【附五才子書語錄】) ; 小倉(L44530) ; Institut National des Langues et Civilisations Orientales ; Harvard Yenching Institute Library(K5179/8230a).

影印 : (1983)「南二星編『語錄解』」『朝鮮學報』108 : 169-262【天理藏本】 ; 安秉禧(1983)「〈語錄解〉解題」서울大『韓國文化』4 : 171-258【奎1536】 ; (2005)『語錄解異本6種』弘文閣【木版本, 寫本】.

索引 : 竹越孝(2008)「南二星本『語錄解』漢語語彙索引」(上中下)『KOTONOHA』: 66 : 5-15 ; 67 : 4-13 ; 68 : 4-13.

c. 註解語錄總覽

木版本 : 奎章(가람古417.09-B146j-v.1-2 ; 古3820-17) ; 藏書(3-600, 13-10) ; 中央(古朝41-51, a1321-10, BA321-16, g13117-1) ; 東國大學校中央圖書館(D419.303-백217ㅇ) ; 漢陽大學校圖書館(412.304-백35ㅇ) ; 慶尚大學校圖書館(A10-백227ㅇ) ; 京畿大學校圖書館(K122854, K112313) ; 全

北大學校圖書館(411.3);淑明女子大學校圖書館(CL412.3);慶熙大學校圖書館(412.7-백26ㅇ);建國大學校圖書館(고411.15-백227ㅇ);嶺南大學校圖書館(古南724);仁荷大學校圖書館(H411.14-백26주);高麗大學校圖書館(大學院C11-A10);忠南大學校圖書館(子部譯學類308, 763);延世;全州大學校中央圖書館(OM713.02-백227ㅈ);成均館大學校尊經閣(C13-0003);啓明大學校圖書館(401.8);全南大學校圖書館(1J2-어235ㅂ);崇實大學校圖書館(410.41-백22706주);小倉(L174426-7, L174428-9);天理;Library of Congress;Harvard-Yenching Institute Library(K5179/8230b).

影印:(2005)『語錄解異本6種』弘文閣.

d. 小説語錄解

木版本:藏書(13-11【西遊記語錄・西廂記語錄】).

寫本:奎章(古3912-6【西遊記語錄】, 古3820-5【水滸誌語錄解】;一簑・古895.13.Sh92sk【水滸誌語錄・西廂記語錄】);中央(a13133-1)【水滸誌語錄解】;忠南大學校圖書館(子部譯學類9【水滸誌語錄・西遊記語錄】, 169【水滸誌語錄解】);崇實大學校圖書館(410.41-주7106)【朱氏語錄・水滸誌語錄・蒙語類解】;檀國大學校圖書館(고453.1-수236)【水滸誌語錄】;東亞大學校圖書館(3:12:7, 3:12:2-28)【水滸誌語錄解】;高麗大學校圖書館(육당C11-A2)【水滸誌語錄解】;梨花女子大學校圖書館(812.03-수95)【水滸誌語錄解】;啓明大學校圖書館(812.35)【水滸誌語錄解】;小倉(L174858【西遊記語錄附水滸傳語錄】;L174430【(忠義)水滸誌語類分回】;L174951【水滸誌語錄】;L174952【水滸志語錄解】;L174950【水滸傳語錄】;L174350【物名彙附西廂記語錄・水滸誌】);University of California, Berkeley(The Asami Library 34.1, 10).

2.18.2. 研究

大谷森繁(1981)「『語錄解』について―その書誌的檢討と朝鮮小說史からの考察―」『朝鮮學報』99・100:279-301.

安秉禧(1983)「〈語錄解〉解題」서울大『韓國文化』4:153-170;(1992)『國語史資料硏究』474-494. 서울:文學과 知性社.

朴甲洙(1983)「『語錄解』에 對하여」『蘭臺李應百博士回甲論文集』普晉齋.

朴甲洙(1983)「『語錄解』解題」(大谷森繁譯)『朝鮮學報』108:155-168.

宋河振(1985)「『語錄解』의 註釋語彙考」全南大『語文論叢』7・8.

박대현(2000)「『語錄解』硏究:『語錄解』의 成立과 發展」嶺南大學校碩士論文.

2.19. 吏文・吏文輯覽・吏文續集輯覽

2.19.1. 原始資料

a. 吏文

活字本:奎章(古貴411.1-J773i)【2冊】;宮内廳書陵部(300函160號)【存卷二~四】.

木版本:奎章(奎26612【卷四】,古5700-5【3冊】,古411.1-Im9【卷二】);高麗大學校圖書館(晚松B9-A72-2)【卷二】;東國大學校中央圖書館(D417.01-이37);嶺南大學校圖書館(古南349.11012)【卷三】.

寫本:藏書(13-12);中央(한고조93-48);成均館大學校尊經閣(B13J-0011);遼寧省立圖書館(000066)【吏文輯覽補行用吏文補】.

寫本:遼寧省立圖書館(000066)【吏文輯覽補行用吏文補】.

b. 吏文輯覽・吏文續集輯覽

木版本:奎章(가람・古411.1-C456j;奎1577;一簑・古411.1-C456j;古5700-6;古・複5700-6);藏書(13-6);東國大學校中央圖書館(417.02-최53ㅈ);

天理(317.3夕7).
寫本：藏書(3-599)【1926年寫】；延世；高麗大學校圖書館(大學院C11-A11)；遼寧省立圖書館(000065).
排印：前間恭作遺稿,末松保和編纂(1942)『訓讀吏文・附吏文輯覽』京城：私家版【拠宮内廳書陵部本排印】；(1962)東京：極東書店；(1975)東京：國書刊行會；朴在淵・洪波(2001)『吏文・吏文輯覽』延梨文化社.
索引：京都大學東洋史研究室(1952)『吏文正續輯覽』油印本40頁；編者不詳『訓讀吏文語彙』油印本60頁；上原善哲(1996)『訓讀吏文・吏文輯覽索引』沖繩：喜屋武印刷.

2.19.2. 研究

淺見倫太郎(1920)「明韓の外交文書を輯めたる『吏文』に就て」『朝鮮及滿洲』152：31-33.
藤田亮策(1942)「吏文と吏文輯覽」『書物同好會會報』15：3-6；(1978)『書物同好會會報附册子』257-260. 東京：龍溪書舍.
方鍾鉉(1946)「吏文輯覽」『한글』94：27-30. ；(1963)『一簑國語學論集』322-326. 서울：民衆書館.
朴泰權(1973)「吏文과 吏文輯覽研究」釜山女大『睡蓮語文論集』1：77-105.
安秉禧(1988)「崔世珍의「吏文諸書輯覽」에 對하여」『周時經學報』1：49-68；(1992)『國語史資料研究』371-395. 서울：文學과 知性社；(2007)『崔世珍研究』109-139. 서울：太學社.
安秉禧(1996)「增訂吏文・增訂吏文續集・比部招議輯覽解題」『季刊書誌學報』17；(2007)『崔世珍研究』161-176. 서울：太學社.
陳遼(2001)「朝鮮《吏文》和明代語言」『江海學刊』2001/5：163-166.
陳遼(2001)「朝鮮《吏文》與雲南」『雲南社會科學』2001/4：83-86.
朴在淵・張俊寧(2001)「《吏文》前言」『世界華文文學論壇』3：66-68.
梁伍鎭(2002)「吏文과 吏文諸書輯覽의 言語」『中國言語研究』14：193-222.
陳遼(2002)「朝鮮《吏文》與明史研究」『文獻』2002/2：141-158.

張全眞 (2005)「《吏文》中的人稱代詞系統」松山大學『言語文化研究』25/1：119-134.
張全眞 (2007)「朝鮮官吏漢語教科書《吏文》中的白話成份」『現代中國語研究』9：100-106.
張全眞 (2007)「古代朝鮮官吏漢語教科書《吏文》的語言面貌」『貴州大學學報 (社會科學版)』2007/5：89-94.
張全眞 (2007)「朝鮮官吏漢語教科書《吏文》的語言面貌」『浙江師範大學學報 (社會科學版)』2007/6：84-87.
김경록 (2007)「朝鮮初期『吏文』의 編纂과 對明外交文書의 性格」『梨花史學研究』34：219-253.

2.20. 象院題語

2.20.1. 原始資料

木版本：奎章 (奎7493, 8600) ; 藏書 (2-4181) ; 中央 (b12709-1) ; 漢陽大學校圖書館 (915.2-상653) ; 成均館大學校尊經閣 (C14B-0059a) ; 東洋 (VII-1-39, VII-1-39複) ; 小倉 (L44758) ; 東京外國語大學附屬圖書館 (K-IV-59) ; 天理 (292.2-3629) ; 高麗大學校博物館【册板9板】.
寫本：中央 (BA091-3) ; 小倉 (L44759, L44760) ; 遼寧省立圖書館 (000220)【朝鮮史編修會鈔本】; 中國社會科學院歷史研究所.
影印：(1998)『司譯院譯學書册板研究』서울：高麗大學校出版部【拠册板, 18葉】.
排印：竹越孝 (2006)「『象院題語』飜字」『開篇』25：63-72.

2.20.2. 研究

竹越孝 (2005)「朝鮮司譯院の漢學書『象院題語』について」『汲古』48：44-49.

竹越孝(2005)「『象院題語』の版本と冊板」『KOTONOHA』37 : 4-8.
竹越孝(2006)「前間本『象院題語』のハングル音注について(上下)」『KOTO-NOHA』38 : 10-16 ; 39 : 11-15.
竹越孝(2006)「『象院題語』の語彙と語法」『中國語研究』48 : 1-14.
竹越孝(2007)「『象院題語』の句點について(上下)」『KOTONOHA』50 : 22-29 ; 51 : 11-15.

2.21. 樂善齋本紅樓夢

2.21.1. 原始資料

寫本 : 藏書(4-6864).
影印 : (1988)『紅樓夢(樂善齋本)』12册. 서울 : 亞細亞文化社.

2.21.2. 研究

曹喜雄(1973)「樂善齋本飜譯小說硏究」『國語國文學』62・63 : 257-273.
崔溶澈(1988)「樂善齋本完譯《紅樓夢》初探」中國語文硏究會『中國語文論叢』1 : 179-207.
崔溶澈(1988)「樂善齋本完譯《紅樓夢》影印本」『中國語文學』15 : 494-497.
崔溶澈(1990)「南朝鮮樂善齋本《紅樓夢》研究」『紅樓夢學刊』1990/1 : 321-340.
任明(1990)「《國譯紅樓夢》(樂善齋本)影印版序」『紅樓夢學刊』1990/2 : 326-330.
崔溶澈(1996)「1910-1930年韓國紅樓夢研究和飜譯─略論韓國紅學史的第二階段」『紅樓夢學刊』1996/1 : 314-340.
崔溶澈(1997)「《紅樓夢》在韓國的流傳和飜譯─樂善齋全譯本與現代譯本的

分析」『紅樓夢學刊』1997增刊號：517-536.
朴在淵(2001)「中國飜譯小說과 譯學書에 나타난 語彙에 對하여—樂善齋飜譯筆寫本에 나타난 借用語를 中心으로—」『KRF研究結果論文』138-174. 韓國語文學研究會.
李承姬(2003)『樂善齋本紅樓夢中國語音韻體系研究』韓國外國語大學校碩士論文.
金泰成(2003)「樂善齋本《紅樓夢》譯音聲母標記體系考察」『中語中文學』33：119-141.
楊人從(2003)「紅樓夢樂善齋 한글 飜譯本의 飜譯技法研究」『東亞人文學』3：33-73.
崔溶澈(2004)「韓國에서의 紅樓夢傳播와 飜譯」韓國國際紅樓夢學術會議論文.
金泰成(2004)「樂善齋本紅樓夢的漢語聲母譯音體系和它的學術價値」第2屆對韓(朝)漢語教學國際學術研討會論文【延邊】.
金泰成(2005)「樂善齋本《紅樓夢》漢韓譯音的聲母對應規律」嚴翼相・遠藤光曉編『韓國的中國語言學資料研究』359-395. 서울：學古房.
朴在淵(2007)「19世紀末紅樓夢系筆寫本飜譯小說에 나타난 語彙研究」『國語史研究와 資料』515-581. 서울：太學社.
高旼喜(2009)「《紅樓夢》韓文飜譯本後四十回中的幾個問題」『紅樓夢學刊』2009/1：176-197.

2.22. 其他漢語課本

2.22.1. 原始資料

a. 中華正音
寫本：藏書(3-601)；阿川(D40-444)；濯足(239)【=騎着一匹】；順天大學校圖書館(272029)【=騎着一匹】.
排印：竹越孝(2009)「阿川文庫本『中華正音』飜字(1-8)」『KOTONOHA』74-81.

b. 你呢貴姓

寫本【高宗年間 (1864-1906)】: 藏書 (3-595).

影印: (2002)『漢語資料叢書』3. 牙山: 鮮文大學校中韓飜譯文獻研究所【含校注】; (2005)『朝鮮時代漢語教科書叢刊』4. 北京: 中華書局【含點校】.

排印: 福田和展 (1995)「《你呢貴姓》飜字」『開篇』13 : 113-134.

c. 國漢會語

寫本【1895年序】: 奎章 (奎11659).

影印: (1988)『國漢會語』(韓國語學資料叢書1) 서울: 太學社.

d. 華音撮要

寫本【1877年】: 小倉 (L174580).

e. 學清

寫本: 朴在淵氏.

影印: (2002)『漢語資料叢書』3. 牙山: 鮮文大學校中韓飜譯文獻研究所【含校注】; (2005)『朝鮮時代漢語教科書叢刊』4. 北京: 中華書局【含點校】.

f. 騎着一匹

寫本: 藏書 (7C-56).

影印: (2008)『近代漢語資料叢書』15. 牙山: 鮮文大學校中韓飜譯文獻研究所【含校注】.

g. 關話略抄

寫本: 小倉 (L174575).

h. 華語精選

高永完 (1913)『華語精選』京城: 普書館【漢語會話課本,帶有諺文注音及飜譯】.

i. 北京官話支那語大海

文世榮 (1938)『北京官話支那語大海』京城 : 永昌書館【漢語會話課本,帶有
　　　諺文、日文注音及飜譯】.

2. 22. 2.　研究

洪允杓 (1985)「國語語彙文獻資料에　對하여」『素堂千時權博士華甲記念國
　　　語學論叢』.
洪允杓 (1986)「最初의　國語辭典國漢會語에　對하여」『白旻全在昊博士華甲
　　　紀念國語學論叢』.
李寶蓮 (1992)「國漢會語에　나타난　音響象徵研究」『檀國語學』2 : 80-99.
福田和展 (1995)「《你呢貴姓》の言語に關する初步的分析」『語學教育研究
　　　論叢』12 : 189-207.
福田和展 (1997)「《你呢貴姓》の言語に關する初步的分析その2―校注―」『語
　　　學教育研究論叢』14 : 79-103.
李鍾九 (2000)「『官話指南』에　보이는　清末官話의　모습」『中國學研究』19/1 :
　　　167-182.
朴在淵・周發祥 (2002)『你呢貴姓・學清』(漢語資料叢書3)牙山 : 鮮文大學
　　　校中韓飜譯文獻研究所.
柳在元 (2005)「《漢談官話》中國語聲母表音上의　特性에　關한　考察」『中國
　　　學研究』32 : 93-119.
柳在元 (2005)「『你呢貴姓』中國語音表記體系에　關한　基礎的研究」『語言와
　　　語言學』36 : 47-70.
更科愼一 (2005)「19世紀末朝鮮の北方漢語資料『華音撮要』の研究―ハング
　　　ル音注を中心に―」『アジアの歷史と文化』9 : 63-103.
何亞南・蘇恩希 (2005)「試論〈你呢貴姓〉(學清)的語料價值」『對外漢語教
　　　學與研究』2005/2 ; (2007)『南京師大學報 (社會科學版)』2007/2 : 154-
　　　160.
채진원 (2006)『《你呢貴姓》의　中國語音韻體系研究』梨花女子大學校碩士論文

岳輝 (2006)「《華音啓蒙諺解》和《你呢貴姓》的語言基礎」『吉林大學社會科學學報』2006/4 : 149-154.
사이토 아케미【齋藤明美】(2006)「1880年刊《漢語入門》의 漢語表記에 對하여」鄭光他『譯學書와 國語史研究』337-375. 서울 : 太學社.
劉靜 (2007)『朝鮮時代漢語會話課本常見句式研究—以《華音啓蒙諺解》和《你呢貴姓》爲依據』吉林大學碩士論文.
李在敦 (2008)「《你呢貴姓》所反映的漢語音系」遠藤光曉・嚴翼相編『韓漢語言研究』205-236. 서울 : 學古房.

2.23. 其他韻書

小倉進平 (1935)「『三韻通考』及び『增補三韻通考』に就いて」『藤岡博士功績記念言語學論文集』1-26 ; (1975)『小倉進平博士著作集』4 : 521-546.
鄭寅普 (1937)「訓民正音韻解解題」『한글』5/4 : 7-8.
朝鮮語學會 (1937)「韻解」『한글』5/6 : 41-48.
姜信沆 (1970)「韓國韻書研究—三韻聲彙와 奎章全韻을 中心으로—」成均館大『成大文學』15・16 : 1-19.
南廣祐 (1974)「洪啓禧撰, 三韻聲彙」中央大『韓國學』2.
南廣祐 (1974)「유명응等撰, 奎章正韻」中央大『韓國學』2.
李敦柱 (1977)「『華東正音通釋韻考』의 俗音字에 對하여」『李崇寧先生古稀紀念國語國文學論叢』221-249. 서울 : 塔出版社 ; (2003)「『華東正音通釋韻考』의 俗音字」『韓中漢字音研究』159-204. 서울 : 太學社.
李氣鋼 (1981)「全韻玉篇에 드러난 正俗音攷」又石大『論文集』3 : 107-119.
李氣鋼 (1982)「全韻玉篇에 注記된 正俗音에 對하여 : 全清字의 聲母를 中心으로」高麗大『語文論集』23 : 511-528.
김은주 (1982)『『奎章全韻』"華音"之研究』高雄師範大學碩士論文.
佐藤進 (1983)「檢書官李德懋—『奎章全韻』의 文化史研究序說—」『朝鮮學報』106 : 1-34.

鄭卿一 (1984)『奎章全韻研究』高麗大學校碩士論文.
崔泰榮 (1987)「韻解訓民正音解題」『韻解訓民正音』太學社.
金順姬 (1988)『奎章全韻의 書誌學的硏究』祥明女子大學校碩士論文.
吳鍾甲 (1989)「18世紀國語漢字音表記」『語文學』50 : 105-128【涉及華東正音通釋韻考、三韻聲彙、奎章全韻、訓民正音韻解】.
鄭卿一 (1990)『‘華東正音通釋韻考’漢字音聲母硏究』高麗大學校博士論文.
鄭卿一 (1990)「《華東正音》의 性格과 初聲體系에 對하여」『語文論集』29 : 1-17.
金順姬 (1990)『奎章全韻版本考』忠南大學校社會科學大學文獻情報學科『創立十周年紀念論文集』6 : 189-228.
라이너【Dormels, Rainer】(1994)『玉篇類의 漢字音比較硏究 : 全韻玉篇,新字典,漢韓大辭典, 大字源을 中心으로』서울大學校碩士論文.
伊藤英人 (1995)「申景濬의『韻解訓民正音』에 對하여」『國語學』25 : 293-306.
邊瀅雨 (1995)「《華東正音通釋韻考》之華音聲母」『当代韓國』1995/2 : 26-28.
柳在元 (1996)「『全韻玉篇』의 俗音字에 對한 硏究 牙喉音系의 反映音을 中心으로」『中國學研究』11/1 : 63-97.
김인경 (1996)「『華東正音通釋韻考』의 頭注에 關한 考察」『中國語文學』28/1 : 465-495.
裵潤德 (1997)「洪啓禧의『三韻聲彙』研究」誠齋李敦柱先生華甲紀念刊行委員會編『國語學研究의 새 地平』105-119. 서울 : 太學社.
李敦柱 (1997)「全韻玉篇의 正·俗漢字音에 對한 硏究」『國語學』30 : 1-30 ; (2003)「『全韻玉篇』의 正·俗漢字音」205-241.『韓中漢字音研究』서울 : 太學社.
李敦柱 (1998)「『華東正音通釋韻考』의 正俗音과『全韻玉篇』漢字音의 比較」韓國言語文學會『韓國言語文學』.
裵潤德 (1999)「華東正音通釋韻考研究」서울師大『先淸語文』27 : 509-526 ; 南川朴甲洙敎授停年退任紀念論文集刊行委員會編『南川朴甲洙敎授停年退任紀念論文集』509-526. 서울 : 月印.
鄭卿一 (1999)「奎章全韻의 體制와 漢字音의 特徵」建陽大『人文論叢』3.
康寔鎭 (1999)「朝鮮의 韻書硏究 (2) :『三韻通考』를 中心으로」釜山大『人文

論叢』54 : 1-36.

Rainer Dormels (1999)「18世紀韓國漢字音의 規範化過程에 숨겨진 動機」『國語學』33 : 125-143【涉及三韻聲彙、全韻玉篇、四聲通解】.

이승자 (1999)『『華東正音通釋韻考』와『三韻聲彙』의 漢字音研究』延邊大學碩士論文.

李敦柱 (2000)「『華東正音通釋韻考』의 正・俗音과『全韻玉篇』漢字音의 比較」『한글』249 : 51-85 ; (2003)『韓中漢字音研究』243-272. 서울 : 太學社.

朴秋鉉 (2000)「英,正祖間 세 韻書의 韓國漢字音考—華東正音通釋韻考,三韻聲彙,奎章全韻—」『中國言語研究』11 : 119-151.

鄭卿一 (2000)「經世正韻의 韻圖的 性格에 對하여」『21世紀國語學의 課題』(솔미鄭光先生華甲記念論文集)633-660. 서울 : 月印.

김일 (2001)「申景濬의『訓民正音韻解』와 그의 譯學的 言語觀」『中國朝鮮語文』2001/3 : 23-26.

金泰慶 (2002)「《廣韻》의 反切音과《全韻玉篇》・《三韻聲彙》의 漢字音比較」『中國語文學論集』19 : 213-240.

李敦柱 (2002)「韓國漢字音中俗音의 正音性에 對하여 :『全韻玉篇』의 正・俗音表示를 對象으로」韓國言語文學會『韓國言語文學』48 : 223-240.

이준환 (2002)『『三韻聲彙』漢字音聲母體系考察』成均館大學校碩士論文.

李長熙 (2003)「《三韻通考》의 底本에 對하여」『語文學』80 : 105-122.

世宗大王紀念事業會 (2003)『全韻玉篇』서울 : 世宗大王紀念事業會.

鄭卿一 (2003)「華東正音의 韻母中聲」『國語學의 새로운 照明』서울 : 圖書出版亦樂.

李準煥 (2004)「韓國漢字音 複數音字의 傳承樣相과 그 意味 (1)—『華東正音通釋韻考』의 現實音系的性格을 中心으로」『大東文化研究』48 : 349-379.

李準煥 (2004)「『華東正音通釋韻考』의 俗音에 對한 考察—聲母를 對象으로—」韓國語文教育研究會『語文研究』124 : 163-189.

辛承云 (2004)「『奎章全韻』을 通해서 본 正祖朝의 書籍頒賜와 그 規模」『韓國圖書館情報學會誌』35/4 : 293-316.

李準煥 (2005)「近代韻書에 注記된 復數音字와 現代漢字音」『國語學』46 : 67-98.【涉及三韻聲彙、華東正音通釋韻考】
李承子 (2005)「朝鮮韻書《三韻聲彙》及其特徵」『東疆學刊』2005/4 : 57-60.
鄭卿一 (2006)「校訂全韻玉篇俗音의 類型別考察」『우리語文研究』27 : 527-558.
최미현 (2006)「二重漢字音에 나타나는 入聲韻尾 /-t/의 變化樣相에 對하여」『한말研究』18 : 249-265.
李準煥 (2006)「漢字音俗音의 發生과 意味와의 關聯性」韓國語文敎育研究會『語文研究』129 : 57-81【涉及全韻玉篇、華東正音通釋韻考】.
구현아 (2008)『『奎章全韻』의 華音體系研究』梨花女子大學校碩士論文.
최병선 (2009)『『方言類釋』의 中國語語彙研究』梨花女子大學校碩士論文.

2.24. 其他資料

李得春 (1985)「漢語上古音在十六世紀朝鮮漢字音中的遺存」『民族語文』1985/5 : 36-39.
大塚秀明 (1990)「『方言類釋』の「中州鄉語」について―朝鮮資料に殘る中國方言記錄」『言語文化論集』31 : 83-94.
葛振家 (1995)『崔溥漂海錄研究』北京 : 社會科學文獻出版社.
寺村政男 (1998)「『高麗史』に記錄された明太祖の言語の研究―その1―」『語學敎育研究論叢』15 : 211-231.
鄭丞惠 (2000)「〈譯語指南〉의 編纂經緯와 意義에 對하여」『文獻과 解釋』10 : 133-143.
汪如東 (2002)「朝鮮人崔溥《漂海錄》的語言學價值」『東疆學刊』2002/1 : 9-13.
朴元熇 (2003)「崔溥『漂海錄』研究述評」『史叢』56 : 197-214.
朴元熇 (2003)「崔溥『漂海錄』版本考」『書誌學研究』26 : 113-132.
朴元熇 (2003)「崔溥『漂海錄』校勘記」『書誌學報』27 : 21-44.
伊藤英人 (2004)「刊經都監譯經僧の白話解釋と飜譯をめぐって―『蒙山法語』諺解の分析―」『朝鮮學報』193 : 1-21.

Ito, Hideto (2004)Grammatical Markers in Early Baihua and Late Middle Korean in *Mengshan's Sayings*. *Corpus-Based Approaches to Semantic Structures*, 33-49. Amsterdam : John Benjamins.

張全眞 (2005)「朝鮮文獻中的明初白話聖旨語言研究」松山大學『言語文化研究』26/2 : 149-164.

朴元熇 (2006)『崔溥漂海錄譯註』서울 : 高麗大學校出版部.

朴元熇 (2006)『崔溥漂海錄研究』서울 : 高麗大學校出版部.

姜恩枝 (2007)「『方言類釋』의 "中州鄕語"에 나타나 있는 言語資料研究」서울大『言語研究』26 : 65-82【書評 : 愼鏞權 (2007)『言語研究』26 : 83-86】.

梁世旭 (2008)「崔溥的《漂海錄》在漢語方言詞彙史上的價值」遠藤光曉・嚴翼相編『韓漢語言研究』193-203. 서울 : 學古房.

3 蒙學

3.1. 總論

鴛淵一 (1928)「淸初に於ける淸鮮關係と三田渡の碑文」『史林』13 : 1-4.
白鳥庫吉 (1929)「高麗史に見えたる蒙古語の解釋」『東洋學報』18/2 ; (1970)
    『白鳥庫吉全集』3 : 393-484. 東京 : 岩波書店【涉及伯顔波豆】
李基文 (1964) Mongolian Loan-words in Middle Korean. *Ural-altaische
    Jahrbücher* 35 ; (1991)「中世國語의 蒙古語借用語」『國語語彙史硏究』
    123-139. 서울 : 東亞出版社.
金芳漢 (1965)「三田渡碑蒙文에 關하여」『東亞文化』4 : 59-96.
金芳漢 (1967)「韓國의 蒙古語 資料에 關하여」『亞細亞學報』3 : 125-146.
李基文 (1967)「蒙學書硏究의 基本問題」『震檀學報』31 : 91-113.
Lie, Hiu (1972)*Die Mandschu-Sprachkunde in Korea.* Bloomington : Indiana
    University ; The Hague : Mouton.
金炯秀 (1974)『蒙學三書硏究』大邱 : 螢雪出版社【書評 : 菅野裕臣 (1974)「金
    炯秀著『蒙學三書硏究I』」『朝鮮學報』74 : 167-178 ; 宋基中 (1977)「두
    篇의 蒙古語硏究書—『蒙文滿洲實錄上』(최학근)과『蒙學三書硏究1』
    (김형수)—」『國語學』5 : 137-167】.
金炯秀 (1982)「司譯院蒙古語學習」『肯浦趙奎卨敎授華甲紀念國語學論叢』
    373-391. 서울 : 螢雪出版社.
李基文 (1985)「蒙古語借用語에 對한 硏究」『語學硏究』21/1 : 1-14 ; (1991)
    『國語語彙史硏究』164-178. 서울 : 東亞出版社.
李基文 (1985)「'祿大'와 '加達'에 對하여」『國語學』14 : 9-18 ; (1991)『國語
    語彙史硏究』179-187. 서울 : 東亞出版社.

鄭光(1987)「來甲午式年譯科初試의 蒙學試券小考」『國語學』16 : 197-219.
鄭光(1987)「朝鮮朝における譯科の蒙學とその蒙學書—來甲午式年の譯科初試の蒙學試卷を中心として」『朝鮮學報』124 : 49-82.
鄭光(1990)「蒙學三書의 重刊에 對하여—高麗大學校所藏의 木版을 中心으로—」『大東文化研究』25 : 29-45.
宋基中(1993)「蒙學書」서울大大學院國語研究會編『國語史資料와 國語學의 研究(安秉禧先生回甲紀念論叢)』271-296. 서울 : 文學과 知性社.
李聖揆(1994)「『蒙學三書』의 蒙古語에 對한 基礎的 研究」韓國몽골學會『몽골學』2 : 21-47.
Seong, Baeg-in (1998)Mongolian Language Studies in Korea.『알타이學報』7: 177-199.
李聖揆(1999)『蒙學三書의 蒙古語文法研究』成均館大學校博士論文.
烏雲高娃(2001)「朝鮮司譯院蒙古語教習活動研究」『中央民族大學學報(哲學社會科學版)』4 : 122-127.
李聖揆(2002)『蒙學三書의 蒙古語研究』東洋學研究所研究叢書4. 서울 : 檀國大學校出版部.
烏雲高娃(2002)「明四夷館和朝鮮司譯院研究狀況及史料簡介—以"蒙古語學"爲中心」『元史及民族史研究集刊』15 : 240-249.
烏雲高娃(2002)『明四夷館及朝鮮司譯院研究—以"蒙古語學"爲中心』南京大學博士論文.
烏雲高娃(2004)「朝鮮司譯院"蒙學三書"」『中國社會科學院歷史研究所學刊』3 : 385-397.
烏雲高娃(2005)「明四夷館及朝鮮司譯院研究—以"蒙古語學"爲中心」南京大學韓國研究所編『中韓歷史文化交流論文集』2 : 73-288. 香港 : 華夏文化藝術出版社.
松岡雄太(2006)「蒙學三書の編纂過程—"語套"の觀點から見た"蒙文鑑"—」『日本モンゴル學會紀要』36 : 35-47.

3.2. 蒙語老乞大

3.2.1. 原始資料

英祖42年【乾隆31 (1766)】木版本 : 奎章 (奎2202)

木版本 : 東洋 (VII-1-56) ; 小倉 (L44543) ; L. Ligeti所藏【參見李基文 (1964) 「蒙語老乞大研究」『震檀學報』25・26・27合 : 368-427】; Bibliothèque Nationale, Département des Manuscrits, Section Orientale (fond coréen 22) ; Institut National des Langues et Civilisations Orientales (Cor. I-610)

寫本 : 東洋 (Mo2-B2-2)【洋裝1冊, 大正12年 (1923)7月8日初寫, 同年10月21日寫了】; 小倉 (L44542).

照片 : 東京大學文學部3號館圖書室 (言語D5, 700-704)

影印 : (1983)『蒙語老乞大』(國學資料3)서울 : 西江大學校人文科學研究所【奎2202】; (1988)『(原本)飜譯老乞大 (下)・蒙語老乞大 (全)』(原本國語國文學叢林23)서울 : 大提閣 ; (2006)『蒙語老乞大』(奎章閣資料叢書語學篇7)서울 : 서울大學校奎章閣韓國學研究院【奎2202】.

飜譯 : 井上治 (2002)/井上治・金度亨 (2003-08)「蒙語老乞大テキストのローマ字轉寫と和譯」『開篇』21 : 107-130 ; 22 : 110-137 ; 23 : 41-70 ; 24 : 123-155 ; 25 : 73-108 ; 26 : 69-97 ; 27 : 135-174 ; Сон Ыйминь【宋義敏】(2006)*Мон ө но гөл дэ*. Улаанбаатар хот : Соёмбо принтинг ХХК【含索引】.

索引 : 徐尚揆 (1997)『蒙語老乞大語彙索引』서울 : 博而精.

3.2.2. 研究

池上二良 (1946)「滿洲語の若干の文語形中のūの表す母音に就いて」『TÔYÔ-GO KENKYÛ』1 : 18-24 ; (1999)『滿洲語研究』206-212. 東京 : 汲古書院.

Francis Woodman Cleaves (1955)An Early Mongolian Loan Contract from Qara Qoto. *HJAS* 18/1-2 : 1-49.
金芳漢 (1957)「"蒙語老乞大"의 蒙古語에 關한 硏究」『弘益續』1.
金芳漢 (1962)「奎章閣所藏『蒙語老乞大』의 刊行年代에 關하여」서울大學校『文理大學報』10/1 : 26-30.
李基文 (1964)「蒙語老乞大硏究」『震檀學報』25・26・27合 : 368-427.
李承旭 (1983)「『蒙語老乞大』解題」『(國學資料第3輯)蒙語老乞大』서울 : 西江大學校人文科學硏究所.
崔起鎬 (1985)『「蒙語老乞大」의 形態論的硏究』延世大學校博士論文.
金燕順 (1988)『蒙語老乞大의 國譯文硏究』德成女子大學校碩士論文.
崔起鎬 (1991)「몽골어 讀本과「蒙語老乞大」의 板本」延世大『東方學志』71-72 : 581-593.
道布 (1992)「「蒙語老乞大」探析」『蒙古語文 (蒙文)』1992/2.
宋義敏 (1993)『『蒙語老乞大』硏究』臺北 : 國立政治大學碩士論文.
道布 (1993)「《蒙語老乞大》序略」『民族語文論文集─慶祝馬學良先生八十壽辰文集』239-243. 北京 : 中央民族學院出版社 ; (2005)『道布文集』194-198. 上海 : 上海辭書出版社.
寶力高 (1994)「「蒙語老乞大」的語音特徵」『蒙古語文 (蒙文)』1994/11.
崔起鎬 (1994)『蒙語老乞大硏究』서울 : 祥明女子大學校出版部.
김미현 (1994)『몽골어의 否定法硏究 :『蒙語老乞大』를 中心으로』서울大學校碩士論文.
李得春 (1996)「《蒙語老乞大》解題」『朝鮮語言學史硏究』; (2001)『朝鮮語歷史言語學硏究』343-347. 서울 : 圖書出版亦樂.
Schlepp, Wayne (1997)Examples of Spelling in the Mongolian "Lao Qida". 『論文與紀念文集』内蒙古大學出版社.
延圭東 (1999)「蒙語老乞大刊行時期에 關한 몇 問題」『알타이學報』9 : 135-146.
崔起鎬・朴永光 (2000)「韓國的蒙古學硏究槪述」中央民族大學文學藝術硏究所『蒙古學信息』2000/2 : 49-52.
최형원 (2000)「蒙語老乞大語彙小考」『알타이學報』10 : 169-192.

Choi, Hyong-Won (2002)Sprachliche Untersuchung zum mongolischen Laokida (Mong-eo Nogeoldae)aus dem 18. Jahrhundert. *Central Asiatic Journal* 46 : 34-111 ; Errata et Corrigenda : *Central Asiatic Journal* 47/1 : 127.

松岡雄太 (2005)「『蒙語老乞大』の 重刊に 關한 一考察」『國語學』46 : 355-377 ; 391.

П. Аюушжав (2007)*Монгол хэлний ногэлдо*. Улаанбаатар хот : "Start Line" XX компиан 【компани之誤, 含索引】

松岡雄太 (2008)『モンゴル語のアスペクトに關する研究―滿洲語・朝鮮語との對照研究』九州大學博士論文.

3.3. 蒙語類解

3.3.1. 原始資料

正祖14年【1790】木版本 : 奎章 (奎3751)

寫本 : 崇實大學校圖書館 (410.41-주7106)【朱氏語錄附錄】; 濯足 (488) ; Library of Congress ; 東京外國語大學附屬圖書館 (Mo-II-169-1~3)【三卷本】.

影印 : (1971)『蒙語類解』(서울大學校古典叢書)서울 : 서울大學校出版部【奎3751】; (1978)『蒙語類解 ; 倭語類解』(韓國古典叢書7續・語學類)서울 : 大提閣 ; (1985)『原本倭語類解 ; 蒙語類解 ; 捷解新語』(原本國語國文學叢林17)大提閣 ; (1995)『蒙語類解』弘文閣 ; (2006)『捷解蒙語 ; 蒙語類解』(奎章閣資料叢書語學篇8)서울 : 서울大學校奎章閣【奎3751】

3.3.2. 研究

小澤重男 (1961)「中・韓・蒙・對譯語彙集『蒙語類解』の研究 (1)―朝鮮語と

蒙古語との若干の音韻對應にもふれて一」『東京外國語大學論集』8 : 11 54.

安田章 (1967)「類解攷」『立命館文學』264 : 223-254 ; (1980)『朝鮮資料と中世國語』(笠間叢書147)190-222. 東京 : 笠間書院.

金芳漢 (1971)「『蒙語類解影印本』解題」1-7.『蒙語類解』서울 : 서울大出版部.

崔鶴根 (1977)「蒙語類解附錄·語錄解·評釋」『增補알타이語學攷—文獻과 文法』604-639. 서울 : 保景文化社 ;『語文論集』19 · 20 (月巖박성의博士還曆紀念號) : 203-238.

鄭光 (1978)「類解類譯學書에 對하여」『國語學』7 : 159-188.

Song Ki joong (1978) *Mongŏ Yuhae[Categorical Explanation of the Mongolian Language], A Chinese-Korean-Mongolian Glossary of the 18th Century*, Unpublished Ph. D. Dissertation, Inner Asian and Altaic Studies, Harvard University.

辛美英 (1980)「蒙語類解의 國語學的考察」서울大『國語國文學論文集』9 : 1-35.

李喆鏞 (1983)『類解類譯學書의 國語學的考察』漢陽大學校碩士論文.

宋基中 (1985)「『蒙語類解』硏究」『歷史言語學』(金芳漢先生回甲紀念論文集編輯委員會)337-388. 전예원.

안종복 (1986)『類解類書에 나타난 國語의 表記法硏究』檀國大學校碩士論文.

道布 (1987)「『語錄解』硏究」『民族語文』1987/6 : 1-4 ; (2005)『道布文集』137-145. 上海 : 上海辭書出版社.

鄭堤文 (1987)「『蒙語類解』와「御製滿珠蒙古漢字三合切音淸文鑑I」『鄭炳洪先生華甲記念論文集』學文社.

宋基中 (1988)「18世紀朝鮮朝蒙學官들이 理解한 蒙古語文法—/蒙語類解/附錄 "語錄解"를中心으로」『韓國學의 課題와 展望 (第五回國際學術會議論文集 (I))』660-686. 城南 : 韓國精神文化硏究院.

鄭堤文 (1989)「『蒙語類解』에 보이는 圓脣母音分布의 制約性」『알타이學報』1 : 35-45.

鄭堤文 (1989)「『蒙語類解』의 '一云' 表記에 對하여」『閑沼鄭漢基敎授華甲記念論文集』255-274. 高麗苑.

鄭堤文 (1990)「『蒙語類解』와「三學譯語」의 몽골語語彙에 對하여」『慎翼晟

教授停年退任紀念論文集』457-476. 서울 : 韓佛文化社.
鄭堤文(1990)「『蒙語類解』의 몽골語에 對한 研究」서울大學校博士論文.
權仁瀚(1991)「類解類譯學書의 音節末 'ㅅ', 'ㄷ'表記法一考察」『國語學의 새로운 認識과 展開 金完鎭先生回甲紀念論叢』162-173. 民音社.
鄭堤文(1991)「『蒙語類解』와『御製滿珠蒙古漢字三合切音淸文鑑』의 語彙對照」『알타이學報』3 : 57-116 ; (1992)『『蒙語類解』의 몽골語에 對한 研究』177-238. 弘文閣.
鄭堤文(1992)『『蒙語類解』의 몽골語에 對한 研究』弘文閣.
김성혜(1993)『『同文類解』와『蒙語類解』의 國語語彙比較研究』德成女子大學校碩士論文.
郭在鏞(1994)『類解類譯學書의 '身體'部語彙研究』慶南大學校博士論文.
郭在鏞(1995)「類解類譯學書의 '身體'部語彙研究」『한글』228 : 31-64.
延圭東(1995)「同文類解와 蒙語類解의 比較—表題를 中心으로—」『言語學』17 : 183-202.
延圭東(1996)『近代國語語彙集研究 : 類解類譯學書를 中心으로』서울大學校博士論文.
李聖揆(1998)「蒙古語語錄解研究」『東洋學』28 : 89-125.
裵錫柱(1999)「類解書ハングル轉寫表記再考『方言集釋』と他の類解書の外國語音轉寫表記の比較を中心に」『日本語文學』7/1 : 19-41.
延圭東(2001)「近代國語의 낱말밭 : 類解類譯學書의 部類配列順序를 中心으로」『言語學』28 : 101-128.
福田和展(2002)「『譯語類解』に注記された漢語の同義・類義語について : 司譯院類解辭書中の漢語について(その1)」三重大學『人文論叢』19 : 127-142.
박환영(2002)「蒙語類解에 나타난 親族語彙研究」韓國알타이學會『알타이學國際學術會議發表論文集 第5次』.
福田和展(2003)「『譯語類解』『同文類解』『蒙語類解』の漢語見出し語の異同について : 司譯院類解辭書中の漢語について(その2)」三重大學『人文論叢』20 : 145-159.
烏雲高娃(2004)「〈蒙語類解〉〈御制滿珠、蒙古、漢字三合切音淸文鑒〉(1)」

『第五屆韓國傳統文化國際學術研討會論文集』249-269. 華夏文化藝術出版社.

靑戸由佳 (2004)「朝鮮司譯院蒙學書『蒙語類解』のモンゴル語について―滿蒙合璧淸文鑑との關係から―」滿族史硏究會第19回大會発表要旨.

박환영 (2004)「《蒙語類解》에 나타난 親族語彙의 民俗學的硏究」『알타이學報』14 : 111-127.

박찬식 (2005)『類解類譯學書에 나타난 語彙의 硏究』暻園大學校博士論文.

가르드잡 바야르마 (2006)『『蒙語類解』「語錄解」의 譯註硏究』韓國學中央硏究院碩士論文.

大井秀明 (2007)「18世紀朝鮮朝의 蒙譯官의 文法意識水準과 蒙語類解語錄解의 形成過程에 關한 考察」『口訣硏究』18 : 359-408.

3.4. 捷解蒙語

3.4.1. 原始資料

正祖14年【1790】木版本 : 奎章 (가람古494. 28-B224c【4卷4册,無『蒙學三書重刊序』】; 奎3753【4卷4册, 有『蒙學三書重刊序』】; 奎12136 3【1册,卷三・四】).

木版本 : 東洋 (VII-1-56)【4卷4册, 無『蒙學三書重刊序』】; 小倉 (L44544)【有『蒙學三書重刊序』】; Bibliothèque Nationale, Département de Manuscrits, Section Orientale (fond coréen 23).

寫本 : 濯足 (492)【有『蒙學三書重刊序』】; 東京外國語大學附屬圖書館 (Mo-II-226)【出村良一舊藏,無『蒙學三書重刊序』】; Institut National des Langues et Civilisations Orientales (Cor. I-2)

照片 : 東京大學文學部3號館圖書室 (言語D5, 698-699)

影印 : (1966/88)『捷解蒙語』(資料集第1輯)서울 : 서울大學校圖書館【1988年版有索引】; (1988)『捷解蒙語』弘文閣【奎章閣本】; (2006)『捷解

蒙語 ; 蒙語類解』(奎章閣資料叢書語學篇8)서울 : 서울大學校奎章閣
【가람古494. 28-B224c】
翻譯 : Сон Ыйминь【宋義敏】(2007)*Чоб хай мон ө*. Улаанбаатар хот : Соёмбо принтинг ХХК【含索引】.

3.4.2. 研究

菅野裕臣 (1962)「『捷解蒙語』の研究」東京外國語大學畢業論文.
菅野裕臣 (1963)「『捷解蒙語』のモンゴル語について」『朝鮮學報』27 : 65-93.
山本秀樹 (1989)「『捷解蒙語』における蒙古語の閉鎖音の有聲・無聲に對する諺文轉寫」弘前大學『文化紀要』29 : 89-99.
李基文 (1991)「捷解蒙語」『韓國民族文化大百科事典』22 : 77. 城南 : 韓國精神文化研究院.
皆島博 (1996)「『捷解蒙語』における文語蒙古語の母音のハングル表記」『福井大學教育學部紀要第1部, 人文科學, 外國語・外國文學編』51 : 1-7.
李聖揆 (1997)「『捷解蒙語』의 蒙古語研究」『몽골學』5 : 31-91.
菅野裕臣 (2000)「『捷解蒙語』について」『朝鮮學報』175 : 1-83.
이근영 (2003)「捷解蒙語의 音韻論的研究」『한말研究』13 : 145-165.
松岡雄太 (2005)「《捷解蒙語》와 滿洲語資料의 關係」『알타이學報』15 : 56-70.

3.5. 三學譯語

3.5.1. 原始資料【『古今釋林』卷二九～三四】

寫本 : 奎章 (古3916-1, 奎12253).
影印 : (1977)『古今釋林』4. 서울 : 亞細亞文化社.

3.5.2. 硏究

金芳漢(1963)「『三學譯語』所載蒙古語에 關하여」서울大學校『文理大學報』 11/1 : 20-23.

金芳漢(1966)「『三學譯語』『方言集釋』考 : 主로 蒙古語資料에 關하여」『白山學報』1 : 91-132.

鄭堤文(1990)「『蒙語類解』와「三學譯語」의 몽골語語彙에 對하여」『慎翼晟敎授停年退任紀念論文集』韓佛文化社.

노은주(1997)『三學譯語研究』大邱曉星가톨릭大學校博士論文.

裵錫柱(1999)「類解書ハングル轉寫表記再考『方言集釋』と他の類解書の外國語音轉寫表記の比較を中心に」『日本語文學』7/1 : 19-41.

4 倭學

4.1. 總論

小倉進平 (1916)「朝鮮に於ける日本語學」『國學院雜誌』22/10 : 739-751.
小倉進平 (1919)「朝鮮人の觀たる日本琉球アイヌ語」『東亞之光』14/6 : 39-42 ; 14/7 : 28-30.
小倉進平 (1924)「朝鮮人の日本に貽した歌謠」東洋協會『東洋』朝鮮文化解剖號 : 87-91.
小倉進平 (1934)「釜山に於ける日本の語學書」『歷史地理』63/2 : 67-74.
三ヶ尻浩 (1935)「朝鮮の譯學書に用ひられた國語の檢討」『朝鮮』244 : 58-77.
大曲美太郎 (1936)「釜山港日本居留地に於ける朝鮮語敎育附朝鮮語學習書の槪評」『靑丘學叢』24 : 146-163.
濱田敦 (1952)「撥音と濁音との相關性の問題—古代語に於ける濁子音の音價—」『國語國文』21/3 : 18-32 ; (1984)『日本語の史的研究』72-88. 京都 : 臨川書店.
濱田敦 (1962)「外國資料」『國語國文』31/11 : 1-18 ; (1970)『朝鮮資料による日本語研究』53-76. 東京 : 岩波書店.
大友信一 (1962)「「四つ假名」混同の音聲事情」東北大學『國語學研究』2 : 14-25 ; (1980)『論集日本語研究』(中世語)13 : 126-137. 東京 : 有精堂出版.
濱田敦 (1963)「日本語を記錄した韓文獻」金正柱編『韓來文化の後榮』下 : 47-56. 東京 : 韓國資料硏究所 ; (1970)「日本語を記錄した朝鮮文獻」『朝鮮資料による日本語研究』3-36. 東京 : 岩波書店.
安田章 (1963)「朝鮮資料の流れ—國語資料としての處理以前—」『國語國文』

32/1 : 42-55 ;「朝鮮資料の史的系譜」(1980)『朝鮮資料と中世國語』1-18. 東京 : 笠間書院.

大友信一 (1963)「室町時代の國語音聲―主として朝鮮資料・キリシタン資料による―」「海外交通と海外人による資料」『室町時代の國語音聲の研究』14-59. 東京 : 至文堂.

濱田敦 (1964)「京都大學文學部國語學國文學研究室編隣語大方・捷解新語文釋」『朝鮮學報』31 : 102-105.

濱田敦 (1965)「主格助詞가(ka)成立の過程」『朝鮮學報』35 : 1-21 ; (1970)『朝鮮資料による日本語研究』255-286. 東京 : 岩波書店.

濱田敦 (1965)「「が」と「は」の一面―朝鮮資料を手がかりに―」『國語國文』34/4 : 48-52 ; 34/5 : 41-56 ; (1970)『朝鮮資料による日本語研究』228-254. 東京 : 岩波書店.

大友信一 (1965)「京都大學文學部國語學國文學研究室全一道人の研究」『朝鮮學報』36 : 148-151.

安田章 (1966)「苗代川の朝鮮語寫本類について―朝鮮資料との關連を中心に―」『朝鮮學報』39・40 : 210-237 ; (1980)「苗代川の朝鮮語寫本」『朝鮮資料と中世國語』358-385. 東京 : 笠間書院.

濱田敦 (1966)「指示詞―朝鮮資料を手がかりに―」『國語國文』35/6 : 352-369 ; (1970)『朝鮮資料による日本語研究』183-206. 東京 : 岩波書店.

大友信一 (1966)「朝鮮資料による國語假名表記とその諺文音注表記對照表」東北大學『國語學研究』6 : 1-15.

濱田敦 (1967)「副助詞など」『國語國文』36/1 : 46-53 ; (1970)『朝鮮資料による日本語研究』309-318. 東京 : 岩波書店.

濱田敦 (1968)「接續」『國語國文』37/4 : 1-17 ; (1970)『朝鮮資料による日本語研究』287-308. 東京 : 岩波書店.

大友信一 (1968)「外國資料 (中國・朝鮮)」『季刊文學・語學』48 : 35-41.

福島邦道 (1969)「朝鮮語學習書による國語史研究」『國語學』76 : 47-58.

安田章 (1969)「朝鮮資料論續貂 (國語史資料論<特集>)」『國語學』76 : 72-87 ; (1980)『朝鮮資料と中世國語』40-64. 東京 : 笠間書院.

濱田敦 (1969)「副詞など」『國語國文』38/1 : 43-58 ; (1970)『朝鮮資料による

日本語研究』207-227. 東京：岩波書店.

濱田敦(1969)「敬語」『國語國文』38/7：1-27；(1970)『朝鮮資料による日本語研究』146-182. 東京：岩波書店.

濱田敦(1969)「尊敬と謙讓」『國語國文』38/11：1-11；(1983)『續朝鮮資料による日本語研究』143-156. 京都：臨川書店.

Hamada, Atsushi (1970)The Japanese Language as Recorded by Chinese and Koreans : Materials for the Historical Study of Japanese. *Acta Asiatica* 19：1-15；(1983)『續朝鮮資料による日本語研究』256-270. 京都：臨川書店.

濱田敦(1970)「朝鮮資料」『朝鮮資料による日本語研究』37-52. 東京：岩波書店.

濱田敦(1970)『朝鮮資料による日本語研究』東京：岩波書店【書評：福島邦道(1970)『國語學』83：71-77；大友信一(1971)『國語と國文學』48/11：59-63】.

安田章(1970)「ハ行音のこと」奈良女子大學『國文學會誌』16：6-9；(1980)「ハ行音價と朝鮮資料」『朝鮮資料と中世國語』86-90. 東京：笠間書院.

Cho, Seung-bog【趙承福】(1970) *A Phonological Study of Early Modern Japanese on the Basis of the Korean Source materials, Vol. 1, 2.* Stockholm : University of Stockholm【書評：福島邦道(1972)「趙承福著『朝鮮資料による德川時代の音韻研究』」『國語學』91：83-90】.

濱田敦(1972)「「もの」と「こと」」『東方學會創立二十五周年記念東方學論集』599-614. 東京：東方學會；(1983)『續朝鮮資料による日本語研究』163-177. 京都：臨川書店.

濱田敦(1972)「ゆきつ・もどりつ」」『谷山茂教授退職記念國語國文學論集』545-560. 東京：塙書房；(1983)『續朝鮮資料による日本語研究』178-193. 京都：臨川書店.

櫻井義之(1974)「日本人の朝鮮語學研究(一)—明治期における業績の解題—」『韓』3/8：107-120.

福島邦道(1975)「〈紹介〉京都大學文學部國語國文學研究室編『小倉進平博士著作集』」『國語學』103：70-72.

安田章 (1977)「朝鮮資料における表記の問題−資料論から表記論へ−」『國語學』108 (外國資料による日本語研究〈特集〉): 33-46 ; (1980)『論集日本語研究』(中世語)13 : 66-80. 東京 : 有精堂出版 ; (1980)「朝鮮資料と國語表記」『朝鮮資料と中世國語』65-85. 東京 : 笠間書院 ; (1990)『外國資料と中世國語』35-60. 東京 : 三省堂.

濱田敦 (1980)「「おととい」と「おとつい」」『國語國文』49/6 : 49-60 ; (1983)『續朝鮮資料による日本語研究』143-156. 京都 : 臨川書店.

安田章 (1980)「朝鮮資料の方向性」『朝鮮資料と中世國語』19-23. 東京 : 笠間書院.

安田章 (1980)『朝鮮資料と中世國語』東京 : 笠間書院【書評 : 福島邦道 (1981)『國語と國文學』58/5 : 119-123 ; 藤本幸夫 (1981)『國語學』127 : 21-26】.

大友信一 (1981)「中國・朝鮮資料の語彙」『講座日本語の語彙』4 (中世の語彙) : 289-310. 東京 : 明治書院.

濱田敦 (1981)「えい・よい・よろしい」『國語國文』50/1 : 1-15 ; (1983)『續朝鮮資料による日本語研究』209-228. 京都 : 臨川書店.

濱田敦 (1981)「七つの子がある」土井先生頌壽記念論文集『國語史への道 (上)』187-201. 東京 : 三省堂 ; (1983)『續朝鮮資料による日本語研究』229-243. 京都 : 臨川書店.

藤本幸夫 (1981)「宗家文庫藏朝鮮本に就いて−『天和三年目錄』と現存本を對照しつつ−」『朝鮮學報』99・100 : 195-224.

安田章 (1981)「朝鮮資料の位置」『國語國文』50/12 : 42-56 ; (1990)『外國資料と中世國語』9-34. 東京 : 三省堂.

濱田敦 (1983)『續朝鮮資料による日本語研究』京都 : 臨川書店【書評 : 志部昭平 (1984)『國語と國文學』61/10 : 68-72】.

志部昭平 (1985)「朝鮮の日本語資料」『國文學解釋と鑑賞』1 : 150-156.

濱田敦 (1986)『國語史の諸問題』大坂 : 和泉書院.

鄭昌鎬 (1987)「移動動作の表現における「へ」と「に」の使い分けの法則−朝鮮資料『捷解新語』を中心に−」『岡大國文論稿』15 : 30-40.

胤森弘 (1987)「沖繩語の特徵的な音變化について−朝鮮・中國資料にもと

づく―」廣島大學『國文學攷』115 : 1-13.
鄭光(1988)『司譯院倭學硏究 : 倭學書와 그 變遷을 中心으로』國民大學校 博士論文.
鄭光(1988)『司譯院倭學硏究』서울 : 太學社.
鄭光(1988)「譯科의 倭學과 倭學書―朝鮮朝英祖丁卯式年試譯科倭學玄啓根 試卷를 中心으로」『韓國學報』50 : 1200-1265.
鄭光(1988)「日本薩摩苗代川에 定着한 壬辰倭亂韓國被虜人의 母國語敎育」 『二重言語學會誌』4 : 5-20.
鄭光(1988)「薩摩苗代川傳來の朝鮮歌謠について」『國語國文』57/6 : 1-28.
安田章(1988)「司譯院倭學書硏究」『韓國學의 課題와 展望』690-696. 韓國精神文化硏究院 ; (1990)『外國資料と中世國語』356-362. 東京 : 三省堂.
藤井茂利(1989)「朝鮮資料による九州方言史」奧村三雄編『九州方言の史的 硏究』568-586. 東京 : 櫻楓社.
金義煥(1990)「薩摩の苗代川・笠野原の玉山宮とそこに傳わる朝鮮語の神 舞歌・祝詞・鶴龜舞歌について」帝塚山大學『日本文化史研究』12 : 35-65.
鄭光(1990)『薩摩苗代川傳來の朝鮮歌謠』京都 : 中村印刷株式會社.
鄭光(1990)「朝鮮朝の外國語敎育と譯科倭學について」『關西大學東西學術 硏究所紀要』23 : 57-84.
鄭光(1990)「司譯院倭學硏究」『蘭汀南廣祐博士古稀紀念國語學關係博士學 位論文要約集』786-796. 韓國語文敎育硏究會.
鄭光(1990)「壬辰倭亂被拉人들의 國語學習資料」『基谷姜信沆敎授回甲記 念國語學論文集』187-208. 서울 : 太學社.
安田章(1990)『外國資料と中世國語』東京 : 三省堂【書評 : 辻星兒(1996)『國 語學』167 : 35-41】.
權仁瀚(1990)「倭學書類의 音節末 'ㅅ', 'ㄷ'表記法硏究」『震壇學報』70 : 125-149.
裵錫柱(1990)「いわゆる朝鮮資料のハングルによる淸音化した濁音表記考」 慶州大『論文集』2 : 141-156.
鄭光(1993)「倭學書」서울大學校大學院國語硏究會編『國語史資料와 國語學

의 硏究(安秉禧先生回甲紀念論叢)』297-308. 서울 : 文學과 知性社.

安田章(1993)「外國資料の陷穽」『國語國文』62/8 : 36-50 ; (1995)『國語史の中世』25-47. 東京 : 三省堂.

安田章(1993)「規範との背馳」『國語國文』62/10 : 34-47 ; (1995)『國語史の中世』48-73. 東京 : 三省堂.

李康民(1994)『朝鮮資料による日本語の史的研究』京都大學博士論文.

福田嘉一郎(1994)「朝鮮資料の成長性―捷解新語における陳述副詞の呼應をめぐって―」『國語語彙史の研究』14 : 17-35.

安田章(1995)『國語史の中世』東京 : 三省堂.

增田久美子(1995)「韓國における日本語教育史―司譯院時代から開化期までの日本語教育―」『福岡YWCA日本語教育論文集』7 : 1-23.

鄭光(1996)「〈오ᄂ리〉玫―壬辰倭亂때에 拉致된 苗代川韓人들의 望鄕歌―」金完鎭等『文學과 言語의 만남』247-278. 서울 : 新丘文化社.

李康民(1996)「朝鮮資料의 一系譜―苗代川本의 背景―」『日本學報』36 : 89-114.

安田章(1996)「《和漢三才圖會》의〈朝鮮國語〉」『李基文教授停年退任紀念論叢』845-862. 서울 : 新丘文化社 ; (2002)『和漢三才圖會』の「朝鮮國語」」『甲子園大學紀要C』6 : 1-15 ; (2005)『國語史研究の構想』207-223. 東京 : 三省堂.

辻星兒(1996)「朝鮮語史における日本資料」『岡山大學文學部紀要』26 : 91-106.

辻星兒(1997)「「朝鮮資料」の研究(回顧と展望編)」『日本語と朝鮮語』(日本語と外國語との對照研究4)上81-100. 東京 : 國立國語研究所.

鄭光(1997)「朝鮮朝譯官の外國語教育と譯科―倭學譯官と日本語教育を中心として―」『安定社會の總合研究(ことがおこる・つづく/なかだちをめぐって)第8回京都國際セミナー』113.

岸田文隆(1997)「W. G. Aston旧藏江戶期・明治初期朝鮮語學書寫本類에 對하여」第5回朝鮮學國際學術討論會發表論文 ; (1998)『第5回朝鮮學國際學術討論會發表論文集』2(歷史) : 101-124.

申忠均(1997)「朝鮮資料における條件表現の一特性 : 朝鮮語對譯との關係

から」『語文研究』83 : 1-11.
鄭丞惠(1998)「朝鮮後期의 日本語教育과 倭學書」『國際高麗學』4 : 94-134.
崔彰完(1998)「韓・日對譯資料에 나타나는 '見る' 意味의 敬語에 對한 一考察」大邱大學校『人文科學藝術文化研究』17 : 165-188.
崔彰完(1999)「韓・日對譯資料에 나타나는 'いる' 意味의 敬語에 對한 一考察」大邱大學校『人文科學藝術文化研究』19 : 165-188.
鄭光(1999)「日本における朝鮮資料の研究—日本駒澤大學所藏の「倭語類解」を中心として—」日韓文化交流基金『訪日學術研究者論文集(歷史)』1 : 651-691.
鄭光(1999)「譯學書研究の諸問題—朝鮮司譯院の倭學書を中心として—」『朝鮮學報』170 : 29-66.
趙堈熙(1999)「朝鮮時代の日本語學習書に見られる撥音の音注表記」『日語日文學』12/1 : 13-26.
趙堈熙(2000)「鼻濁音の喪失過程について—朝鮮時代の日本語學習書を中心に—」『岡大國文論稿』28 : 82-93.
趙堈熙(2000)「朝鮮資料に現れるタ行オ段拗音子音部表記について—韓國語の口蓋音化を中心に—」『日本學報』45/1 : 183-197.
藤本幸夫(2000)「對馬豐慶院藏朝鮮傳來藥師如來坐像胎藏朝鮮資料について」『朝鮮學報』176・177 : 311-354.
辻星兒(2000)「日本・朝鮮資料の言語學的研究」『山陽放送學術文化財團リポート』44 (第36回研究成果特集—學術研究) : 1-4.
岸田文隆(2000)「アストン舊藏江戸期・明治初期朝鮮語學書寫本類調査報告」『靑丘學術論集』17 : 141-167.
安田章(2000)「司譯院譯學書の資料性」『21世紀國語學의 課題 (솔미鄭光先生華甲記念論文集)』3-38. 서울 : 月印 ; (2005)『國語史研究の構想』228-272. 東京 : 三省堂.
深港恭子(2000)「薩摩燒をめぐる苗代川關係文書について」鹿兒島縣歷史資料センター『黎明館調査研究報告』13 : 101-133.
佐野三枝子(2001)『17・18世紀日本資料에 나타난 韓國語研究』서울大學校博士論文.

鄭丞惠 (2001)「司譯院倭學書의 基礎的研究」『李光鎬敎授回甲記念論文集 國語硏究의 理論과 實際』421-457. 서울 : 太學社.
片茂鎭 (2001)「「韓國資料」의 基礎的硏究 (1)—韓國人을 爲한 日語學習書를 中心으로—」『日本文化學報』11 : 1-27.
迫野虔德 (2001)「朝鮮資料と一段化—文獻方言史—」『國文學 (解釋と敎材の 硏究)』46/12 (特集 : ことばの最前線) : 84-87.
陳南澤 (2001)「韓國語の口蓋音化に關する一考察—朝鮮資料を用いて—」『東 京大學言語學論集』20 : 159-180.
裵錫柱 (2001)「倭學書の四つ假名轉寫表記考」慶州大『論文集』14 : 139-152.
陳南澤 (2002)「日本語における子音の變遷について—朝鮮資料の音注を中 心に—」『東京大學言語學論集』21 : 17-102.
鄭丞惠 (2003)『朝鮮後期倭學書硏究』서울 : 太學社.
陳南澤 (2003)「15-18世紀日本語의 淸音과 濁音의 音韻論的對立에 關해서— 日本資料를 利用하여—」『言語學』37 : 297-320.
陳南澤 (2003)「日本語濁音의 鼻音性의 變遷過程—15-18世紀의 日本語轉寫 資料를 利用하여」『말소리』48 : 35-55.
陳南澤 (2003)『朝鮮資料による日本語と韓國語の音韻史硏究』東京大學博 士論文.
辻星兒 (2003)「ソウル大學校奎章閣所藏の「朝鮮資料」について」『岡大國文 論稿』31 : 左254-左248.
李東郁 (2003)「朝鮮時代の日本語學習書の四つ假名表記について」『廣島大 學大學院敎育學硏究科紀要 (第二部 : 文化敎育開發關連領域)』51 : 401-410.
成㬢慶 (2003)「類解書의 標題語漢字比較硏究『倭語類解』의 標題語의 出處 를 中心으로」『日本語文學』22 : 95-124.
鄭光 (2004)「韓半島における日本語敎育とその敎材」『日本文化硏究』10.
鄭丞惠 (2004)The history of Japanese language education in Korea. *Inquiries into Korean Linguistics* 313-324. ICKL.
安田章 (2004)「ハングルの難波津」『甲子園大學紀要C』8 : 153-163.
福田嘉一郞 (2004)「朝鮮資料と文法史 (近代日本語硏究—近代語硏究ケース

スタディ)」『日本語學』23 (12臨增) : 114-122.
若木太一 (2004)「唐話辭書・東京語辭書・朝鮮語辭書」園田尚弘・若木太一 編『辭書遊步』3-22. 福岡 : 九州大學出版會.
小林茂之 (2004)「外國資料からみた中世・近世初期日本語における主題主語の有助詞化」『聖學院大學論叢』17/1 : 1-10.
烏雲高娃 (2004)「朝鮮司譯院"日本語學"敎科書」『歐亞學刊』4 : 165-176.
辻星兒 (2004)「朝鮮時代初期の文獻に記錄された日本語について」韓國日本言語文化學會『日本言語文化』5.
李東郁 (2004)「司譯院の日本語學習書」『日本學硏究』15 : 117-146.
陳南澤 (2004)「日本資料를 通해 본、의 變遷過程」『國語學』44 : 89-107, 306-307.
陳南澤 (2004)「日本語才段子音의 變遷過程에 關해서―日本語轉寫資料를 通한 再解釋―」『言語學』40 : 213-229.
閔丙燦 (2004)『日本韻學と韓語 : 江戶後期漢字音硏究を中心として』서울 : 不二文化.
車胤汀 (2004)「近代朝鮮語學習書에 나타난 誤謬表現과 原因分析―『全一道人』,『講話』,『漂民對話』를 中心으로―」『韓國語敎育』15/3 : 277-294.
朴眞完 (2005)「朝鮮資料の四つ假名表記―韓國語音韻史の觀點から―」『國語國文』74/8 : 1-19.
朴眞完 (2005)『「朝鮮資料」の新硏究―中・近世日韓語の對照から―』京都大學博士論文.
安田章 (2005)『國語史硏究の構想』東京 : 三省堂.
朴眞完 (2006)「朝鮮資料と日本資料の口訣硏究―兩足院所藏以酊庵資料を中心に―」『訓點語と訓點資料』116 (小特集 : 中世語硏究の新展開) : 1-24.
鄭丞惠 (2006)「日本에서의 韓語敎育과 敎材에 對한 槪觀」『二重言語學』30 : 335-353.
鄭丞惠 (2006)「對馬島에서의 韓語敎育」『語文硏究』130 : 37-56.
田上稔 (2006)「朝鮮資料の準體法」『國語國文』75/4 : 30-48.
韓美卿 (2006)「日本語の二方面敬語に關する一考察」麗澤大學『言語と文明』

4 : 3-16.
鄭丞惠 (2007)「韓日兩國에서의 外國語敎育의 歷史에 對하여」『韓國女性敎養學會誌』16 : 251-290.
石橋道秀 (2007)「16世紀末韓國語の消失文字及び'ㄱ'口蓋音化に関する新見解—假名書き朝鮮語とハングルとの對應マトリックスの分析を中心に」『韓國言語文化研究』14 : 17-40.
車胤汀 (2007)「朝鮮語學習書에 나타난 韓國語의 變化—『全一道人』, 『講話』, 『漂民對話』를 中心으로」『日本語文學』38/1 : 139-164.
松浦章 (2008)「十九世紀初期に朝鮮・中國に漂着した難民との言語接触」『朝鮮學報』208 : 49-82.
井上和枝 (2008)「苗代川「朝鮮人」の姓氏に關する歷史的考察」鹿兒島國際大學『國際文化學部論集』8/3 : 219-243.
石橋道秀 (2008)「假名書き朝鮮語による16世紀末'ㆍ'の音價についての基礎的研究—第2音節以下に'ㆍ'を含んだ'旨'を中心に」『朝鮮學報』209 : 19-46.
李東郁 (2008)『近世日本語の音聲・音韻硏究』서울 : J&C.

4.2. 通事・譯學者

小倉進平 (1915)「雨森芳洲の一萬首の歌」『若竹』7/10 : 8-11.
小倉進平 (1915)「雨森芳洲先生の一萬首の和歌と朝鮮語學」『朝鮮教育會雜誌』34 : 17-25.
田川孝三 (1940)「對馬通詞小田幾五郎とその著書」『書物同好會册子』11 : 1-12 ; (1978)『書物同好會會報附册子』517-530. 東京 : 龍溪書舍.
小倉進平 (1941)「雨森芳洲の一萬首の歌」『モダン日本』12/1 : 74-75.
櫻井義之 (1956)「寶迫繁勝の朝鮮語學書について—附朝鮮語學書目」『朝鮮學報』9 : 455-465.
李進熙 (1977)「雨森芳洲の朝鮮語」『季刊三千里』11 : 42-47.

李元植 (1984)「朝鮮通信使に隨行した倭學譯官について—捷解新語の成立時期に關する確證を中心に—」『朝鮮學報』111 : 53-117 ;(1997)「朝鮮通信使の倭學譯官」『朝鮮通信使の研究』451-510. 京都 : 思文閣出版.
宋敏 (1986)「朝鮮通信使의 日本語接觸」國民大『語文學論叢』5 : 37-52.
米谷均 (1991)「對島藩の朝鮮通事と雨森芳洲」『海事史研究』48 : 82-108.
田代和生 (1991)「對馬藩の朝鮮語通詞」『史學』60/4 : 59-90.
田代和生 (1992)「日朝交流と倭館」丸山雍成『日本の近世』6 (情報と交通) 95-132. 東京 : 中央公論社.
漆原直道 (1993)「江戸中期の語學者 雨の森芳洲」『佐賀女子短期大學研究紀要』27 : 1-15.
德永和喜 (1994)「薩摩藩の朝鮮通事について」『黎明館調査研究報告』8 : 18-33.
田代和生 (1994)「渡海譯筆使の密貿易—對馬藩『潛商議論』の背景」『朝鮮學報』150 : 29-84.
松原孝俊・趙眞璟 (1997)「雨森芳州と對馬藩「韓語司」における學校運營をめぐって」『比較社會文化』3 : 149-159.
松原孝俊・趙眞璟 (1997)「雨森芳洲と對馬藩「韓語司」の設立經緯をめぐって」中央大學校日本學研究所『日本論集』9 : 31-55.
松原孝俊・趙眞璟 (1997)「雨森芳洲と對馬藩「韓語司」での教育評價について」『言語科學』32 : 105-122.
松原孝俊 (1997)「琉球の朝鮮語通詞と朝鮮の琉球語通詞」沖縄縣立圖書館史料編纂室『歷代寶案研究』8 : 33-55.
오바타 미치히로【小幡倫裕】(1999)「韓國과 日本의 近代化와 通譯과의 關係에 關한 考察—朝鮮後期通信使行에 隨行한 譯官과 日本의 通詞를 中心으로—」平澤大學校『論文集』13 : 425-437 ;『朝鮮通信使・使行錄研究叢書』5. 서울 : 學古房.
오바타 미치히로【小幡倫裕】(2002)「對馬通事小田幾五郎의 朝鮮文化認識—"通譯酬酢"를 中心으로」『社會科學研究』6 : 175-190.
若木太一 (2002)「雨森芳洲の語學書」『雅俗』9 : 123-136.
오바타 미치히로【小幡倫裕】(2002)「近世日本人의 朝鮮認識의 한 側面—

　　　　　雨森芳洲와 新井白石를 中心으로」平澤大學校『論文集』16 : 477-488.
梅田博之 (2003)「雨森芳洲의 韓國語敎育論」『日語日文學硏究』46/1 : 49-68.
松原孝俊 (2004)「日本最初の外國語學校「對馬藩『韓語司』」嶋村初吉編『對
　　　　　馬新考』149-176. 福岡 : 梓書院.
鄭丞惠 (2005)「雨森芳洲와 日本에서의 韓語敎育」『文獻과 解釋』32 : 89-102.
洪性德 (2005)「朝鮮後期對日外交使行과 倭學譯官」『韓日歷史共同硏究報
　　　　　告書』2 : 221-263.
福井玲 (2005)「나카무라 쇼지로가 남긴 韓國語學習書에 對하여」『二重言
　　　　　語學會第12回國際學術大會發表論文集』東京.
福井玲 (2006)「나카무라 쇼지로가 남긴 韓國語學習書에 對하여」『李秉根
　　　　　先生退任紀念國語學論叢』1595-1610. 서울 : 太學社.
오바타 미치히로【小幡倫裕】(2006)「雨森芳洲와 新井白石의 言語觀―言語
　　　　　硏究에 對한 두 사람의 態度比較」平澤大學校『論文集』20 : 115-128.
宮崎要 (2008)『倭學譯官の實際の動きと使用した學習書』富山大學畢業論
　　　　　文.
田代和生 (2008)「對馬藩の朝鮮語通詞養成所」『創文』506 : 15-18.
허지은 (2008)『近世對馬朝鮮語通詞의 情報收集과 流通』西江大學校博士
　　　　　論文.
鄭丞惠 (2008)「小倉文庫所藏 나카무라쇼지로 資料의 國語學的考察」『日本
　　　　　文化硏究』26 : 101-130.

4.3. 伊路波

4.3.1. 原始資料

成宗23年【弘治5 (1492)】活字本 : 香川大學神原文庫 (829. 1).
影印 : (1959)『伊路波』(香川大學開學十周年記念)伊路波刊行委員會編 ;
　　　　　(1965)『弘治五年朝鮮板伊路波』京都大學國文學會 ; 大友信一・山內
　　　　　潤三・木村晟 (1974)『弘治五年板伊路波 : 本文と索引』(古典刊行會

叢書1)京都:洛文社・東京:汲古書院.

4.3.2. 硏究

神原甚造 (1925)「弘治五年活字版朝鮮本『伊路波』に就て」『典籍之硏究』3:
    30-31.
濱田敦 (1952)「弘治五年朝鮮板「伊路波」諺文對音攷—國語史の立場から—」
    『國語國文』21/10:22-32;(1970)『朝鮮資料による日本語硏究』77-91.
    東京:岩波書店.
河野六郎 (1952)「『伊路波』の諺文標記に就いて」『國語國文』21/10:33-40;
    (1979)『河野六郎著作集』1:397-406. 東京:平凡社.
武井睦雄 (1960)「朝鮮版「伊路波」に於ける"ほ"の假名について」『國語學』
    40:131-135.
李基文 (1965)「成宗版『伊路波』에 對하여」『圖書』8.
白藤禮幸 (1966)「京都大學國文學會「弘治五年朝鮮板伊路波」・「日本寄語
    の硏究」」『國語學』64:90-92.
安田章 (1967)「假名資料序」『論究日本文學』29:1-13;(1980)『朝鮮資料と
    中世國語』414-431. 東京:笠間書院.
安田章 (1970)「「伊路波」雜考」『國語國文』39/3:48-60;(1980)『朝鮮資料と
    中世國語』174-189. 東京:笠間書院.
安田章 (1971)「假名文字遣序」『國語國文』40/2:1-16.
安田章 (1972)「假名資料」『國語國文』41/3:1-22.
福島邦道 (1974)「朝鮮板伊路波合用言語格の硏究〔含飜刻〕」『實踐女子大
    學文學部紀要』16:1-18.
金順錦 (1987)「朝鮮板『伊路波』の注音法」『言語』16/8:89-90.
吉見孝夫 (1989)「弘治5年朝鮮板「伊路波」の「ホ」のハングル音注」北海道敎
    育大學『語學文學』27:33-39.
鄭光 (1991)「倭學書『伊路波』에 對하여」서울大學校大學院國語硏究會編『國
    語學의 새로운 認識과 展開』142-161. 서울:民音社;(1991)『國語學

新硏究』서울 : 東亞出版社.
安田章 (1992)「濁る假名」『國語學』170 : 28-44 ; (1995)『國語史の中世』141-173. 東京 : 三省堂.
趙南德 (1998)「連字考 (上)—『伊路波』를 中心으로—」『日語日文學』9 : 27-42.
宋敏 (2001)「『龍飛御天歌』에 引用된 '以路波'」梅田博之敎授古稀記念『韓日語文學論叢』447-464. 서울 : 太學社.
金英玉 (2008)「倭學書에 나타난 日本語文字에 對한 一考察」『日本文化硏究』28 : 217-232.

4.4. 語音飜譯

4.4.1. 原始資料

a. 語音飜譯【申叔舟『海東諸國紀』附錄】

活字本 : 奎章 (古4710-1, 古327.51053-Si62h) ; 中央 (b22307-3) ; 慶尙大學校圖書館 (B15-신57ㅎ) ; 東京大學史料編纂所 (貴23-2) ; 國史編纂委員會 ; 內閣文庫 (史233-0002) ; 南波松太郎氏 ; 文求堂舊藏.

寫本 : 奎章 (奎12715) ; 中央 (古朝60-60) ; 藏書 (2-310) ; 서울大學校中央圖書館 (4710-157) ; 高麗大學校圖書館 (육당B10-A30, 육당B10-A30B) ; 內閣文庫 (292-0147, 292-0149) ; 蓬左文庫 (74-127) ; 大宰府天滿宮 ; 南波松太郎氏 ; 九州大學附屬圖書館 (萩野文庫/カ/15) ; 筑波大學中央圖書館 (ネ310-27).

影印 : 東條操 (1930, 1969)『南島方言資料』增補版. 東京 : 刀江書院【包含內閣文庫本照片以及與文求堂本的「校異」】; (1933)『海東諸國紀』(朝鮮史料叢刊2)朝鮮總督府 ; (1968)『纂集日本譯語』京都 : 京都大學國文學會 ; (1975)『海東諸國紀』東京 : 國書刊行會 ; 島尻勝太郎・中村榮孝・谷川健一 (1981)『三國交流誌』(日本庶民生活史料集成27)東京 : 三一書房 ; (1994)『海東諸國紀』서울 : 民昌文化社 ; 田中健夫譯

注 (1991)『海東諸國紀―朝鮮人の見た中世の日本と琉球―』(岩波文庫) 東京 : 岩波書店【含譯注】.

b. 鷄林文譯
寫本 : 東京大學總合圖書館 (D60-24)
影印 : 陳南澤 (2003)「鷄林文譯について」『東京大學言語學論集』22 : 119-155.

4.4.2. 研究

伊波普猷 (1931)「海東諸國紀附載の古琉球語について」『國語と國文學』8/3 : 1-10.
伊波普猷 (1932)「語音飜譯釋義―海東諸國紀附載の古琉球語の研究―」金澤庄三郎博士還曆記念論文集『東洋語學乃研究』295-402. 東京 : 三省堂 ; (1934)『南島方言史攷』37-125. 東京 : 樂浪書院 ; (1974)『伊波普猷全集』4 : 47-122. 東京 : 平凡社.
中村榮孝 (1932)「鮮初の文獻に見えた日本の地名に就いて (上)」『靑丘學叢』9 : 118-136 ; (1965)「朝鮮初期の文獻に見える日本の地名」『日鮮關係史の研究』上381-442. 東京 : 吉川弘文館.
濱田敦 (1954)「海東諸國紀に記錄された日本の地名等について」大阪市立大學『人文研究』5/4 : 236-258 ; (1986)『國語史の諸問題』446-477. 大阪 : 和泉書院.
服部四郎 (1978)「日本祖語について7・8・9」『言語』7/9 : 90-101 ; 7/10 : 94-103 ; 7/11 : 108-117.
Hattori, S. (1979)Remarks on the Sounds of Middle Korean of the Late Fifteenth Century. *The Proceedings of the Sixth International Symposium, September 5~9, 1978* (The Comparative Studies of Altaic Languages) : 81-90. Seoul : The National Academy of Sciences.
服部四郎 (1979)「『語音飜譯』を通して見た15世紀末の朝鮮語の發音」『言語

の科學』7 : 1-19 ; (1989)『アルタイ諸言語の硏究』III : 376-399. 東京 : 三省堂.

多和田眞一郎 (1979)「十五・十六世紀首里語の音韻―「語音飜譯」にみる―」『沖縄文化』15/2 : 115-136 ; 16/1 : 23-42.

多和田眞一郎 (1982)「語音飜譯索引及び琉球館譯語用字一覽」『琉球の言語と文化』243-290. 仲宗根政善先生古稀記念論集刊行委員會.

多和田眞一郎 (1982)「沖縄方言と朝鮮語資料」『國文學解釋と鑑賞』47/9 : 121-130.

金思燁 (1982)「韓國佛敎와 日本 : 資料紹介 ; 琉球國語〈『海東諸國記』所載〉의 語音飜譯과 釋義에 對하여」『日本學』2 : 101-103.

崔範勳 (1984)「『海東諸國記』素材 "語音飜譯"에 對하여」『새결朴泰權先生回甲紀念論叢』第一文化社.

多和田眞一郎 (1984)「沖縄語史的硏究序説―『語音飜譯』再論―」『現代方言學の課題3 史的硏究篇』527-551. 東京 : 明治書院.

多和田眞一郎 (1985)「朝鮮・中國資料對照琉球語彙」『琉球の方言』9 : 60-134.

多和田眞一郎 (1985)「沖縄語の音変化―朝鮮・中國資料による考察―」『沖縄文化硏究』11 : 331-380.

多和田眞一郎 (1986)「沖縄の言語學 (下)―韓國・中國・本土からみた琉球―」『言語』15/10 : 77-83.

多和田眞一郎 (1988)「中世朝鮮・中國人と琉球方言」『國文學解釋と鑑賞』1988/1 : 155-161.

柳田征司 (1989)「日本語音韻史から見た沖縄方言の三母音化傾向とP音」『愛媛大學敎育學部紀要 (第II部人文・社會科學)』21 : 41-98 ; (1993)『室町時代語を通して見た日本語音韻史』995-1105. 東京 : 武藏野書院.

大塚秀明 (1990)「『海東諸國記』の「語音飜譯」について」『言語文化論集』32 : 49-62.

菅野裕臣 (1991)「言語資料としての『海東諸國紀』」『海東諸國紀―朝鮮人の見た中世の日本と琉球―』(岩波文庫) 433-440. 東京 : 岩波書店.

姜信沆 (1993)「〈海東諸國記〉內의 漢字音」『韓中音韻學論叢』1 : 75-112. 서

울 : 書光學術資料社.

金庸珏 (1994)「琉球方言のハングル資料について−「語音飜譯」と「漂海錄」の寫音法を中心に」『日語日文學』1/1 : 85-96.

多和田眞一郎 (1995)『外國資料を中心とする沖縄語の音聲・音韻に關する歷史的研究』廣島大學博士論文.

多和田眞一郎 (1997)「沖縄語ハングル資料」國立國語研究所『日本語と外國語との對照研究IV 日本語と朝鮮語 (下卷)』255-272. 東京 : くろしお出版.

多和田眞一郎 (1997)『外國資料を中心とする沖縄語の音聲・音韻に關する歷史的研究』東京 : 武藏野書院【包含語音飜譯索引・朝鮮・中國資料對照琉球語彙、『漂海錄』「言語」「琉球」語索引, 『漂海錄』「言語」「琉球」影印】.

内山三郎 (2002)「申叔舟《海東諸國記》の《語音飜譯》について」(特集・全國歷史研究家〈平成14年秋〉論文集)『在野史論』10 : 93-96.

崔起鎬 (2002)「申叔舟의 『海東諸國記』에 對한 考察」한글學會『한힌샘 周時經研究』14・15.

高東昊 (2002)「『語音飜譯』의 言語學的研究 成果와 問題點」한글學會『한힌샘 周時經研究』14・15.

多和田眞一郎 (2002)「15世紀の沖縄語 (音聲・音韻)−口蓋化・破擦音化/有聲子音の前の鼻音−」『廣島大學留學生センター紀要』12 : 1-9.

陳南澤 (2003)「鷄林文譯について」『東京大學言語學論集』22 : 119-155.

多和田眞一郎 (2004)「16世紀の沖縄語 (音聲・音韻)−口蓋化・破擦音化−」『廣島大學留學生センター紀要』14 : 1-13.

多和田眞一郎 (2004)「口蓋化・破擦音化−16世紀の沖縄語について−」『廣島大學留學生敎育』8 : 15-24.

竹越孝 (2005)「『語音飜譯』札記 (上中下)」『KOTONOHA』34 : 5-10 ; 35 : 7-19 ; 36 : 8-15.

4.5. 捷解新語

4.5.1. 原始資料

a. 原刊本

肅宗2年【康熙15 (1676)】活字本:奎章 (奎1638,1639,microfilm 73-102-40-A-C); 小倉 (L175026-35).

肅宗2年【康熙15 (1676)】木版本:高麗大學校晚松文庫 (晚松C11-A5A-1)【10卷3冊中1冊 (零本)】; 山氣文庫【10卷3冊中2冊】; 對馬歷史民俗資料館.

寫本【年代未詳】:九州大學文學部 (言語12-16).

影印:(1934)『捷解新語』京城:朝鮮印刷株式會社內古典刊行會【奎1639】; (1957)『捷解新語』京都大學國文學會【奎1639】; (1972)『三本對照捷解新語 (本文編)』京都大學國文學會【奎1639】; (1973)『捷解新語』(國語國文學資料씨리즈)서울:亞細亞文化社【奎1639】; (1974)『捷解新語』(原本影印韓國古典叢書復元版3諺解・譯語類)서울:大提閣; (1988)『蒙語類解・倭語類解・捷解新語』(原本國語國文學叢林17) 서울:大提閣; (1990)『原刊活字本捷解新語』弘文閣【奎1638】; (2008)『捷解新語』(奎章閣資料叢書語學篇9)서울大學校奎章閣韓國學研究院【奎1639】.

排印:(1973)『三本對照捷解新語 (釋文・國語索引・解題編)』1-78. 京都大學國文學會【書評:龜井孝 (1957)『國語學』31:140】; 林義雄 (2006)『四本和文對照捷解新語』東京:專修大學出版局.

索引:(1957)『捷解新語國語索引幷解題』1-63. 京都:京都大學國文學會; (1973)『三本對照捷解新語 (釋文・國語索引・解題編)』79-146. 京都:京都大學國文學會; 村田寬 (2008)「原刊本『捷解新語』の朝鮮語 KWIC索引:逆順」『福岡大學研究部論集A』8/3:1-158.

b. 改修本

英祖24年【乾隆13 (1748)】活字本 : Institut National des Langues et Civilisations Orientales (Cor. I-133).

影印 : (1987)『改修捷解新語 (本文・國語索引・解題)』京都大學國文學會 ; (1991)安田章・鄭光共編『改修捷解新語 (解題・索引・本文)』서울 : 太學社.

排印 : 林義雄 (2006)『四本和文對照捷解新語』東京 : 專修大學出版局.

c. 重刊本

正祖5年【乾隆46 (1781)】木版本 : 奎章 (奎3952 ; 一簑古495. 68-G155c-v. 7-9,microfilm 74-102-15-A-C) ; 中央 (한고조40-4) ; 東洋 (VII-1-55) ; 小倉 (L175046-57) ; 濯足 (370) ; Institut National des Langues et Civilisations Orientales (Cor. I-234).

影印 : (1918)『朝鮮司譯院日滿蒙語學書斷簡』【册板】; (1960)『重刊改修捷解新語 (本文・國語索引・解題)』京都大學國文學會【東洋文庫本】; (1972)『三本對照捷解新語 (本文編)』京都大學國文學會 ; (1990)『重刊本捷解新語』弘文閣【奎3952-1-12】.

排印 : 林義雄 (2006)『四本和文對照捷解新語』東京 : 專修大學出版局.

索引 : (1973)「改修捷解新語國語索引」『三本對照捷解新語 (釋文・國語索引・解題編)』京都大學國文學會.

d. 文釋本

木版本 : 『捷解新語文釋』奎章 (奎1678,microfilm 73-102-41-A-D)【卷一～四】.

影印 : (1918)『朝鮮司譯院日滿蒙語學書斷簡』【册板】; (1963)『捷解新語文釋』京都大學國文學會 ; (1972)『三本對照捷解新語 (本文編)』京都大學國文學會 ; (1990)『捷解新語文釋』弘文閣.

排印 : (1973)『三本對照捷解新語 (釋文・國語索引・解題編)』1-78. 京都大學國文學會【書評 : 龜井孝 (1957)『國語學』31 : 140】; 林義雄 (2006)『四本和文對照捷解新語』東京 : 專修大學出版局.

4.5.2. 研究

小倉進平 (1914)「朝鮮に於ける昔時の日本語學書「捷解新語」」京都文學會『藝文』5/4 : 43-60.

小倉進平 (1934)「『捷解新語』の複寫印行」『國語と國文學』11/5 : 118-119.

岩淵悅太郎 (1942)「康遇聖の捷解新語」『日本語』2/7 : 42-51.

森田武 (1952)「捷解新語の國語について―その資料性の考察―」廣島大學『國文學攷』10 : 5-16.

福島邦道 (1952)「捷解新語の助詞「を」について」『國語國文』21/4 : 300-307 ; (1980)『論集日本語研究 (中世語)』13 : 251-257. 東京 : 有精堂出版.

森田武 (1955)「『捷解新語』成立の時期について」『國語國文』24/3 : 18-30.

金完鎭 (1956)「捷解新語에서의 日本語轉寫에 對하여―특히 鼻母音을 中心으로」『文理大學報』9.

大友信一 (1956)「『捷解新語』に見られる濁音表記」日本言語學會『言語研究』30 : 111-112.

大友信一 (1957)「『捷解新語』の成立時期私見」『文藝研究』26 : 56-66.

大友信一 (1957)「『捷解新語』による國語音の研究」東北大學『文化』21/4 : 420-438.

森田武 (1957)「捷解新語解題」『捷解新語國語索引幷索引』1-55. 京都 : 京都大學國文學會 ; (1973)『三本對照捷解新語 釋文・索引・解題篇』209-272. 京都 : 京都大學國文學會 ; (1985)「捷解新語攷」『室町時代語論攷』60-129. 東京 : 三省堂.

龜井孝 (1958)「『捷解新語』小考」『一橋論叢』39/1 : 1-21.

龜井孝 (1959)「鐘樓蝙蝠錄」『一橋論叢』40/1 : 68-75 ; (1985)『日本語のすがたとこころ (二)』379-392. 東京 : 吉川弘文館 ; (1998)『お馬ひんひん : 語源を探る愉しみ』(朝日選書616)184-200. 東京 : 朝日新聞社.

靑山秀夫 (1959)「捷解新語に見える敬語法の特色」『天理大學學報』10/3 : 29-40.

安田章 (1960)「改修重刊捷解新語解題」『改修重刊捷解新語』1-62. 京都 : 京都大學國文學會 ; (1980)「捷解新語の改修重刊」『朝鮮資料と中世國

語』91-156. 東京 : 笠間書院.

中村榮孝 (1961)「『捷解新語』の成立・改修および「倭語類解」成立の時期について」『朝鮮學報』19 : 1-23 ; (1969)『日鮮關係史の研究』下397-422. 東京 : 吉川弘文館.

金根洙 (1962)「捷解新語」『國語國文學雜錄』.

文璇奎 (1963)「兩日語書略攷—特히 子音에 關心을 가지고—」『韓日言語文學』1 : 92-121.

濱田敦 (1963)「捷解新語とその改修本—「日本」と「看品」—」廣島大學『國文學攷』30 : 1-11 ; (1970)『朝鮮資料による日本語研究』92-108. 東京 : 岩波書店.

大友信一 (1964)「京都大學文學部國語學國文學研究室編「捷解新語文釋」「隣語大方」」『國語學』56 : 100-102.

濱田敦 (1964)「京都大學文學部國語學國文學研究室編『隣語大方・捷解新語文釋』」『朝鮮學報』31 : 102-105.

安田章 (1965)「文釋—表記論への試み—」『立命館文學』235 : 25-52 ; (1980)「改修捷解新語の文釋」『朝鮮資料と中世國語』386-413. 東京 : 笠間書院.

安田章 (1965)「朝鮮資料覺書—「捷解新語」の改訂—」立命館大學『論究日本文學』24 : 1-12 ; (1980)「捷解新語の改訂覺書」『朝鮮資料と中世國語』157-173. 東京 : 笠間書院.

伊奈恆一 (1965)「捷解新語に現われた敬語について」日本大學『語文』21 : 47-58.

安田章 (1966)「對譯」『國語國文』35/6 : 476-488 ; (1980)「對譯の問題」『朝鮮資料と中世國語』24-39. 東京 : 笠間書院.

岡山登喜男 (1970)「捷解新語とその改修本」群馬工業高等專門學校國語科研究室.

森田武 (1973)「捷解新語〔康遇聖編著〕の國盡しについて」『國語國文』42/7 : 30-43 ; (1985)『室町時代語論攷』130-147. 東京 : 三省堂.

安田章 (1973)「重刊改修捷解新語解題」『三本對照捷解新語 (釋文・國語索引・解題編)』273-337. 京都大學國文學會.

濱田敦 (1973)「捷解新語文釋解題」『三本對照捷解新語 (釋文・國語索引・

解題編)』341-344. 京都大學國文學會.
安田章 (1974)「ハ行轉呼音の周邊―ホの場合」『文學』42/11 : 86-105 ; (1995)『國語史の中世』203-239. 東京 : 三省堂.
辻星兒 (1975)「原刊「捷解新語」の朝鮮語について」『國語國文』44/2 : 1-32.
荒木雅實 (1975)「『捷解新語』竝書法について」國學院大學『國語研究』38 : 59-72.
森田武 (1976)「外國資料の誤謬」『廣大言語』15 : 72-74 ; (1985)『室町時代語論攷』266-270. 東京 : 三省堂.
安田章 (1977)「助詞 (2)」『岩波講座日本語』7 : 292-357. 東京 : 岩波書店 ; (1995)『國語史の中世』325-405. 東京 : 三省堂.
黃希榮 (1977)「原刊捷解新語의 韓國말 造語考」中央大『韓國學』15・16.
辻村敏樹・韓美卿 (1980)「捷解新語の「言う」の敬語形―日本語の敬語と韓國語の敬語―」『國語學研究と資料』5 : 1-37.
濱田敦 (1980)「規範―四十年の總括、つづき―」『國語國文』49/1 : 32-46 ; (1983)『續朝鮮資料による日本語研究』39-57. 京都 : 臨川書店.
安田章 (1980)「コソの拘束力」『國語國文』49/1 : 47-65 ; (1990)『外國資料と中世國語』215-249. 東京 : 三省堂.
安田章 (1981)「疑問表現の變遷」土井先生頌壽記念論文集『國語史への道』(上)202-222. 東京 : 三省堂 ; (1990)『外國資料と中世國語』312-334. 東京 : 三省堂.
王汶鎔 (1981)「捷解新語의 國語資料에 對하여」江原大『語文學報』5.
辻星兒 (1982)「「改修捷解新語」の朝鮮語について」『岡山大學文學部紀要』3 : 211-224.
鄭光 (1984)「捷解新語의 成立時期에 關한 몇가지 問題」『牧泉兪昌均博士還甲紀念論文集』623-639. 大邱 : 啓明大學校出版部.
鄭光 (1984)「捷解新語의 成立과 改修 및 重刊」『書誌學報』12 : 27-59.
金正市 (1984)「捷解新語와 改修捷解新語의 比較研究―文獻檢討, 表記, 音韻을 中心으로―」『嶺南語文學』11 : 239-263.
李元植 (1984)「朝鮮通信使に隨行した倭學譯官について―捷解新語の成立時期に關する確證を中心に―」『朝鮮學報』111 : 53-117 ; (1997)「朝鮮

　　　　通信使の倭學譯官」『朝鮮通信使の研究』451-510. 京都 : 思文閣出版.
龜井孝 (1984)「『捷解新語』の注音法」『龜井孝論文集』3 : 313-369. 東京 : 吉
　　　　川弘文館.
安田章 (1984)「已然形終止」『國語國文』53/5 : 30-50 ; (1990)『外國資料と中
　　　　世國語』250-288. 東京 : 三省堂.
安田章 (1985)「捷解新語の木板本」『國語國文』54/12 : 36-51 ; (1990)『外國資
　　　　料と中世國語』61-85. 東京 : 三省堂.
安田章 (1985)「係結の終焉」『鴨東論壇』1 : 1-14 ; (1990)『外國資料と中世國
　　　　語』289-311. 東京 : 三省堂.
鄭光 (1985)「『捷解新語』의 伊呂波와『倭漢名數』」『德成語文學』2 : 36-54.
韓美卿 (1985)「『捷解新語』의 敬語接頭辭「御」에 對하여」『日本文化研究』
　　　　1 : 73-100.
古田和子 (1985)『捷解新語における漢語の研究』韓國外國語大學校碩士論文.
韓美卿 (1986)「捷解新語の敬語研究」東京外國語大學『アジア・アフリカ言語
　　　　文化研究所通信』57 : 21-21.
片茂鎭 (1987)「捷解新語の格助詞 (1)―ガとノ―」『日本學報』18 : 87-116.
李德培 (1987)「捷解新語卷10の用語について―原刊本と改修本との對照を
　　　　通じて―」『日本學報』18 : 55-78.
片茂鎭 (1987)「捷解新語の格助詞 (2)―ヘとニ―」『日本學報』19 : 139-163.
韓美卿 (1987)「日本語의 敬語研究」『日本文化研究』3 : 67-90.
이윤규 (1987)『捷解新語와 改修捷解新語의 比較研究』大邱大學校碩士論文.
古田和子 (1987)「『捷解新語』原刊本における漢語の研究―日本語本文と韓
　　　　國語對譯文との對照を通して―」『駒澤國文』24 : 271-318.
安田章 (1987)「捷解新語の改修本」『國語國文』56/3 : 1-31 ; (1990)『外國資料
　　　　と中世國語』147-180. 東京 : 三省堂.
鄭昌鎬 (1987)「移動動作の表現における「へ」と「に」の使い分けの法則―朝
　　　　鮮資料『捷解新語』を中心に―」『岡大國文論稿』15 : 30-40.
李明姬 (1987)「原刊「捷解新語」から「重刊改修捷解新語」への改變」東北大
　　　　學『國語學研究』27 : 87-95.
韓先熙 (1987)『『捷解新語』の撥音について―その表記を中心に―』御茶の

水女子大學碩士論文.

李熙元(1988)「捷解新語終聲表記에 關한 研究」高麗大『韓國語文敎育』3.

安田章(1988)「捷解新語の木板本─續─」『國語國文』57/12 : 45-61 ; (1990)『外國資料と中世國語』86-112. 東京 : 三省堂.

辻星兒(1988)「戊辰版『改修捷解新語』の朝鮮語について─その表記・音韻を中心に─」『岡山大學文學部紀要』10 : 149-164.

韓美卿(1988)「捷解新語における敬語用法の一考察」韓國外國語大學校『論文集』21/1 : 363-380.

黃美玉(1989)「理由・原因表現の『ホドニ』について」『日本文化硏究』4 : 237-269.

杉戶淸樹(1989)「原刊本「捷解新語」エ段音節母音部への音注について」『言語學論集(野村正良先生受章記念)』143-158. 春日井 : 野村先生受章記念刊行會.

韓先熙(1989)「『捷解新語』原刊本の撥音について─その表記を中心に(女性の話しことば─テレビのインタビュー番組から)」現代日本語研究會『ことば』10 : 85-109.

新裕美(1989)「『捷解新語』に於ける漢語─改修態度を中心として─」『國語學』156 : 46.

朴喜南(1989)「敬語を通してみた接續助詞の陳述性─朝鮮資料『捷解新語』を中心に─」『國語學』156 : 45-46.

李太永(1990)「捷解新語改修一次本의 國語學的考察」全北大『語學』17 : 35-54.

李德培(1990)「捷解新語의 改修에 對한 考察 原刊本,改修本,重刊改修本의 'ござる'을 中心으로」全南大『龍鳳論叢』19 : 93-118.

韓美卿(1990)「捷解新語における尊敬表現」『日本文化硏究』5 : 91-134.

奧津敬一郞・中島悅子(1990)「『捷解新語』の條件表現─3─非「ナラバ」─初刊本・改修本・重刊本を比較して─」『日本女子大學紀要(文學部)』40 : 51-59.

鄭昌鎬(1990)「『捷解新語』原刊本改修本における「ほどに」「により」「ゆえ」の交替現象について」聖心外國語專門大學『論文集』9.

鄭丞惠(1991)『捷解新語의 對譯國文研究』德成女子大學校碩士論文.
李康民(1991)「『捷解新語』の成立と表現」『國語國文』60/12 : 33-57.
奧村和子(1991)「ハ行子音の音價と表記―朝鮮資料『捷解新語』を中心に―」
    九州大學『文獻探究』27 : 1-8.
鄭起永(1991)「『捷解新語』における諺文音注の淸濁表記」東海大學『湘南文
    學』25 : 144-152.
朴喜南(1991)「『『捷解新語』による敬語の構文論的研究―從屬節の陳述性の
    關わりについて」『岡大國文論稿』19 : 85-95.
辻星兒(1991)「重刊改修捷解新語に見られる區切り小點について(外國資
    料)」『辭書・外國資料による日本語研究(大友信一博士還曆記念)』
    395-418. 大阪:和泉書院.
新裕美(1991)「『『捷解新語』に於ける漢語―改修態度を中心として―」『辭
    書・外國資料による日本語研究(大友信一博士還曆記念)』307-329.
    大阪:和泉書院.
趙南德(1991)「重刊本「捷解新語」の卷のグループ化―「ガ行音の表記法」「御
    (おん)」「儀」などの現れ方から―」九州大學『語文研究』72 : 1-11.
李康民(1991)「『『捷解新語』の成立と表現」『國語國文』60/12 : 33-57.
安田章(1991)「捷解新語の冒頭表現(修飾の表現機構)」『表現研究』54 : 73-
    80 ; (1995)『國語史の中世』75-89. 東京:三省堂.
安田章(1991)「規範性への接近」『國語國文』60/1 : 1-15 ; (1995)『國語史の中
    世』1-24. 東京:三省堂.
宋敏(1991)「捷解新語」『韓國民族文化大百科事典』22 : 77. 城南:韓國精神
    文化研究院.
安田章(1992)「コソの領域」『國語國文』61/1 : 35-48 ; (1995)『國語史の中世』
    90-114. 東京:三省堂.
趙堈熙(1992)『『捷解新語』の音注の改修による日本語音の研究』岡山大學
    碩士論文.
鄭丞惠(1992)「『捷解新語』의 表記法에 對한 一考察」『德成語文學』7.
韓美卿(1992)「捷解新語における謙讓表現(敬語<特集>)」『國文學研究』106
    : 31-41.

韓美卿(1992)「捷解新語における一、二人稱代名詞」『日本語史の諸問題 (辻村敏樹教授古稀記念)』49-70. 東京: 明治書院.

杉戸淸樹(1992)「『捷解新語』タ行オ段拗長音子音部への音注について」古典日本語と辭書『日本語論究』121 : 1-16.

辻星兒(1992)「捷解新語の朝鮮語に見られる丁寧體終止語尾―その變遷と前半部の用法を中心に―」『岡山大學言語學論叢』2 : 49-68.

辻星兒(1992)「捷解新語の朝鮮語に見られる丁寧體終止語尾―後半部の用法を中心に―」『岡山大學文學部紀要』18 : 119-137.

尹鍾和(1992)「『捷解新語』의 改修意圖에 關하여―對者敬語를 中心으로」紀全女子大學『論文集』12 : 173-186.

古田和子(1993)「『捷解新語』의 語彙와 語法에 對하여―原刊本,改修本,重刊改修本과의 比較―」『日語日文學研究』22 : 77-111.

朴才煥(1993, 96, 97)「捷解新語の副詞小考―原刊本・改修本・重刊本の三本を對照して」京畿大學校韓日問題研究所『韓日問題研究』1 : 157-189 ; 4 : 131-166 ; 京畿大學校人文大學『人文論叢』5 : 203-219.

李太永(1994)「『捷解新語』의 漢字研究」『國語國文學』112 : 21-49.

趙南德(1994)『捷解新語의 改修分析』서울: 書光學術資料社.

古田和子(1994)「原刊本『捷解新語』의 敬語接頭辭 御에 對하여」『日本學年報』197-216.

福田嘉一郞(1994)「朝鮮資料の成長性―捷解新語における陳述副詞の呼應をめぐって」國語語彙史研究會『國語語彙史の研究』14 : 284-302. 大阪: 和泉書院.

申忠均(1994)「『捷解新語』の改修―原因・理由表現を中心として―」九州大學『語文研究』78 : 1-10.

鄭光(1994)「『捷解新語』의 成立과 改修 및 重刊」『季刊書誌學報』12 : 27-59.

安田章(1994)「練度」『國語國文』63/4 : 1-16 ; (1995)『國語史の中世』115-140. 東京: 三省堂.

裵錫柱(1994)「鷄子・蚕에 關する小考-日本語學習書の語彙の地域的片寄り-」慶州大學校『論文集』6 : 295-307.

車峴京(1994)『捷解新語에 있어서 助詞의 研究』中央大學校碩士論文.

李太永(1994)「〈捷解新語〉의 漢字語研究」『國語國文學』112 : 21-49.
古田和子(1994)「原刊本『捷解新語』의 敬語接頭辭「御」에 對하여」『日本學年報』6 : 197-216.
韓美卿(1994)『捷解新語における敬語研究』東北大學博士論文.
韓美卿(1995)『「捷解新語」における敬語形式用例集』서울 : 博而精.
韓美卿(1995)『「捷解新語」における敬語研究』서울 : 博而精.
趙堈熙(1995)「『捷解新語』の音注の改修について—原刊本・改修本・重刊本における改修の全體的な傾向性を中心に—」『岡大國文論稿』23 : 58-68.
近藤清兄(1995)「捷解新語〔原刊本〕の變體假名と眞名字」『東北大學言語學論集』4 : 89-105.
金基民(1995)「語彙の交替と變遷をめぐって—『捷解新語』を例として—」『早稻田大學大學院文學研究科紀要 : 別冊(文學・藝術學編)』21 : 109-118.
安田章(1995)「正と誤との相關」『國語と國文學』72/11 : 11-22 ; (2005)『國語史研究の構想』139-159. 東京 : 三省堂.
趙堈熙(1995)「『捷解新語』の音注の改修について—原刊本・改修本・重刊本における改修の全體的な傾向性を中心に—」『岡大國文論稿』23 : 38-58.
安熙貞(1995)『捷解新語의 研究』中央大學校碩士論文.
安田章(1996)「國語史における規範の問題」『國語國文』65/5 : 652-667 ; 『安田章教授退官記念中世文學・語學論集』652-667. 京都 : 中央圖書出版社.
李康民(1996)「『捷解新語』의 假定條件表現—原刊本과 改修本을 中心에—」『國語國文』65/5 : 542-558 ; 『安田章教授退官記念中世文學・語學論集』542-558. 京都 : 中央圖書出版社.
李康民(1996)「『捷解新語』와 日本語史」『漢陽日本學』4 : 13-28.
片茂鎭(1996)「『捷解新語』의 格助詞「が, の」의 對遇表現價値에 對하여」『日本文化學報』1 : 5-22.
片茂鎭(1996)「『捷解新語』의 主格表現에 對하여」『日本學報』37 : 421-434.

池景來(1996)「『捷解新語』의 形式名詞「もの」「こと」考察」『日本語文學』2 : 149-174.
李恩周(1996)「原刊「捷解新語」における條件表現の日・韓對照」『岡山大學言語學論叢』4 : 49-76.
姜奉植(1996)「「改修捷解新語」に見られるカ(ガ)行音のハングル表記に關する再考」『秋田論叢』12 : 67-86.
李得春(1996)「《捷解新語》解題」『朝鮮語言學史研究』; (2001)『朝鮮語歷史言語學研究』335-320. 서울 : 圖書出版亦樂.
고이즈미 가즈오【小泉和生】(1996)「『捷解新語』諸異本對譯文의 比較研究―ㄷ口蓋音化를 中心으로」高麗大學校碩士論文.
李太永(1997)『(譯註)捷解新語』서울 : 太學社.
李太永(1997)「捷解新語』의 飜譯樣相과 口語的特徵」최태영他『韓國語文學論考』687-706. 서울 : 太學社.
鄭丞惠(1997)「改修捷解新語序文譯註」『文獻과 解釋』1 : 118-131. 서울 : 太學社
沈保京(1997)「捷解新語表記法研究 (I)」『語文研究』96 : 106-118.
小西敏夫(1997)「『捷解新語』의 韓國語對譯文에 나타나는 語彙에 對하여」『外國語・外國文學研究』18 : 79-93.
辻星兒(1997)「『捷解新語』に見られる文法意識―對譯朝鮮語の配置を通して―」『日本語と朝鮮語』(日本語と外國語との對照研究4)下293-312. 東京 : 國立國語研究所.
辻星兒(1997)『朝鮮語史における『捷解新語』』(岡山大學研究叢書16)岡山 : 岡山大學出版部【書評 : 片茂鎭(1999)『岡大國文論稿』27 : 63-68】.
林義雄(1997)「原刊本『捷解新語』におけるシク活用形容詞ウ音便形のゆれについて」『專修國文』61 : 17-26.
奇貞旻(1997)「捷解新語の漢語について―節用集との比較を中心に―」東京女子大學『日本文學』88 : 97-113.
趙南德(1997)「『捷解新語』의「가나」使用에 對한 考察―『伊路波』와의 關聯을 中心으로」建國大學校教育研究所『論文集』21 : 67-90.
朴才煥(1997)「『捷解新語』의 副詞小考 (3)」京畿大學校人文科學研究所『人

文論叢』5 : 203-219.
李道潤 (1997)「捷解新語에 있어서의 飜譯語에 對한 一考察」韓國外國語大學校通譯飜譯研究所『論文集』1 : 23-42.
鄭丞惠 (1998)「重刊捷解新語序文譯註」『文獻과 解釋』2 : 73-83. 서울 : 太學社.
松浦陽子 (1998)「『捷解新語』における飲食を表す動詞の變遷—『くう』と『たぶ』を中心に—」『日本學誌』18 : 81-106.
林昌奎 (1998)「『捷解新語』의 自動詞「あう」와 共起하는 助詞「を」에 對하여—韓日對照言語의 觀點으로—」『日語日文學研究』32 : 37-66.
池景來・森下喜一 (1998)「日本語의 事物代名詞研究—『捷解新語』를 中心으로」『日本語文學』4 : 87-129.
林昌奎 (1998)「『捷解新語』における「を」格の誤用について—日韓對照研究の觀點から—」『言語』27/2 : 116-121. 東京 : 大修館書店.
林昌奎 (1998)「『捷解新語』における「を+自動詞」の研究—日韓對照研究の觀點から—」神田外語大學『言語科學研究』4 : 35-49.
乾浩 (1998)「『捷解新語』における「自動詞・他動詞」の對應—「初刊本」における誤用分析—」神田外語大學『言語科學研究』4 : 51-59.
趙堈熙 (1998)「朝鮮時代の日本語學習書に見られる淸音表記について—『捷解新語』を中心に」『日語日文學』10/1 : 57-82.
車峴京 (1998)「『捷解新語』原刊本의 異表記에 關한 研究」『古岩黃聖圭博士定年記念論文集』191-203.
李東郁 (1998)『17・18世紀朝鮮資料에 나타난 日本語エ段音一考察—『捷解新語』・『倭語類解』의 한글표기를 中心으로』韓國外國語大學校碩士論文.
安昭貞 (1998)「『捷解新語』의 表記와 漢字語調査」慶南大學校人文科學研究所『人文論叢』10 : 265-279.
李康民 (1998)「『捷解新語』의 推量表現」『漢陽日本學』6 : 1-14.
韓美卿 (1998)「捷解新語의 「の,が」의 用法—待遇表現의 觀點에서」韓國外國語大學校外國學綜合研究센터日本研究所『日本研究』13 : 347-374.
丁鋼徹 (1999)「『捷解新語』의 受給表現에 對한 考察—受給動詞「ヤル」를 中

心으로―」『日本語文學』6 : 45-71.
鄭丞惠(1999)「『捷解新語』에 나타나는 韓・日兩語의 相互語彙借用」『國語學』33 : 265-294.
池景來(1999)「「存ずる」對譯相關에 對하여―『捷解新語』를 中心으로―」『日本語文學』6 : 11-44.
池景來(1999)「『捷解新語』改修의 經緯에 對하여」『日本語文學』7 : 57-95.
韓美卿(1999)「捷解新語의 「の、が」의 用法」『日本研究』13 : 347-374.
安昭貞(1999)『『捷解新語』日本語의 文法的特性研究―指示語와 文末構造를 中心으로』漢陽大學校博士論文.
安昭貞(1999)「『捷解新語』指示語考2―現代語와의 比較를 中心으로―」『教育理論과 實踐』9 : 149-164.
森下喜一・池景來(1999)「捷解新語における接續助詞の用法をめぐって」『鳥取大學教育地域科學部紀要(教育・人文科學)』1/1 : 237-252.
安田章(1999)「資料性の檢證」『國語學』196 : 63-78 ; (2005)『國語史研究の構想』78-111. 東京 : 三省堂.
永田高志(1999)「『捷解新語』に見る第三者に對する待遇表現」『文學・藝術・文化』11/1 : 31-50.
趙堈熙(1999)『朝鮮時代の日本語學習書による日本語音聲・音韻の研究』廣島大學博士論文.
朴才煥(1999)「近世日本語研究資料としての捷解新語―副詞研究における資料性の考察」『京畿大學校研究交流處論文集』43/1 : 45-56.
趙南德(1999, 2001, 02)「『捷解新語』의 冠註에 對한 考察」建國大學校教育研究所『論文集』23 : 47-68 ; 25 : 1-21 ; 26 : 91-121.
林昌奎(2000)『『捷解新語』における格助詞「を」及び「을/를」の研究―日本語と韓國語の對照の觀點から』麗澤大學博士論文.
梅田博之・林昌奎(2000)「『捷解新語』의 使役構文」『21世紀國語學의 課題(솔미鄭光先生華甲記念論文集)』39-60. 서울 : 月印.
朴眞完(2000)「『捷解新語』의 場面性과 相對敬語法―格式性과의 關聯을 中心으로」『21世紀國語學의 課題(솔미鄭光先生華甲記念論文集)』99-122. 서울 : 月印.

朴眞完(2000)「『捷解新語』敬語法의 對照言語學的考察—原刊本을 對象으로—」『韓國語學』12 : 119-146.
鄭丞惠(2000)『捷解新語研究』高麗大學校博士論文.
鄭丞惠(2000)「『捷解新語』의 刊本 對照」『21世紀國語學의 課題(솔미鄭光先生華甲記念論文集)』147-172. 서울 : 月印.
鄭丞惠(2000)「17世紀朝鮮通信使와 捷解新語」『文獻과 解釋』11 : 51-71.
安昭貞(2000)「近世資料를 通해 본 文末語研究(1)—『捷解新語』의 構造를 中心으로—」『敎育理論과 實踐』10 : 259-271.
安昭貞(2000)「『捷解新語』에 使用된 指示語의 變遷」『21世紀國語學의 課題(솔미鄭光先生華甲記念論文集)』123-146. 서울 : 月印.
中山めぐみ(2000)「『捷解新語』原刊本のハングル音注—ハ行・母音オおよびエ段について—」『麗澤大學大學院言語敎育硏究科年報』2 : 13-32.
中山めぐみ(2000)「『捷解新語』原刊本のハングル音注—障害音を表わす竝書表記について—」『麗澤大學紀要』70 : 99-136.
趙來喆(2000)「『捷解新語』における竝書表記について—舌內入聲音、促音の書記例を除いた竝書を中心に—」『筑波日本語研究』5 : 135-154.
김유정(2000)「『捷解新語』에 나타난 言語敎育의 樣相」『21世紀國語學의 課題』(솔미鄭光先生華甲記念論文集)81-122. 서울 : 月印.
安田章(2000)「『捷解新語』の重要性」『日本學報』44/1 : 1-14.
홍자영(2000)『捷解新語의 接續助詞에 關한 考察—原刊本・改修本・重刊本의 用例分析을 中心으로』京畿大學校碩士論文.
池景來(2000)『『捷解新語』日本語語彙의 計量的考察』全州大學校博士論文.
安田章(2001)「世話」『甲子園大學紀要C』5 : 3-19 ; (2005)『國語史研究の構想』112-138. 東京 : 三省堂.
金殷爽(2001)「『捷解新語』에 나타나는 2人稱代名詞에 對하여—「이쪽(こなた)」와「그쪽(そなた)」를 中心으로—」『日語日文學研究』38 : 63-79.
成曉慶(2001)「『捷解新語』의「이대(いで)」의 表記와 發音 및 用法에 關하여—原刊本, 改修本, 重刊本의 比較를 中心으로—」『日本學報』46 : 31-53.
이태욱(2001)「『捷解新語』類에 나타난 17, 18世紀國語否定法考察」『人文

科學』31 : 89-116.
丁鋼徹(2001)「『捷解新語』의 授與動詞에 對한 考察—「原刊本」「改修本」「重刊本」의 比較를 中心으로—」『日語日文學』15 : 157-176.
鄭丞惠(2001)「텍스트言語學의 理論과 應用 : 『捷解新語』의 場面分析을 通한 近代國語敬語法의 再考」『텍스트 言語學』10 : 231-267.
趙堈熙(2001)「打消表現とズ終止形の衰退過程について—捷解新語を中心に—」『日本文化學報』11 : 1-14.
中山めぐみ(2001)「『捷解新語』のハングル音注—促音に當てられた竝書表記に關する考察—」『麗澤大學紀要』72 : 15-34.
中山めぐみ(2001)「『捷解新語』のハングル音注—淸音に當てられた竝書表記に關する考察—」『麗澤大學紀要』73 : 103-131.
趙來喆(2001)「『捷解新語』における對譯・音注の配置について」『筑波日本語硏究』6 : 163-178.
金三順(2001)「『捷解新語』の「連體形+ヲ」をめぐって—諸異本との比較を中心に—」專修大學『文硏論集』38 : 66-45.
林義雄(2001)「『捷解新語』における「オシラル」の變容」『日本語史硏究の課題』146-159. 東京 : 武藏野書院.
韓美卿(2001)「捷解新語의 文末表現—勸誘,禁止表現을 中心으로—」梅田博之敎授古稀記念『韓日語文學論叢』913-928. 서울 : 太學社.
고이즈미 가즈오【小泉和生】(2001)「「捷解新語」에 나타난 地域性에 對하여—韓國語對譯文의 音韻現象을 中心으로」民族語文學會『語文論集』43/1 : 45-64.
고이즈미 가즈오【小泉和生】(2001)「「捷解新語」地名考」中央大學校外國語文學硏究所『外國學硏究』5 : 85-107.
林昌奎(2001)『‘捷解新語’における格助詞‘を’及び‘을/를’の硏究—日本語と韓國語の對照の觀点から』麗澤大學博士論文.
池景來(2002)『『捷解新語』의 日本語語彙硏究』光州 : 全南大學校出版部.
朴眞完(2002)「『捷解新語』對譯文을 通해 본 近代韓國語 變遷의 特性」『韓國語學』16 : 285-305.
安昭貞(2002)「文末部構成의 特性—『捷解新語』附屬語를 中心으로—」『日

本學報』53 : 121-132.
韓美卿 (2002)「日本語教育의 觀點에서 보는『捷解新語』」『日本研究』19 : 273-292.
辻星兒 (2002)「「改修捷解新語序例」訓讀」『岡山大學言語學論叢』9 : 1-17.
趙來喆 (2002)「『捷解新語』における音注配置の原理—日本語學習書としての規範性の解明を中心に—」筑波大學『日本語と日本文學』35 : 1-14.
上林順錦 (2002)「『捷解新語』の濃音表記」『防衛大學校紀要(人文科學分册)』85 : 165-174.
劉相溶 (2002)「『捷解新語』における形式名詞の分布—「時間」を表す形式名詞を中心として—」『專修國文』71 : 61-77.
古田和子 (2003)「『捷解新語』原刊本の對譯文における漢字表記の語について」『日本言語文化』2 : 193-221.
安田章 (2003)「格助詞の潛在」『國語國文』72/4 : 1-16 ; (2005)『國語史研究の構想』30-54. 東京 : 三省堂.
朴才煥 (2003)『『捷解新語』の副詞研究』서울 : J&C.
鄭丞惠 (2003)『朝鮮後期倭學書研究』서울 : 太學社.
趙南德 (2003)『捷解新語의 邊欄上部內容考察 : 全同表示・彼音同表示・我音同表示의 境遇를 中心으로』서울 : 博而精.
趙南德 (2003)『捷解新語의 行中內容例分析 : 無表示의 境遇를 中心으로』서울 : 博而精.
權董顯 (2003)「『捷解新語』의 方向指示代名詞에 對해서」『日本研究』20 : 363-380.
林昌奎 (2003)「『捷解新語』에 依한 二重「を」構文에 關하여」『日語日文學研究』44 : 145-163.
林昌奎 (2003)「『捷解新語』における狀態述語と共起する「を」について」『日本文化學報』16 : 1-16.
安昭貞 (2003)「近世語의 述語部構成에 關한 研究—『捷解新語』의 文末形式 對照를 中心으로—」『日本學報』55 : 91-104.
李鍾姬 (2003)「『捷解新語』副詞의 形態的考察—韓日對照研究의 觀點에서—」『日語日文學研究』45 : 199-217.

趙來喆(2003)『『捷解新語』における音注配置の原理:日本語學習書としての性格の解明』筑波大學博士論文.

趙來喆(2003)「日本語學/日本語教育:『捷解新語』에서 特殊音素에 到達한 要音에 對한 音注配置에 關하여-日本語學習에 有益하기 爲한 音注,音注配置-」『日本學報』56 : 89-100.

李東郁(2003)「朝鮮時代の日本語學習書の四つ假名表記について」『廣島大學大學院教育學研究科紀要(第二部:文化教育開發關聯領域)』51 : 401-410.

李東郁(2003)「『捷解新語』におけるタ行オ段拗長音の頭子音のハングル表記について」廣島大學『國文學攷』179 : 37-50.

金三順(2003)「『捷解新語』諸本における順接假定條件表現の樣相-「ならば」と「たらば」をめぐって-」專修大學『文研論集』41 : 左128-左113.

中山めぐみ(2003)「『捷解新語』のハングル音注-サ行音、ザ行音を表す表記について-」『麗澤大學紀要』76 : 1-25.

朴眞完(2003)「『捷解新語』の語彙改訂の方向性-語種改訂を中心に-」京都大學『國文學論叢』10 : 17-33.

李英兒(2003)「『捷解新語』から見る原因・理由を表す條件句-「ホドニ」の改修狀況を中心として-」『國語學』54/4 : 1-15.

金基民(2003)『『捷解新語』의 語彙研究』慶熙大學校博士論文.

劉相溶(2003)『形式名詞の史的變遷について-中世末期の口語資料を中心に』專修大學博士論文.

金三順(2003)「韓日兩國語의 原因理由 條件表現에 對한 考察-「捷解新語」諸異本을 中心으로-」檀國大學校日本研究所『日本學研究』13 : 75-102.

安田章(2004)「有ることの意味」『國語國文』73/11 : 1-14 ; (2005)『國語史研究の構想』55-77. 東京:三省堂.

李東郁(2004)『朝鮮時代の日本語學習書による日本語研究:音聲,音韻を中心に』廣島大學博士論文.

李東郁(2004)「司譯院の日本語學習書」『日本學研究』15 : 117-146.

李東郁(2004)「『捷解新語』のエ段音表記について:原刊本の「-jɔi」・「jɔ」表記を中心として」『廣島大學大學院教育學研究科紀要(第二部:文化

敎育開發關聯領域)』52 : 261-270.
李東郁 (2004)「朝鮮時代の日本語學習書のタ行オ段拗長音表記について」『日本硏究』22 : 383-403.
李鍾姬 (2004)『『捷解新語』における副詞の硏究』麗澤大學博士論文.
李英兒 (2004)『近世語成立の一側面としての原因・理由表現の變遷要因：接續語を捉える二つの次元という觀点から』麗澤大學博士論文.
金基民 (2004)『捷解新語의 改修過程과 語彙硏究』서울 : 博而精.
金殷爽 (2004)「『捷解新語』における二人稱代名詞の硏究」麗澤大學『言語と文明』2 : 52-77.
權董顯 (2004)「『捷解新語』의 人稱代名詞에 對해서」『日本硏究』22 : 405-422.
權董顯 (2004)「『捷解新語』의 場所의 指示詞에 對해서」『日本硏究』23 : 463-483.
權董顯 (2004)『『捷解新語』의 指示體系에 關한 硏究―「コ・ソ・ア(カ)・ド」를 中心으로』韓國外國語大學校博士論文.
林昌奎 (2004)「『捷解新語』のハングル飜譯について」『日本文化硏究』12 : 273-292.
趙來喆 (2004)「『捷解新語』における日本語本文の性質」『日本學報』60 : 239-250.
朴喜南 (2004)「朝鮮資料『捷解新語』の改修について―モダリティ性の側面から―」熊本學園大學『海外事情硏究』31/2 : 65-80.
朴眞完 (2004)「近代韓國語資料『捷解新語』對譯文の資料性―日本語的表現の變化を中心に―」『朝鮮學報』193 : 53-92.
朴才煥 (2004)「副詞「ていと(-ど)」について」『湘南文學』38 : 46-54.
中山めぐみ (2004)「『捷解新語』のハングル音注―語頭の濁音を表す表記について―」『麗澤大學紀要』79 : 61-86.
金英玉 (2004)「捷解新語의 韓國語對譯文에 나타나는 日本語單語에 對하여」『韓國日本語文學會學術發表大會論文集』483-486.
趙來喆 (2004)「『捷解新語』における長音について」『韓國日本語文學會學術發表大會論文集』464-468.

林昌奎(2004)「『捷解新語』の助詞「を」について」『韓國日本語文學會學術發表大會論文集』459-463.
權董顯(2005)「『捷解新語』에 있어서 誤謬의 可能性에 對해서―「コ」「ソ」「ア(カ)」「ド」를 中心으로―」『日語日文學研究』52 : 77-98.
김남숙(2005)「『捷解新語』에서의 人稱代名詞에 關한 研究―時代的推移와 자본間의 變化頻度를 中心으로―」『文明研志』6 : 211-229.
金英玉(2005)「捷解新語의 韓國語對譯文에 나타나는 日本語單語에 對하여」『日語日文學研究』53 : 37-56.
朴才煥(2005)「『捷解新語』의 副詞研究―「いちえん」「いつせつ」を中心に―」『日語日文學研究』53 : 163-176.
李鍾姬(2005)「『捷解新語』における「呼應副詞」について―命令・依賴要素と呼應する副詞を中心に―」『日本文化研究』13 : 395-414.
趙堈熙(2005)「朝鮮資料의 한글 音注에 나타나는 硬音表記와 文악센트와의 關係에 對하여」『日本語文學』24 : 115-140.
趙來喆(2005)「『捷解新語』における長音―オ段長音表記を中心に―」『日本語文學』25 : 131-148.
韓美卿(2005)「日本語의 重層敬語에 關한 考察」『日本研究』24 : 503-523.
安田章(2005)「コソの中世」『國語國文』74/8 : 1-12.
中山めぐみ(2005)「『捷解新語』のハングル音注―語中のガ行音とダ行音について―」『麗澤大學紀要』80 : 81-107.
中山めぐみ(2005)「『捷解新語』のハングル音注―語中のザ行音とバ行音について―」『麗澤大學紀要』81 : 49-75.
朴花美(2005)「中世日本語の複合動詞逆引き索引―『大藏虎明本狂言集』『エソポのハブラス』『三本對照捷解新語』を中心に―」『專修國文』77 : 1-38.
趙堈熙(2005)「朝鮮通信使隨行譯官と「捷解新語」の改修―日本語の改修を中心に―」『朝鮮通信使研究』創刊號 : 243-254.
鄭丞惠(2005)「朝鮮通信使隨行譯官과「捷解新語」의 改修」『朝鮮通信使研究』創刊號 : 255-259.
李鍾姬(2005)『『捷解新語』における副詞の研究』麗澤大學博士論文.

山田昌裕 (2005)「原刊本『捷解新語』の「變」な主格表示「ガ」—一七世紀の日本語における位置づけ—」『日本近代語研究』4 : 319-331.
許仁順 (2005)「捷解新語における指示代名詞の研究—日・韓兩言語の對照分析を中心に—」京都外國語大學『無差』12 : 41-73.
李錫順 (2005)「『捷解新語』副詞考—「ゑんてい・かねて・まえかど・まえかた・もはや」를 中心으로—」『漢陽日本學』14 : 71-91.
古田和子 (2006)「『捷解新語』の慣用的表現」『日本研究』27 : 243-261.
權董顯 (2006)「『捷解新語』에 있어서 指示體系에 對해서—「ド」系列을 中心으로—」『日本語文學』31 : 19-34.
金英玉 (2006)「捷解新語의 韓國語對譯文에 나타나는 漢字語에 對한 一考察」『日本學報』66 : 15-26.
安田章 (2006)「復權康遇聖—韓國人の遺した日本語史文獻」『日語日文學』32 : 37-46.
이상규 (2006)「17世紀前半 倭學譯官 康遇聖의 活動」『韓日關係史研究』24 : 101-141.
李鍾姬 (2006)「『假定條件要素와 呼應하는 副詞』에 對하여 —『捷解新語』의 用例를 中心으로—」『日本學報』67 : 91-101.
李鍾姬 (2006)「『捷解新語』副詞의 改修樣相」『日本研究』28 : 365-385.
李鍾姬 (2006)「推量要素와 呼應하는 副詞」에 對하여—『捷解新語』의 用例를 中心으로—」『日本言語文化』8 : 17-34.
趙南德 (2006)「倭學書『捷解新語』의 構成考察」『日本語文學』31 : 309-332.
趙南德 (2006)「『捷解新語』의 大字表示分析」『日本文化學報』30 : 23-44.
趙南德 (2006)「倭學書『捷解新語』의 構成考察—行묶음의 觀點으로—」『日本語文學』31 : 1-20.
中山めぐみ (2006)「『捷解新語』のハングル音注—四つ假名について—」『麗澤學際ジャーナル』14/2 : 67-84.
韓美卿 (2006)「日本語の二方面敬語に關する一考察」『言語と文明』4 : 3-16.
古田和子 (2006)「『捷解新語』の研究 : 資料性と漢字漢語について」韓國外國語大學博士論文.
김유정 (2006)「『捷解新語』의 言語教材로서의 特徵과 言語機能分析」『譯學

書와 國語史硏究』145-182. 서울 : 太學社.
權董顯 (2007)「『捷解新語』에 있어서 形容詞에 對한 考察」『日語日文學硏究』63 : 1-15.
李東郁 (2007)「『捷解新語』に現れるウ段とオ段との交替表記」『日本語文學』39 : 165-186.
李英兒 (2007)「近世の日本語における語用論的接續の発生」『日本硏究』34 : 235-252.
李東郁 (2007)「『捷解新語』・『倭語類解』に表れた四つ仮名について」『日本硏究』31 : 203-225.
李鍾姬 (2007)「『捷解新語』의「順序副詞」에 對하여―「時間副詞」의 範疇안에서―」『日語日文學硏究』63 : 449-465.
林昌奎 (2007)「『捷解新語』の他動詞について―「於」と共起する他動詞を中心に日韓對照の觀点から―」『日本學報』70 : 141-153.
鄭光 (2007)「韓國における日本語敎育の歷史」『日本文化硏究』21 : 315-333.
鄭丞惠 (2007)「捷解新語解題」『捷解新語』(奎章閣資料叢書語學篇9)1-38. 서울 : 서울大學校奎章閣韓國學硏究院.
鄭丞惠 (2007)「『捷解新語』第2次改修本의 刊行年代에 對하여」『日本文化硏究』21 : 167-188.
趙南德 (2007)「倭學書『捷解新語』의 別途表示에 對하여――簑本을 中心으로」『日語日文學硏究』60 : 191-216.
趙來喆 (2007)「『捷解新語』における長音―日本語學習書としての性格解明―」『日本語文學』35 : 361-375.
趙來喆 (2007)「日本語學習書としての『捷解新語』の性格解明」『日語敎育』40 : 105-122.
中山めぐみ (2007)「17世紀における長音化について―朝鮮資料『捷解新語』の假名本文とハングル音注を通して―」『麗澤學際ジャーナル』15/2 : 55-75.
辻星兒 (2007)「重刊改修捷解新語の諸本とその板木」岡山大學『文化共生學硏究』6 : 137-147.
이훈선 (2007)「『捷解新語』의 人稱代名詞改修에 關한 考察」釜山大學校碩

士論文.
조수현(2007)『『捷解新語』タ行オ段拗長音子音部의 音注表記에 對한 考察』 釜山大學校碩士論文.
權董顯(2008)『捷解新語의 コ・ソ・ア(カ)・ド에 關한 研究』서울 : 韓國學 術情報.
權董顯(2008)「『捷解新語』에 나타난 條件表現에 對한 一考察(1)」『日本研 究』36 : 203-216.
權董顯(2008)「『捷解新語』의 形容詞 및 形容動詞에 對한 考察」『日本語文 學』37 : 3-19.
김은숙(2008)「『捷解新語』譯文의 漢字語에 對해—韓日共通의 漢字語中 意 味가 다른 漢字語檢討—」『日語日文學研究』65 : 45-60.
趙堈熙(2009)「[捷解新語]의 對譯韓國語에 對하여—漢字表記와 한글表記의 併用을 中心으로—」『日語日文學』41 : 79-96.

4.6. 方言集釋【方言類釋】

4.6.1. 原始資料【『保晩齋剰簡』第24-25册卷一~四】

正祖2年【乾隆43 (1781)】寫本 : 奎章(古0270-9).
影印 : (1988)『方言類釋』서울 : 弘文閣.
排印 : (1995)『日本一鑑・方言類釋』(古辭書研究資料叢刊13)107-221. 東京 : 大空社【奎章閣本, 解題・本文排印】.

4.6.2. 研究

宋敏(1968)「方言集釋의 日本語「ハ」行音轉寫法과 倭語類解의 刊行時期」 『李崇寧博士頌壽紀念論叢』295-310. 서울 : 乙酉文化社.
安田章(1978)「『方言集釋』小考」『朝鮮學報』89 : 69-105.

安田章 (1979)「『方言集釋』の日本語表記」『國語國文』48/1 : 32-59 ; (1980)「方言集釋と國語表記」『朝鮮資料と中世國語』249-319. 東京 : 笠間書院.
李鎭煥 (1984)『十八世紀國語의 造語法研究―「方言類釋」을 中心으로―』檀國大學校碩士論文.
이근규 (1985)「方言集釋研究」『國語學論叢』서울 : 語文研究會.
延圭東 (1987)『〈方言集釋〉의 우리말풀이 研究』서울大學校碩士論文.
研究所資料 (1987)「附錄 : 方言輯釋 保晚齋剰簡」東國大學校日本學研究所『日本學』6 : 221-293.
裵錫柱 (1989)「『方言集釋』の九州方言」『日本學報』23 : 83-110.
木村晟 (1989)「ソウル大學校藏「方言類釋」の倭語彙」『駒澤國文』26 : 167-279.
古田和子 (1989)「『方言集釋』と『倭語類解』との比較研究」『日語日文學研究』14/1 : 41-67.
大塚秀明 (1990)「「方言類釋」の「中州鄕語」について―朝鮮資料に殘る中國方言記錄―」筑波大學『言語文化論集』31 : 83-94.
古田和子 (1991)「『方言集釋』と『倭語類解』との比較研究―倭語を中心として―」『德成女大論文集』20 : 171-197.
李康民 (1992)「『方言集釋』と『倭語類解』」『國語國文』61/9 : 35-50.
古田和子 (1994)「『方言集釋』と『倭語類解』との比較研究―倭語を中心として―」『古辭書の基礎的研究 (第一部 : 論文・資料篇)』448-474. 東京 : 翰林書房.
裵錫柱 (1995)「『方言集釋』再考―原刊本『倭語類解』との關係をめぐって―」慶州大『論文集』7 : 313-326.
裵錫柱 (1997)「朝鮮資料の性格―各資料間の連關性を中心に―」慶州大『論文集』9 : 347-361.
裵錫柱 (1998)「朝鮮時代の『類解書』語彙部類の比較―『方言集釋』と『倭語類解』の連關性を中心に―」『日語日文學』10/1 : 37-55.
裵錫柱 (1999)「倭學書ザ行音轉寫表記の淸音化の傾向」慶州大學校『論文集』12/1 : 309-323.
裵錫柱 (1999)「類解書ハングル轉寫表記再考―『方言集釋』と他の類解書の

　　　　外國語音轉寫表記の比較を中心に」『日本語文學』7/1 : 19-41.
裵錫柱 (2000)「『方言集釋』諸外國語音轉寫表記の獨自性」『日本語文學』10 : 111-126.
裵錫柱 (2000)「『方言集釋』의 國語語彙에 對하여」慶州大學校『論文集』13 : 209-222.
趙堈熙 (2004)「倭學書에 보이는 日本語音의 比較研究—『倭語類解』『方言集釋』『三學釋語』를 中心으로—」『日語日文學』21 : 115-135.
裵錫柱 (2006)『『方言集釋』의 倭語研究』서울 : J&C.
趙堈熙 (2006)「倭學書의 促音에 表記되어 있는 한글 音注의 特徵과 問題點」『日語日文學』30 : 93-109.
姜恩枝 (2007)「『方言類釋』의 "中州鄕語"에 나타나 있는 言語資料研究」서울大『言語研究』26 : 65-82【書評 : 愼鏞權 (2007)『言語研究』26 : 83-86】.
金英玉 (2008)「倭學書辭典類의 共通語彙에 對한 一考察」『日本文化研究』25 : 37-49.
최병선 (2009)『『方言類釋』의 中國語語彙研究』梨花女子大學校碩士論文.

4.7. 三學譯語

4.7.1. 原始資料【『古今釋林』卷二九～三四】

寫本 : 奎章 (古3916-1, 奎12253).
影印 : (1977)『古今釋林』4. 서울 : 亞細亞文化社.

4.7.2. 研究

安田章 (1983)「三學譯語の日本語」『國語國文』52/8 : 36-53 ; (1990)『外國資

料と中世國語』181-211. 東京 : 三省堂.
노은주 (1997)『三學譯語研究』大邱曉星가톨릭大學校博士論文.
裵錫柱 (1999)「類解書ハングル轉寫表記再考-『方言集釋』と他の類解書の外國語音轉寫表記の比較を中心に-」『日本語文學』7/1 : 19-41.
趙堈熙 (2004)「倭學書에 보이는 日本語音의 比較硏究-『倭語類解』『方言集釋』『三學釋語』를 中心으로-」『日語日文學』21 : 115-135.
趙堈熙 (2005)「『倭語類解』와『三學譯語』의 漢字字釋과 日本語音의 比較硏究」『日語日文學』28 : 105-121.

4.8. 倭語類解

4.8.1. 原始資料

a. 倭語類解

正祖年間【乾隆年間 (1780年代)】木版本 : 中央 (古333-2) ; 濯足 (373).

寫本 : 小倉 (L175008)【卷上】.

影印 : (1958)『倭語類解 (本文・國語・漢字索引)』京都大學國文學會【濯足文庫本】; (1978)『蒙語類解 倭語類解』(原本影印韓國古典叢書7 續語學類1) 서울 : 大提閣; 鄭光 (1988)『諸本集成倭語類解 (解題・國語索引・本文影印)』서울 : 太學社【國立中央圖書館本】; (1988)『蒙語類解・倭語類解・捷解新語』(原本國語國文學叢林17) 서울 : 大提閣【濯足文庫本】; (2000)『倭語類解』(近世方言辭書5) 鎌倉 : 港の人【濯足文庫本, 解題・本文影印】; 鄭光 (2004)『(四本對照)倭語類解』서울 : J&C.

b. 和語類解

寫本 : 京大 (言語2D-41c).

影印 : 鄭光 (1988)『諸本集成倭語類解』서울 : 太學社【京大本】; 鄭光 (2004)『(四本對照)倭語類解』서울 : J&C.

c. 日語類解
金澤庄三郎 (1912)『日語類解』東京 : 三省堂書店.
影印 : (1970)『兒學編・日語類解・韓語初步』京都 : 京都大學國文學會 ; 鄭光 (1988)『諸本集成倭語類解』서울 : 太學社 ; 鄭光 (2004)『(四本對照)倭語類解』서울 : J&C.

d. 朝鮮偉國字彙
Philo Sinensi【W. Medhurst, 麥都思】(1835) 朝鮮偉國字彙 *Translation of a Comparative Vocabulary of the Chinese, Corean, and Japanese Languages.* Batavia : Parapattan Press.
影印 : (1978)『朝鮮偉國字彙』弘文閣 ; (1979)『朝鮮偉國字彙』東京 : 雄松堂書店 ; 鄭光 (2004)『(四本對照)倭語類解』서울 : J&C.

e. 兒學編
丁若鏞著, 池錫永注 (1908)『兒學編』京城.
影印 : (1970)『兒學編・日語類解・韓語初步』京都 : 京都大學國文學會.

4.8.2. 研究

俞昌均 (1959)「『倭語類解』譯音考」韓國語文學會『語文學』5 : 135-151.
土井洋一・濱田敦・安田章 (1959)「倭語類解考」『國語國文』28/9 : 1-48.
中村榮孝 (1961)「『捷解新語』の成立・改修および「倭語類解」成立の時期について」『朝鮮學報』19 : 1-23 ; (1969)『日鮮關係史の研究』下 397-422. 東京 : 吉川弘文館.
南廣祐・崔乙善 (1962)「倭語類解索引」『語文論集』2 : 123-139.
文璇奎 (1963)「兩日語書略攷—特히 子音에 關心을 가지고—」『韓日言語文學』1 : 92-121.
文璇奎 (1963)「漢字音上의 口蓋音化—特히 倭語類解에 나타난 것에 對하

여」『中國學報』3/1 : 17-28.
安田章 (1967)「類解攷」『立命館文學』264 : 223-254 ; (1980)『朝鮮資料と中世國語』(笠間叢書147)190-222. 東京 : 笠間書院.
安田章 (1968)「辭書と文例」『國語國文』37/2 : 1-20 ; (1980)『朝鮮資料と中世國語』223-248. 東京 : 笠間書院.
濱田敦 (1970)「兒學編・日語類解・韓語初步開題」『兒學編・日語類解・韓語初步』1-4. 京都 : 京都大學國文學會 ; (1983)『續朝鮮資料による日本語研究』64-67. 京都 : 臨川書店.
鄭光 (1978)「朝鮮偉國字彙」『朝鮮偉國字彙』1-2. 弘文閣.
鄭光 (1978)「類解類譯學書에 對하여」『國語學』7 : 159-188.
藤本幸夫 (1979)「『朝鮮偉國字彙』について」『朝鮮偉國字彙』別册1-24. 東京 : 雄松堂書店.
李喆鏞 (1983)『類解類譯學書의 國語學的考察』漢陽大學校碩士論文.
金正憲 (1984)「漢字音・義受容에 關한 小考―倭語類解에서 拔萃한 8字를 中心으로―」『語文論集』17 : 35-52.
片茂鎭 (1984)「「倭語類解」と「交隣須知」について」岡山大學碩士論文.
片茂鎭 (1986)「『倭語類解』と『交隣須知』の相互交渉について―原『交隣須知』復元への試みから―」『岡大國文論稿』14 : 22-32.
安田章 (1986)「韓國國立中央圖書館藏「倭語類解」(資料紹介)」『國語國文』55/4 : 48-52.
안종복 (1986)『類解類書에 나타난 國語의 表記法研究』檀國大學校碩士論文.
鄭光 (1987)「『倭語類解』의 成立과 問題點―國立圖書館本과 金澤舊藏本과의 比較를 通하여」『德成語文學』4 : 31-51.
임경순 (1990)「倭語類解에 나타난 韓日漢字音釋比較研究 (2)」『日本學報』24 : 147-180.
成曛慶 (1991)「『倭語類解』の刊本と寫本の體裁比較 : 苗代川寫本『和語類解』の原本復元の試みから」『東北大學文學部日本語學科論集』1 : 92-106.
權仁瀚 (1991)「類解類譯學書의 音節末 'ㅅ', 'ㄷ' 表記法一考察」『國語學의 새로운 認識과 展開 金完鎭先生回甲紀念論叢』162-173. 서울 : 民音社.

李康民(1992)「「方言集釋」と「倭語類解」」『國語國文』61/9 : 35-50.
成囍慶(1993)「「倭語類解」における日本漢字音の性格」『東北大學言語學論集』2 : 左176-154.
成囍慶(1993)「『倭語類解』の日本漢字音とその記載方法との關連について」『岡大國文論稿』2 : 50-57.
蔡京希(1993)「韓・日漢字音に於ける〈氣と聲〉の一考察―「六祖壇經」「六言集釋」「倭語類解」を中心に―」『培花論叢』11・12 : 85-100.
成囍慶(1994)『『倭語類解』の日本漢字音の研究』東北大學博士論文.
홍사만(1994)「字釋語의 變遷硏究―『倭語類解』와『日語類解』의 比較―」『權在善博士還甲紀念論文集』우골탑.
古田和子(1994)「『方言集釋』と『倭語類解』との比較研究―倭語を中心として―」『古辭書の基礎的研究(第一部 : 論文・資料篇)』448-474. 東京 : 翰林書房.
郭在鏞(1994)『類解類譯學書의 '身體'部語彙硏究』慶南大學校博士論文.
郭在鏞(1995)「類解類譯學書의 '身體'部語彙硏究」『한글』228 : 31-64.
裵錫柱(1995)「『『方言集釋』再考―原刊本『倭語類解』との關係をめぐって―」慶州大『論文集』7 : 313-326.
延圭東(1996)『近代國語語彙集硏究 : 類解類譯學書를 中心으로』서울大學校博士論文.
鄭光(1996)「日本駒澤大學所藏의『倭語類解』―落張의 補寫와 版本의 脫字・脫劃에 依한 誤記 및 誤讀을 中心으로―」第21次國語學會겨울硏究會發表要旨.
鄭光(1997)「日本駒澤大學所藏의〈倭語類解〉―版本의 補寫와 木版의 脫字・脫劃에 依한 誤讀을 中心으로―」『淸凡陳泰夏敎授啓七頌壽紀念語文學論叢』789-813. 서울 : 太學社.
成囍慶(1996)「『倭語類解』와 『小學示蒙句解』의 日本漢字音比較」『日本語文學』2/1 : 19-52.
奧村和子(1997)「ハングル資料『兒學編』の日本語表記 : 表記から音韻へ」大阪女子大學『女子大文學』國文篇48 : 30-41.
成囍慶(1998)「『倭語類解』의 日本漢字音의 淸濁에 關하여」『日本學報』41

: 15-32.

成暿慶(1998)「『倭語類解』の日本語と日本漢字音に見られる一二の表記について」『日本語文學』5/1 : 157-173.

裵錫柱(1998)「類解書諸外國語音の轉寫表記考」慶州大『論文集』10 : 561-574.

裵錫柱(1998)「朝鮮時代の「類解書」語彙部類の比較—『方言集釋』と『倭語類解』の連關性を中心に—」『日語日文學』10/1 : 37-55.

片茂鎭(1998)「『倭語類解』以後의 韓日對譯語彙集에 對하여—『通學徑編』을 中心으로」『日本의 言語와 文學』2 : 91-105.

鄭丞惠・鄭光(1998)「《倭語類解》의 口訣과 그 쓰임에 對하여」口訣學會『18回共同研究會發表論文集』83-101.

鄭丞惠(1999)「『倭語類解』의 口訣과 그 쓰임에 對하여」『國際高麗學』5 : 88-99.

成暿慶(1999)「『日語類解』의 日本漢字音의 性格과 記載方法에 對하여—『倭語類解』와의 比較를 中心으로—」『日本學報』43 : 85-97.

鄭光(1999)「日本における朝鮮資料の研究—日本駒澤大學所藏의「倭語類解」を中心として—」日韓文化交流基金『訪日學術研究者論文集(歷史)』1 : 651-691.

裵錫柱(1999)「類解書ハングル轉寫表記再考『方言集釋』と他의類解書の外國語音轉寫表記の比較を中心に」『日本語文學』7/1 : 19-41.

延圭東(2001)「近代國語의 낱말밭 : 類解類譯學書의 部類配列順序를 中心으로」『言語學』28 : 101-128.

辻星兒(2001)「「倭語類解」의 韓國語에 對하여—音韻史・表記史의 觀點에서」梅田博之敎授古稀記念『韓日語文學論叢』727-744. 서울 : 太學社.

成暿慶(2002)「『倭語類解』에 記載되어 있는 日本語와 日本漢字音의 出處에 關한 研究」『日本學報』53 : 93-120.

成暿慶(2003)『韓日對譯辭書『倭語類解』의 研究—日本漢字音의 諸相을 中心에』서울 : 博而精.

成暿慶(2003)「類解書의 標題語漢字比較研究—『倭語類解』의 標題語의 出處를 中心으로」『日本語文學』22 : 95-124.

鄭光 (2004)『(四本對照)倭語類解』서울 : J&C.
鄭光 (2004)「韓半島における日本語教育とその教材-『倭語類解』を中心に-」
　　　『日本文化研究』10 : 43-68.
成矅慶 (2004)「『朝鮮偉國字彙』의 日本語와 日本漢字音의 表記에 對하여」
　　　『日本語文學』26 : 131-148.
李東郁 (2004)「朝鮮時代の日本語學習書のタ行オ段拗長音表記について」
　　　『日本研究』22 : 383-403.
李東郁 (2004)「ハ行四段動詞「-aウ」類の歷史的變遷について-『方言類釋』,
　　　『倭語類解』のハ行四段動詞「-aウ」類表記を中心として-」『日語日文
　　　學研究』51 : 1-21.
趙堈熙 (2004)「倭學書에 보이는 日本語音의 比較硏究-『倭語類解』『方言
　　　集釋』『三學釋語』를 中心으로-」『日語日文學』21 : 115-135.
박찬식 (2005)『類解類譯學書에 나타난 語彙의 硏究』暻園大學校博士論文.
成矅慶 (2005)「倭語類解』の日本漢字音の分類」」『日本語文學』30 : 125-152.
成矅慶 (2005)「刊本『倭語類解』와 寫本『和語類解』의 日本語表記比較硏究」
　　　『日本語文學』29 : 131-144.
趙堈熙 (2005)「『倭語類解』와 『三學譯語』의 漢字字釋과 日本語音의 比較
　　　硏究」『日語日文學』28 : 105-121.
홍사만 (2005)「『倭語類解』의 語彙分析 (1)-口蓋音化表記를 中心으로-」『語
　　　文論叢』42 : 1-38.
高明均 (2005)「'倭語類解'의 口訣借字表記에 關한 硏究」『言語와 文化』1/2
　　　: 167-177.
李東郁 (2006)「朝鮮時代の日本語學習書による日本語のエ段音硏究」『日本
　　　語文學』32 : 71-90.
李東郁 (2007)「『捷解新語』・『倭語類解』에 表れた四つ仮名について」『日
　　　本研究』31 : 203-225.
成矅慶 (2007)「近世・近代의 한글資料에 보이는 日本漢字音의 淸濁音에
　　　關하여-『倭語類解』・『兒學編』・『日語類解』의 比較를 中心으로」『日
　　　本語文學』39 : 93-112.
金英玉 (2008)「倭學書辭典類의 共通語彙에 對한 一考察」『日本文化研究』

25 : 37-49.
趙堈熙(2008)「倭學書에 表記되어 있는 한글 音注에 關한 通時的研究」『日語日文學』37 : 135-154.

4.9. 隣語大方

4.9.1. 原始資料

a. 隣語大方

寫本類 : 筑波大學付屬圖書館 (チ460-5)【1751年?9卷2冊】; 京都大學濱田文庫【江戶末期, 6卷2冊】; 東方學研究所Aston文庫 (C6)【1841年, 外題『講話』, 9卷2冊】; 京大 (言語2D-40)【1859年, 苗代川本, 外題『講話』, 4卷2冊】; 沈壽官家【未詳, 卷一・二・三】; 東京都立圖書館【未詳, 3卷1冊】; 國會 (原本810. 7-U664r-r (th) ; microfilm YD-古-4823)【1897年, 林公肅手寫】; 日比谷諸家【未詳, 3卷1冊】.

正祖14年【乾隆55 (1790)】木版本 : 奎章 (奎1622, microfilm 73-102-40-A-C)【10卷5冊】; 高麗大學校中央圖書館華山文庫 (C11-A15-3)【1冊】; 釜山廣域市立市民圖書館 (古737-4-1-9)【9卷3冊】; 서울大學校中央圖書館 (3870-10-1-3)【9卷3冊】; 澗松文庫【『訂正隣語大方』, 3卷1冊】.

高宗19年【光緒8 (1882)】日本活字本 : 釜山廣域市立市民圖書館 (古737-4)『訂正隣語大方』【九卷3冊】; 國會 (YDM82574)【microfiche, 本外務省原藏本】; 東京外國語大學附屬圖書館 (K-II-208~233)【總共26套】; 濯足 (361)【照片 : 東洋(VII-1-89)】.

影印 : (1918)『朝鮮司譯院日滿蒙語學書斷簡』【冊板】; (1963)『隣語大方』京都大學國文學會 ; (1967)『異本隣語大方・交隣須知』京都大學國文學會【京都大學藏本 (1883)・小倉文庫本 (1883)・校訂交隣須知】; (1968)『異本隣語大方・交隣須知』京都大學國文學會【拡大版】; (1969)『異本隣語大方・交隣須知補』京都大學國文學會【小倉文庫

本・中村幸彦所藏本・舊南葵文庫本】; (1988)『隣語大方』서울: 太學社【奎章閣本】; 片茂鎭・岸田文隆 (2005)『隣語大方 (解題・索引・例文)』서울: 不二文化【Aston本, 苗代川本】.

b. 朝鮮語譯

寫本: 早稻田大學服部文庫 (イ17-2082-1～3特).

4.9.2. 研究

大友信一 (1964)「京都大學文學部國語學國文學研究室編「捷解新語文釋」「隣語大方」」『國語學』56 : 100-102.
濱田敦 (1964)「京都大學文學部國語學國文學研究室編「隣語大方・捷解新語文釋」」『朝鮮學報』31 : 102-105.
安田章 (1967)「隣語大方解題」『異本隣語大方・交隣須知』3-41. 京都大學國文學會; (1980)「隣語大方と近世國語」『朝鮮資料と中世國語』320-357. 東京: 笠間書院.
福島邦道 (1969)「新出の隣語大方および交隣須知について」『國語國文』38/12 : 41-52.
南基卓 (1983)「隣語大方의 國語學的研究」『語文研究』36・37 : 205-226.
李仁淳 (1990)『「隣語大方」朝鮮刊本に於ける漢語研究―日韓兩文の對照を通して―』昌原大學校博士論文.
李仁淳 (1993)「『隣語大方』における漢語―漢語の語義を中心に―」『上智大學國文學論集』26 : 191-212.
鄭丞惠 (1995)「隣語大方의 成立과 刊行에 對하여」『德成語文學』8 : 1-21.
李仁淳 (1995)「近世期の語彙交渉―『隣語大方』を例として」『三郞山論集』2 : 45-57.
片茂鎭 (1996)「朝鮮資料의 格助詞「が, の」의 待遇表現價値에 對하여―『交隣須知』와『隣語大方』을 中心으로―」『日本文化學報』2 : 123-144.
강희숙 (1999)「'오>우'變化의 遂行과 擴散―『訂正隣語大方』과『再刊交隣

須知』를 中心으로」『國語學』33 : 99-123.

申忠均(2000)「『隣語大方』의 假定條件表現―朝鮮資料의 흐름으로부터」『日本語文學』9 : 53-81.

申忠均(2000)「『隣語大方』諸本의 比較考察」『日本學報』45 : 103-116.

고이즈미 가즈오【小泉和生】(2000)「『隣語大方』에 나타난 複數接尾辭에 對하여」『21世紀國語學의 課題(솔미鄭光先生華甲記念論文集)』61-80. 서울 : 月印.

申忠均(2002)「『隣語大方』의 日本語―筑波大本加筆訂正의 性格―」『日本語文學』13 : 209-228.

申忠均(2002)「『隣語大方』의 異本比較―筑波大本의 加筆訂正部分에 着眼하여―」『日本語文學』14 : 277-297.

세이치 카도와키【門脇誠一】(2005)「東アジアの日本語學―主に通時的な觀點から」『日本語文學』27 : 3-13.

申忠均(2005)「筑波大本『隣語大方』의 特殊記號」『日本語文學』27 : 33-52.

申忠均(2006)「明治刊本『隣語大方』의 韓國語」『日本語文學』31 : 129-149.

申忠均(2006)「『隣語大方』の諸本間關係再考」九州大學『語文研究』100・101 : 174-163.

岸田文隆(2006)「早稻田大學服部文庫所藏の「朝鮮語譯」について―「隣語大方」との比較―」『朝鮮學報』199・200 : 1-35.

中島仁(2006)「隣語大方의 朝鮮語―表記,音韻,形態를 中心으로―」『朝鮮語研究』3 : 187-221. 東京 : くろしお出版.

조소은(2007)『朝鮮時代日本語學習書에 關한 考察―明治刊本『隣語大方』의 條件表現을 中心으로―』全北大學校碩士論文.

임성택(2007)『朝鮮時代日本語學習書『隣語大方』의 副詞研究―朝鮮刊本을 中心으로―』全北大學校碩士論文.

이형미(2007)『隣語大方의 異本에 나타난 韓國語의 變化』서울大學校碩士論文.

岸田文隆(2008)「語學書と歷史記錄―早稻田大學服部文庫所藏「朝鮮語譯」と對島宗家文書との照合―」東京外國語大學亞非言語文化研究所朝鮮語史研究會發表資料.

岸田文隆 (2008)「早稻田大學服部文庫所藏の『朝鮮語譯』の朝鮮語かな表記について(その1：子音について)」. Dynamics in Eurasian Languages, 71-102. 神戶：神戶市看護大學.

岸田文隆 (2008)「語學書と歷史記錄—早稻田大學服部文庫所藏『朝鮮語譯』と對島宗家文書との照合—」. 朝鮮語史硏究會發表資料(日本：東京外國語大學). 2008. 12. 6.

鄭丞惠 (2009)「와세다대학 핫토리문고 소장『조선어역』에 대하여」『二重言語學』 40：153-183.

鄭丞惠 (2009)「『隣語大方』朝鮮刊本의 成立과 撰者에 대하여-奎章閣 韓國本 書目『西庫書目』에 據하여」 2009 國語史學會 여름학술대회발표문(群山大). 2009. 7. 10.

4.10. 交隣須知

4.10.1. 原始資料

寫本類(初期筆寫本系)：京大(言語2D-39a)【18世紀中頃, 卷一～四】；沈壽官家【1813-1852頃, 卷一·三·四的一部】.

寫本類(增補本系)：東京大學舊南葵文庫【1795, 小田幾五郞傳本, 卷四】；東京大學國語硏究室(和本06-1)【1882, 山田知□書寫, 卷一】；東方學硏究所Aston文庫【1846, B4, 外題：Manual of Korean Vol. 1, 卷一·四】；對馬歷史民俗資料館【1854頃, 白水福治傳本, 卷一】；서울大學校中央圖書館(22199)【1868-1873, 中村庄次郞傳本·前間恭作模寫, 卷二～四】；長崎大學經濟學部武藤文庫(702M8)【1873, 卷二闕】；小倉(L44694)【1880頃, 濟州傳本, 卷二·三】；東方學硏究所Aston文庫(C16)【卷一的一部】；中村幸彦所藏【卷二】.

高宗18年【光緖7 (1881)】活字本：釜山廣域市立市民圖書館(古737-1-1-4)【4卷4冊】；東方學硏究所Aston文庫(C31)【卷二】；Cambridge大學圖書館(FK. 250. 1)【1881?, 卷一·二的一部】；東京外國語大學附屬圖書

館(K-II-234~256)【總共23套】.
高宗20年【光緒9(1883)】鉛印本:京大【寶迫繁勝刪正『交隣須知』, 4卷4册】;國會(YDM82536);内閣文庫【浦瀨裕校正增補『再刊交隣須知』, 4卷4册】;東京大學總合圖書館(D60-26)【南葵文庫本】;小倉(L44696【寶迫繁勝刪正『交隣須知』, 4卷4册】, L44697【同, 卷二~四】, L44698【浦瀨裕校正增補『再刊交隣須知』,卷一~四】);白石直道出版【寶迫繁勝刪正『交隣須知』,卷一~四】;釜山廣域市立市民圖書館(古737-2)【『(再刊)交隣須知』, 4卷4册】;高麗大學校圖書館(화산 C11 A16 4)【『(再刊)交隣須知』, 4卷4册中1册(零本)】;東京外國語大學附屬圖書館(K-II-74~5)【總共2套】.

光武8年【光緒30(1904)】前間恭作・藤波義貫共訂『(校訂)交隣須知』京城:平田商店【一卷】.

影印:(1966)『交隣須知(本文・解題・索引)』京都大學國文學會【京都大學藏本(18世紀中頃)】;(1967)『異本隣語大方・交隣須知』京都大學國文學會【京都大學藏本(1883)・小倉文庫本(1883)・校訂交隣須知】;(1968)『異本隣語大方・交隣須知』京都大學國文學會【(1967)影印本と同樣,拡大版】;(1969)『異本隣語大方・交隣須知補』京都大學國文學會【小倉文庫本・中村幸彦所藏本・舊南葵文庫本】;福島邦道(1990,2008)『明治14年版交隣須知本文及び総索引 本文篇』(笠間索引叢刊95)東京:笠間書院;片茂鎭(1999)『交隣須知:解題 및 本文(影印)篇』弘文閣;片茂鎭・岸田文隆(2005)『交隣須知(解題・本文・索引)』弘文閣【Aston文庫本B4】;片茂鎭(2005)『(諸本對照)交隣須知』(『『交隣須知』の基礎的研究』別册附錄資料集)서울:J&C.

排印:片茂鎭(2000)『交隣須知:解題·本文·索引(韓日語)』【對馬歷史民俗資料館所藏】弘文閣;高橋敬一・不破浩子・若木太一(2003)『「交隣須知」本文及び索引』大阪:和泉書院.

索引:福島邦道(1990, 2008)『明治14年版交隣須知本文及び総索引 索引篇』(笠間索引叢刊96)東京:笠間書院.

4.10.2. 研究

幣原坦(1904)「『校訂交隣須知』の新刊」『史學雜誌』15/12 : 1357-1368.
大曲美太郎(1935)「釜山における日本の朝鮮語學所と『交隣須知』の刊行」『ドルメン』4/3 : 31-35.
小倉進平(1936)「『交隣須知』に就いて」『國語と國文學』13/6 : 1-16.
小倉進平(1966)「『交隣須知』に就いて」京都大學國文學會『交隣須知』(解題)3-20.
濱田敦(1966)「薩摩苗代川に傳えられた交隣須知について」京都大學國文學會『交隣須知』(解題)21-55 ; (1970)「苗代川本『交隣須知』の言語—二言語の相互干涉—」『朝鮮資料による日本語研究』109-132. 東京 : 岩波書店.
白藤禮幸(1967)「京都大學文學部國語學國文學研究室編『交隣須知複製・解題・索引』」『國語學』70 : 99-100.
福島邦道(1968)「交隣須知の增補本について」『言語と文藝』10/2 : 1-8.
福島邦道(1969)「新出の隣語大方および交隣須知について」『國語國文』38/12 : 41-52.
李鍾徹(1982)「沈壽官所藏本『交隣須知』에 對하여」『白影鄭炳煜先生還甲記念論叢』서울 : 新丘文化社.
福島邦道(1983)「「交隣須知」の初刊本」『實踐國文學』24 : 22-38.
片茂鎭(1984)「『倭語類解』と『交隣須知』について」岡山大學碩士論文.
片茂鎭(1986)「『倭語類解』と『交隣須知』の相互交涉について—原『交隣須知』復元への試みから—」『岡大國文論稿』14 : 22-32.
福島邦道(1991)「雨森芳洲と「交隣須知」」『實踐國文學』39 : 135-141.
片茂鎭(1991)「「交隣須知」의 韓國語에 對하여」『瑞松李榮九博士華甲記念論叢』249-272.
片茂鎭(1991)「『交隣須知』の筆寫本と刊行本の日本語について(「活用」篇)」『辭書・外國資料による日本語研究(大友信一博士還曆記念)』375-394. 大阪 : 和泉書院.
李鍾徹・藤井茂利譯(1993)「日韓兩國の表記法の比較研究-1-沈壽官所藏本

「交隣須知」について(資料)」『福岡大學人文論叢』24/4 : 1311-1341.
崔彰完(1994)「『交隣須知』에 나오는 「말하다」「보다」「있다」意味의 敬語에 對하여」韓國外大大學院『里門論叢』14 : 229-243.
漆原直道(1994)「雨森芳洲と「交隣須知」」『佐賀女子短期大學研究紀要』28 : 1-10.
齊藤明美(1995)「交隣須知の研究ーソウル大學本と濟州本の卷二を中心にー」駒澤大學『論輯』23 : 111-133.
齊藤明美(1995)「『交隣須知』の增補本に關する一考察』『南鶴李鍾徹先生回甲紀念韓日語學論叢』서울 : 國學資料院.
沈保京(1995)「交隣須知(明治14年版)」에서의 非韓國語的表現 몇가지 考」『南鶴李鍾徹先生回甲紀念韓日語學論叢』서울 : 國學資料院.
沈保京(1996)「交隣須知異本比較ー沈壽官所藏과 外務省所藏本의 比較』『語文研究』92 : 107-124.
崔彰完(1996)「『交隣須知』에 나오는 「ゴザル」의 用法』『日語日文學』6 : 133-156.
齊藤明美(1996)「交隣須知の研究ーソウル大學本と東京大學舊南葵文庫藏本の卷四についてー」駒澤大學『論輯』24 : 109-128.
片茂鎭(1996)「朝鮮資料의 格助詞「が・の」의 待遇表現價値에 對하여ー『交隣須知』와『隣語大方』을 中心으로ー」『日本文化學報』2 : 123-144.
崔彰完(1996)「『交隣須知』에 나오는 'しゃる'에 對하여」大邱大學校人文科學研究所『人文藝術論叢』15 : 227-246.
齊藤明美(1997)「『交隣須知』의 傳本에 對하여」『人文學研究』4 : 132-150.
齊藤明美(1997)「『交隣須知』의 沈壽官本について」『日本文化學報』3 : 127-147.
崔彰完(1997)「『交隣須知』에 나오는 輔助動詞「ゴザル」에 對하여ー韓·日兩國語比較를 中心으로ー」大邱大學校『人文科學藝術文化研究』16.
不破浩子(1997)「武藤文庫藏『交隣須知』について」『長崎大學敎養部紀要』(人文科學篇)37/3 : 17-50.
齊藤明美(1998)「明治14年版『交隣須知』에 對하여 ー表題目를 中心으로ー」『日本語文學』4 : 1-20.

齊藤明美(1998)「『交隣須知』增補本의 系譜에 對하여」『人文學硏究』5 : 238-254.
齊藤明美(1998)「明治16年版『交隣須知』について」『日本文化學報』5 : 159-177.
齊藤明美(1998)「『交隣須知』の系譜」鳥取女子短期大學『北東アジア文化硏究』7 : 17-28.
李康民(1998)「アストン本『交隣須知』の日本語」『日本學報』41 : 111-127.
片茂鎭(1998)「對馬本『交隣須知』에 對하여」『日本文化學報』5 : 139-157.
片茂鎭(1998)「釜山市立圖書館藏『交隣須知』에 對하여」『古岩黃聖圭博士定年記念論文集』175-190. 서울 : 中央大學校文科大學日語日文學科.
岸田文隆(1998)「アストン舊藏の「交隣須知」關係資料について」『朝鮮學報』167 : 1-39.
崔彰完(1999)「『交隣須知』에 나타나는 '말하다(言う)'意味의 敬語에 對한 一考察」『日本文化學報』6 : 249-276.
崔彰完(1999)「『交隣須知』에 나타난 人稱代名詞에 關한 硏究」『日語日文學』12 : 27-48.
宮下尚子(1999)「『交隣須知』におけるh末音名詞」九州大學『比較社會文化硏究』6 : 9-17.
齊藤明美(1999)「『交隣須知』硏究의 意義」『日本의 言語와 文學』4.
齊藤明美(1999)「『交隣須知』硏究の意義について」『ことばと文學と書』(春日正三先生古稀記念論文集)221-239. 東京 : 雙文社出版.
齊藤明美(1999)「『交隣須知』の先行硏究について」鳥取女子短期大學『北東アジア文化硏究』9 : 53-67.
齊藤明美(1999)「『交隣須知』の日本語について」鳥取女子短期大學『北東アジア文化硏究』10 : 49-70.
齊藤明美(1999)「『交隣須知』の副詞語彙」『日本語學研究』1.
齊藤明美(2000)「『交隣須知』の接續助詞―原因・理由を表わす接續助詞を中心にして―」『日本文化學報』8 : 53-67.
齊藤明美(2000)「『交隣須知』の音韻・表記について」鳥取女子短期大學『北東アジア文化硏究』11 : 61-84.

齊藤明美(2000)『『交隣須知』の系譜と言語』漢陽大學校博士論文.
채영희(2000)「交隣須知의 語彙와 用例硏究―京都大所藏本卷1을 中心으로―」『比較韓國學』7 : 163-182.
이근영(2001)「交隣須知의 音韻論的硏究」『한말연구』8 : 107-138.
齊藤明美(2001)「『交隣須知』の刊本三種の表記法―明治14年本、明治16年本(再刊本)、明治37年本『交隣須知』の韓國語表記法について」『漢陽日本學』9 : 29-39.
齊藤明美(2001)「增補本系『交隣須知』の卷一について」『日本語學硏究』3.
齊藤明美(2001)「ソウル大學本『交隣須知』と明治14年本『交隣須知』の韓國語表記法について」『東アジア日本語教育・日本文化硏究』3 : 215-231.
齊藤明美(2001)「아스톤本『交隣須知』卷一과 白水本『交隣須知』의 韓國語表記」『人文學硏究』8 : 167-194.
齊藤明美(2001)「『交隣須知』の日本語の地域性について」『日本學報』47 : 31-46.
齊藤明美(2001)『交隣須知의 系譜와 言語』서울 : J&C.
片茂鎭(2001)「交隣須知の系統―卷一の對照比較分析―」臨南寺東洋文化硏究所『楞伽林學報』(大友信一博士古稀記念論集)4 : 左816-802.
片茂鎭(2001)「東京外國語大學所藏の『交隣須知』」梅田博之教授古稀記念『韓日語文學論叢』877-895. 서울 : 太學社.
오영신(2001)『『交隣須知』の明治刊本における日本語の變化に關する硏究』翰林大學校碩士論文.
齊藤明美(2002)『『交隣須知』の日本語』東京 : 至文堂【書評 : 李康民(2003)『國文學 解釋と鑑賞』68/1 : 193】.
高橋敬一(2002)「長崎大學武藤文庫藏「交隣須知」について」熊本大學『國語國文學硏究』37 : 402-408.
片茂鎭(2002)「東京大本『玉嬌梨』の裏打紙に用いられた初刊本「交隣須知」」『日本의 言語와 文學』10 : 97-109.
片茂鎭(2002)「武藤文庫本『交隣須知』について」『日本文化學報』15 : 139-157.
오만(2002)『京都大學本『交隣須知』의 語彙硏究』慶尙大學校博士論文.

李宰娟(2002)『明治期「交隣須知」에 보이는 近代日本語—「日限通話」와의 對照를 中心으로』漢陽大學校碩士論文.
齊藤明美(2002)「『交隣須知』의 漢字語研究—長崎大學武藤文庫藏『交隣須知』의 表題語의 漢字配列形式을 中心으로—」『人文學研究』9 : 113-129.
片茂鎭(2003)「交隣須知の系統 (2)卷二の對照比較分析」『岡大國文論稿』31 : 左247-239.
片茂鎭(2003)「『交隣須知』再考」『麗澤大學紀要』77 : 27-45.
최경완(2003)『『交隣須知』에 나타나는 敬語研究』慶熙大學校博士論文.
오오츠카 타다쿠라【大塚忠藏】(2003)『『交隣須知』에 나타난 韓國語研究』서울大學校碩士論文.
李明姬(2003)「明治時代の朝鮮語學習—「交隣須知」の寫本の背景を中心に」『日語日文學研究』47 : 383-402.
崔彰完(2004)『交隣須知와 敬語』大邱 : 大邱大學校出版部.
齊藤明美(2004)『『交隣須知』의 系譜와 言語 (改訂版)』서울 : J&C.
李宰娟(2004)「明治期『交隣須知』にみられることばの變化—推量表現の變化を中心に—」『早稻田大學大學院教育學研究科紀要 (別冊)』12/2 : 191-200.
片茂鎭(2004)「『交隣須知』の系統について」『朝鮮學報』190 : 17-51.
高橋敬一(2004)「對馬歷史民俗資料館藏本『交隣須知』の對譯日本語—長崎大學武藤文庫藏本との比較を通して—」『活水日文』45 : 左54-43.
劉卿美(2004)「『交隣須知』の朝鮮語部分に關する研究について」園田尚弘・若木太一編『辭書遊步』17-22. 福岡 : 九州大學出版會.
若木太一(2004)「交隣須知」園田尚弘・若木太一編『辭書遊步』138. 福岡 : 九州大學出版會.
片茂鎭(2004)「『象胥記聞拾遺』に見える日本語語彙と『交隣須知』」『韓國日本語文學會學術發表大會論文集』116-119.
李康民(2004)「京都大本『交隣須知』에 보이는 異文例에 對하여」『日本學報』60 : 175-193.
齊藤明美(2004)「日本語の文體の變化について—江戸時代から明治期の『交隣須知』の會話文を中心にして—」『日本言語文化』4 : 9-29.

李明姬(2004)「明治時代의 朝鮮語學習―『交隣須知』가 使用된 理由에 對하여―」『日語日文學研究』49 : 49-66.
片茂鎭(2005)『『交隣須知』の基礎的研究』서울 : J&C.
成玟姷(2005)「『交隣須知』の日本語の方言性について―語彙を中心として―」『日本語學論集』1 : 左136-115.
洪秀雅(2005)『交隣須知の明治刊本における韓國語の表記法に關する研究』翰林大學校碩士論文.
齊藤明美(2005)「『日韓通話』と『交隣須知』の對譯日本語について」『日本學報』63 : 33-48.
沈保京(2005)「『交隣須知』의 書誌와 音韻論的特徵」『韓國言語文學』54 : 1-22.
李明姬(2005)「『交隣須知』研究―諸異本の出現への推移を中心に―』慶熙大學校博士論文.
李明姬(2005)「『交隣須知』考察―小田本이 筆寫된 背景을 中心으로―」『日本學論集』19 : 99-116.
片茂鎭(2005)『交隣須知の研究』聖德大學博士論文.
齊藤明美(2006)『明治時期日本의 韓語學習書研究―『交隣須知』의 影響을 中心으로』高麗大學校博士論文.
崔彰完(2006)「二重敬語에 對하여」『日本研究』29 : 283-29.
劉卿美・若木太一(2006)「長崎大學本「交隣須知」飜刻―ハングル編―」『長崎大學總合環境研究』8/2 : 81-152.
片茂鎭(2006)「『交隣須知』日本語の特殊性」『比較文化研究』74 : 1-9.
成玟姷(2006)「『交隣須知』にみられる語法の變化」『國語と國文學』83/12 : 58-71.
김정현(2006)『「交隣須知」의 表記와 音韻現象에對한 研究』國民大學校碩士論文.
李明姬(2006)「『交隣須知와 對朝鮮貿易과의 關係―『交隣須知』13종을 中心으로―」『日語日文學研究』58/2 : 115-133.
崔彰完(2006)「『ゴザル』의 恭遜語化에 對하여―『交隣須知』를 中心으로―」『日本言語文化』9 : 215-232.

조소은(2007)『朝鮮時代日本語學習書에 關한 考察—明治刊本『隣語大方』
　　의 條件表現을 中心으로—』全北大學校碩士論文.
江口泰生(2007)「新刊紹介 : 片茂鎭著『『交隣須知』の基礎的硏究』」『岡大
　　國文論稿』35 : 97-99.
齊藤明美(2008)「『交隣須知』の複數形接尾辭について—人を表す複數形接
　　尾辭を中心にして—」『日本言語文化』13 : 119-138.
김수호(2009)『『交隣須知』의 日本語—1883年(明治16)刊本과 1904年(明治
　　37)刊本의 對照分析』漢陽大學校碩士論文.

4.11. 全一道人

4.11.1. 原始資料

正祖2年【乾隆43 (1781)】寫本 : 芳洲書院.
正祖2年【乾隆43 (1781)】刊本 : 安田章氏【汪廷訥著, 外題『全一道人勸懲故
　　事』, 8卷】.
影印 : (1964)『全一道人の硏究』京都大學國文學會.

4.11.2. 硏究

大友信一(1965)「京都大學文學部國語學國文學硏究室編「全一道人の硏究」」
　　『朝鮮學報』36 : 148-151.
信原修(1980)「雨森芳洲—その『全一道人』をめぐる覺え書き—」同志社女子
　　大學『Asphodel』13 : 223-240.
宋敏(1986)『前期近代國語音韻論硏究』서울 : 塔出版社.
安田章(1994)「全一道人再見」『國語國文』63/11 : 35-50 ; (2005)『國語史硏
　　究の構想』180-206. 東京 : 三省堂.
閔丙燦(1996)「『全一道人』の三濁點について」『日本語と日本文學』23 : 23-

33.
高橋誠司 (1999)『『全一道人』의 假名轉寫硏究』高麗大學校碩士論文.
高橋誠司 (2000)「『全一道人』について」『天理インターカルチャー硏究所硏
　　　究論叢』9 : 43-60.
閔丙燦 (2003)「『全一道人』에 있어서「-에」의 假名轉寫에 對한 考察」『日本
　　　學報』57 : 109-122.
車胤汀 (2004)「近代朝鮮語學習書에 나타난 誤謬表現과 原因分析-『全一道
　　　人』,『講話』,『漂民對話』를 中心으로-」『韓國語敎育』15 : 277-294.
車胤汀 (2007)「朝鮮語學習書에 나타난 韓國語의 變化」『日本語文學』38 :
　　　139-164.

4. 12. 漂民對話

4. 12. 1. 原始資料

憲宗11年【道光25 (1845)】寫本 : 京大 (言語2D-37).
哲宗5年【咸豊4 (1854)】寫本 : 東方學硏究所Aston文庫 (C67).
影印 : (1972-1973)『杜詩諺解 (初刊本)卷十四・漂民對話上・救急方諺解・
　　　簡易瘴瘟諺解』한글學會 ; (2006)片茂鎭・岸田文隆『漂民對話』(解
　　　題・本文・索引・例文)서울 : 不二文化【Aston文庫本】.

4. 12. 2. 硏究

진태하 (1973)「漂民對話」『한글』151 : 227-237.
김영신 (1981)「漂民對話硏究」『語文學敎育』4 : 15-53 ; 釜山國語敎育學會編
　　　『죽헌 이진호 敎授華甲記念論文集』釜山 : 타화出版社.
金永佑 (1987)「韓日兩國語における表現形態의 比較硏究-漂民對話를中心
　　　에서-」新羅大學校『論文集』22 : 95-160.

李康民 (1990)「薩摩苗代川に傳わる「漂民對話」について」『國語國文』59/9 : 1-26.
鶴園裕 (1995)「沈壽官家本「漂民對話」について」『朝鮮學報』156 : 97-128.
鶴園裕・池内敏・古畑徹・南相瓔・小宮山春生 (1997)「江戸時代における日朝漂流民送還をめぐって―『漂民對話』を中心に―」『青丘學術論集』11 : 125-218.
岸田文隆 (1997)「「漂民對話」のアストン文庫本について」『朝鮮學報』164 : 33-53.
柳東碩 (1998)「『漂民對話』 研究」『韓國民族文化』11/1 : 241-277.
柳東碩 (2000)「《漂民對話》의 韓國語 資料에 對한 硏究」『韓國民族文化』15/1 : 368-372.
岸田文隆 (2002)「「漂民對話」の朝鮮語―その虛構的側面―」『京都大學言語學硏究』21 : 109-145.
李康民 (2004)「近世日本의 韓國語學習書―言語史研究資料書의 系譜와 性格―」『日本學報』58 : 175-192.
柳東碩・車胤汀 (2004)「朝鮮語學習書에 나타난 國語史的特徵과 日本語干涉現象」『우리말研究』14 : 47-83.
車胤汀 (2004)「近代朝鮮語學習書에 나타난 誤謬表現과 原因分析―『全一道人』,『講話』,『漂民對話』를 中心으로―」『韓國語教育』15 : 277-294.
車胤汀 (2007)「朝鮮語學習書에 나타난 韓國語의 變化」『日本語文學』38 : 139-164.

4.13. 其他資料

4.13.1. 原始資料

a. 海行摠載
寫本 : 中央圖 (한古朝90-2)【1764以降,28册】.

排印 : 朝鮮古書刊行會編(1914)『海行摠載』(朝鮮群書大系續々第3輯)京城 : 朝鮮古書刊行會【國立中央圖書館本】; 韓國民族文化推進會(1974-9) 『國譯海行摠載』(I-XII卷)서울 : 民族文化文庫刊行會【國立中央圖書館本】.

b. 客館璀粲集【木下蘭皋撰】
享保5年【1720年】皇都書林安田萬助刊本.

c. 桑韓筆語【山田正珍撰】
寫本 : 京都大學附屬圖書館富士川文庫(ソ52) ; 西尾市岩瀬文庫(26-142).

d. 朝鮮物語【木村理右衛門撰】
寬延3年【1750年】山城屋茂左衛門刊本 : Leiden大學圖書館 ; 明治大學圖書館(NK1/24/H).
影印 : (1970)『木村理右衛門朝鮮物語』京都 : 京都大學國文學會 ; (1940)『寬永漂流記』四 : 79-96. 東京 : 米山堂【天理圖書館本】.
排印 : 園田一龜(1939)『韃靼漂流記の研究』299-328. 奉天 : 南滿州鐵道株式会社鐵道總局庶務課 ; (1980)『韃靼漂流記の研究』299-328. 東京 : 原書房 ; (1991)『韃靼漂流記』275-311. 東京 : 平凡社.

e. 物名
寫本【18世紀後半】: 對馬歷史民俗資料館.

f. 陰德記高麗詞之事【香川正矩撰】
寫本 : 山口縣文書館 ; 岩國徵古館.
影印 : (1988)「陰德記七十六卷「高麗詞之事」」『朝鮮學報』128 : 137-160.
校注 : 米原正義校注(1996)『陰德記』山口 : マツノ書店.

g. 老松堂日本行錄【宋希璟撰】
寫本 : 萩野由之書寫(1924)九州大學(萩野文庫/ロ/10)

影印 : (1967-68)「老松堂日本行錄」『朝鮮學報』45 : 141-238 ; 46 : 239-292.
校注 : 谷村一太郎・小川壽一編 (1933)『校注老松堂日本行錄』東京 : 大洋社 ; 谷村一太郎・小川壽一編 (1968)『校注老松堂日本行錄』東京 : 續群書類從完成會 ; 島尻勝太郎・中村榮孝・谷川健一 (1981)『三國交流誌』(日本庶民生活史料集成27)東京 : 三一書房 ; 村井章介校注 (1987)『老松堂日本行錄―朝鮮使節の見た中世日本―』(岩波文庫)東京 : 岩波書店.

h. 韓語初步

浦書房編『韓語初步』【年代未詳】.
影印 : (1970)『兒學編・日語類解・韓語初步』京都 : 京都大學國文學會.

i. 諺文

寫本 : 小倉 (L174710)

4.13.2. 硏究

中村榮孝 (1932)「鮮初の文獻に見えた日本の地名に就いて (上)」『靑丘學叢』 9 : 118-136 ; (1965)「朝鮮初期の文獻に見える日本の地名」『日鮮關係史の研究』上381-442. 東京 : 吉川弘文館.
濱田敦 (1957)「海行摠載に散見する日本語彙」神田博士還曆記念會編『書誌學論集』243-261. 東京 : 平凡社 ; (1986)『國語史の諸問題』478-497. 大阪 : 和泉書院.
大友信一 (1958)「「客館璀粲集」による國語音の研究」『文藝研究』29 : 41-53.
大友信一 (1959)「「桑韓筆語」による國語音の研究」『文藝研究』33 : 49-59.
中村榮孝 (1967)「『老松堂日本行錄』(井上本)の景印によせて」『朝鮮學報』 45 : 239-242.
濱田敦 (1970)「兒學編・日語類解・韓語初步開題」『兒學編・日語類解・韓

語初步』1-4. 京都 : 京都大學國文學會 ; (1983)『續朝鮮資料による日本語研究』64-67. 京都 : 臨川書店.

濱田敦 (1970)「朝鮮物語開題」『木村理右衛門朝鮮物語』1-7. 京都 : 京都大學國文學會 ; (1983)「木村理右衛門『朝鮮物語』開題」『續朝鮮資料による日本語研究』58-64. 京都 : 臨川書店.

具良根 (1976)「明治日本の韓語教育と韓國への留學生派遣」『韓』5/12 : 98-167.

洪允杓 (1987)「十八・九世紀의 한글類書와 實學—特히 '物名攷'類에 對하여-」第17回東洋學學術會議提交論文.

洪允杓 (1988)「18・9世紀의 한글 註釋本類書에 對하여—特히 '物名考'類에 對하여」『周時經學報』1 : 111-129.

志部昭平 (1988)「陰德記高麗詞之事について—文祿慶長の役における假名書き朝鮮語資料—」『朝鮮學報』128 : 1-102.

李基文 (1988)「陰德記의 高麗詞之事에 對하여」『國語學』17 : 3-32.

藤井茂利 (1989)「薩摩美山に傳わった朝鮮語資料의一性格—『韓語訓蒙』の表記法をめぐって—」奧村三雄教授退官記念『國語學論叢』470-495. 東京 : 櫻楓社.

南相瓔 (1991)「日本人の韓國語學習—朝鮮植民地化過程に焦点をあてて—」『教育學研究』58/2 : 121-131.

多和田眞一郎 (1992)「ハングル資料沖繩語(十九世紀初)」『沖繩文化研究』18 : 275-332.

李康民 (1993)「對馬宗家文庫所藏의『物名』について」『朝鮮學報』148 : 147-182.

多和田眞一郎 (1994)『「琉球・呂宋漂海錄」の研究』東京 : 武藏野書院.

鄭光 (1996)「日本對馬島宗家文庫所藏의 '物名'에 對하여」『李基文教授停年退任紀念論叢』704-737. 서울 : 新丘文化社.

松原孝俊・趙眞璟 (1997)「嚴原語學所と釜山草梁語學所の沿革をめぐって—明治初期の朝鮮語教育を中心として—」『言語文化論究』8 : 47-59.

山田寬人 (1998)「朝鮮語學習書・辭書から見た日本人と朝鮮語—1880年～1945年—」『朝鮮學報』169 : 53-83.

辻星兒 (1998)「「二中歷」「世俗字類抄」所引の朝鮮語數詞について」『朝鮮語研究會第149・150回記念大會發表要旨集』77-79. 東京：東京外國語大學.

岸田文隆 (1999)「漂流民の傳えた朝鮮語―島根縣高見家文書『朝鮮人見聞書』について―」『富山大學人文學部紀要』30：141-167；(2000)「漂流民이 傳하는 韓國語」『21世紀國語學의 課題 (솔미鄭光敎授回甲紀念論叢)』545-592. 서울：月印.

辻星兒 (2000)「「二中歷」「世俗字類抄」所引の朝鮮語數詞について」『岡山大學言語學論叢』8：1-18；(2000)「「二中歷」「世俗字類抄」의 韓國語數詞에 對하여」『21世紀國語學의 課題 (솔미鄭光敎授回甲紀念論叢)』527-544. 서울：月印.

姜憲圭 (2000)「"허멜 漂流記"에 나타난 固有名詞表記 및 몇 言語現象에 對하여」『凡山姜憲圭敎授華甲紀念國語學論文集』36-45. 公州：公州大學校出版部.

伊藤英人 (2002)「身延文庫藏『朝師御書見聞安國論私抄』의「蒙古詞事」中の朝鮮語について」『東京外國語大學論集』63：1-21.

李康民 (2005)「1904年刊[韓語會話]에 對하여」『日語日文學』27：221-225.

朴眞完 (2005)「『海行摠載』から見た中・近世日本語の研究」『國語國文』74/2：1-19.

辻星兒 (2006)「「老松堂日本行錄」에 記錄된 日本語について」『岡山大學言語學論叢』12：5-20.

鄭丞惠 (2006)「東京大小倉文庫所藏「諺文」에 對하여」『譯學書와 國語史研究』89-119. 서울：太學社.

石橋道秀 (2006)「長崎朝鮮風土記全 附り薩摩聞書―假名書き朝鮮語 (1)」『韓國言語文化研究』12：65-117.

辻星兒 (2007)「「尊海渡海日記」에 記된 朝鮮語について」岡山大學『文化共生學研究』5/1：71-84.

木部和昭・松原孝俊 (2008)「萩藩朝鮮語通詞・松原正軒의『朝鮮物語』について」『韓國研究센터年報』8：27-58.

5 清學

5.1. 總論

池上二良 (1951, 54)「滿洲語の諺文文獻に關する一報告」『東洋學報』33/2 : 97-118 ; 36/4 : 57-74 ; (1999)『滿洲語研究』3-42. 東京 : 汲古書院.
李基文 (1958)「中世女眞語音韻論研究」『震檀學報』36 : 99-132.
池上二良 (1946)「滿洲語の若干の文語形中のūの表す母音に就いて」『TÔYÔGO KENKYÛ』1 : 18-24 ; (1999)『滿洲語研究』206-212. 東京 : 汲古書院.
池上二良 (1963)「ふたたび滿洲語の諺文文獻について」『朝鮮學報』26 : 94-100 ; (1999)『滿洲語研究』43-52. 東京 : 汲古書院.
朴恩用 (1969, 73)『滿洲語文語研究 (一) (二)』大邱 : 螢雪出版社.
崔鶴根 (1970)「所謂『三田渡碑』의 滿文碑文註譯」『國語國文學』49・50 : 325-354.
Lie, Hiu (1972) *Die Mandschu-Sprachkunde in Korea.* Bloomington : Indiana University ; The Hague : Mouton. (Uralic and Altaic series, v. 114) 【Review : Norman, Jerry (1975) *Journal of the American Oriental Society* 95/2 : 358】; reprint (1994)Richmond : Curzon.
김영일 (1981)「滿洲文語 i 에 對하여」釜山國語教育學會編『죽헌 이진호 教授華甲記念論文集』釜山 : 타화出版社.
Kiyose, Gisaburo Norikura (1983)The Vowel *e* in Early Modern Korean as Reflected in Hangŭl Transcriptions of Manchu and Mongolian Vocabularies. *Korean Linguistics : Journal of the International Circle of Korean Linguistics* 3 : 81-95 ; (1991) 清瀨義三郎則府『日本語學と

アルタイ語學』283-295. 東京 : 明治書院.

成百仁 (1984)「譯學書에 나타난 訓民正音使用—司譯院淸學書의 滿洲語 한글 表記에 對하여—」서울大學校『韓國文化』5 : 21-63 ; (1999)『滿洲語와 알타이語學硏究』367-422. 서울 : 太學社.

Seong Baeg-in (1985)A Note on Early Manchu Dictionaries. *Proceedings of International Conference on China Border Area Studies* 121-150. Taipei : National Chengchi University.

成百仁 (1986)「初期滿洲語辭典들에 對하여」延世大學校『東方學志』52 : 219-258 ; (1999)『滿洲語와 알타이語學硏究』191-235. 서울 : 太學社.

鄭光 (1986)「譯科初試淸學答案紙」『德成語文學』3 : 5-20.

金東昭 (1987)「Sino-Mantshurica」『于亭朴恩用博士回甲紀念論叢 : 韓國語學과 알타이語學』107-132. 河陽 : 曉星女子大學校出版部 ; 黃有福譯 (1992)「滿語漢字詞 (Sino-Mandjurica)」『女眞語、滿語硏究』220-261. 北京 : 新世界出版社.

鄭光 (1987)「朝鮮朝譯科淸學初試答案紙에 對하여」『于亭朴恩用博士回甲紀念論叢 : 韓國語學과 알타이語學』471-493. 河陽 : 曉星女子大學校出版部.

King, J. R. P. (1987)The Korean Elements in the Manchu Script Reform of 1632. *Central Asiatic Journal* 31/3-4 : 252-286.

鄭光 (1988)「李朝後期的譯科試卷考—譯科漢學, 淸學試卷—」『第五屆韓國語硏究任務前景會議論文集』韓國硏究學會.

成百仁 (1988-91)「朝鮮朝淸學書解題」『韓國民族文化大百科事典』9 : 258,11 : 260-361, 12 : 746, 22 : 201-202. 城南 : 韓國精神文化硏究院 ; (1999)『滿洲語와 알타이語學硏究』125-140. 서울 : 太學社.

岸田文隆 (1989)「淸學書に現れた滿洲語ハングル表記について—特に滿洲字 e に對する2通りのハングル表記をめぐって—」京都大學『言語學研究』8 : 17-38.

金周源 (1990)「滿洲語와 餘他 南퉁구스諸語의 相異點의 한 側面 —「淸學音」의 語彙를 中心으로—」『愼翼晟敎授停年退任紀念論文集』41-56. 서울 : 韓佛文化社.

Ikegami, Jiro (1990)Significance of Korean Materials in the Study of Manchu. 『알타이學報』2 : 71-77 ; (1999)『滿洲語硏究』53-60. 東京 : 汲古書院【蔣理譯 (1995)「韓國滿語硏究資料的重要意義」『滿語硏究』1995/1 : 114-117】.
成百仁 (1990)「初期滿洲語辭典들에 對한 言語學的硏究」『알타이學報』2 : 27-69 ; (1999)『滿洲語와 알타이語學硏究』305-365. 서울 : 太學社.
鄭光 (1991)「朝鮮朝における譯科淸學と滿洲語の試驗答案紙について」畑中幸子・原山煌編『東北アジアの歷史と社會』47-71. 名古屋 : 名古屋大學出版會.
Seong Baeg-in (1992)Manchu Studies in Korea.『民國以來國史硏究的回顧與展望硏討會論文集』1437-1475. 臺北 : 國立臺灣大學【蔣理譯 (1999)「韓國的滿語硏究槪況」『滿語硏究』1999/1 : 43-58】.
朴相圭 (1993)『朝鮮時代淸學書硏究』(알타이言語民俗學叢書6)서울 : 民昌文化社.
成百仁 (1994)「現存司譯院淸學書와 그 硏究」『알타이學報』4 : 1-20 ; (1999)『滿洲語와 알타이語學硏究』97-124. 서울 : 太學社.
池上二良 (1994)「滿洲語文語の正書法の沿革―特にo, u, ūについて―」『東方學』88 : 100-110 ; (1999)『滿洲語硏究』226-241. 東京 : 汲古書院.
鄭光 (1998)「淸學四書의 新釋과 重刊」『方言學과 國語學 : 靑巖金英泰博士華甲紀念論文集』753-788. 서울 : 太學社.
成百仁 (1999)『滿洲語와 알타이語學硏究』서울 : 太學社.
河內良弘 (2000)「朝鮮王國の女眞通事」『東方學』99 : 1-15.
菅野裕臣 (2001)「司譯院淸學書의 原文과 對譯의 對應關係에 對하여」『알타이學報』11 : 15-26.
菅野裕臣 (2001)「關於朝鮮司譯院淸學書的諺文對音的性質」『滿語硏究』2001/1 : 12-16,75.
鄭光 (2002)「譯科淸學과 淸學書」『譯學書硏究』523-550. 서울 : J&C.
宋基中・李賢淑 (2004)「朝鮮時代的女眞學與淸學」『滿語硏究』2004/2 : 87-92.
菅野裕臣 (2005)「朝鮮司譯院の淸學書のハングル對音の性格について」『韓

國語學年報』1 : 1-8.
延圭東(2006)「滿洲語의 親族名稱硏究」『알타이學報』16 : 24-53.
江橋(2006)「滿文-諺文文獻」『滿語硏究』2006/2 : 36-40【『小兒論』、『八歲兒』、『漢淸文鑑』】.
朴相圭(2007)『朝鮮時代의 淸學書에 對한 新硏究―特히 八歲兒・三譯總解를 中心으로―』(韓國學과 우랄 알타이學關聯資料硏究叢書1)서울 : 圖書出版亦樂.
關辛秋(2008)「滿文元音 e 的淸代讀音」『民族語文』2008/3 : 68-71.

5.2. 同文類解

5.2.1. 原始資料

英祖24年【乾隆13 (1748)】木版本 : 奎章(奎1822 ; 一簣・古494. 1-H996d-v. 1-2) ; Bibliothèque Nationale, Département des Manuscrits, Section Orientale (fond coréen 614) ; 小倉(L174467)【卷上】; 李熙昇氏 ; 高麗大學校博物館【册板44板88葉】.
寫本 : 濯足(344), Library of Congress.
影印 : (1956)『八歲兒・小兒論・三譯總解・同文類解』(國故叢刊9)서울 : 延禧大學校東方學硏究所【奎1822】; (1995)『同文類解』弘文閣【奎1822】; (1998)『司譯院譯學書册板硏究』【册板】.
飜譯 : 竹越孝(2008)「飜字飜譯『同文類解・語錄解』」(上中下)『KOTONOHA』71 : 10-14 ; 72 : 5-10 ; 73 : 4-9.

5.2.2. 硏究

閔泳珪(1956)「解題」『八歲兒・小兒論・三譯總解・同文類解』(國故叢刊

9)1-10. 서울 : 延禧大學校東方學硏究所.
安田章 (1967)「類解攷」『立命館文學』264 : 223-254 ; (1980)『朝鮮資料と中世國語』(笠間叢書147)190-222. 東京 : 笠間書院.
朴恩用 (1968-69)「同文類解語錄解硏究―李朝時代의 滿洲語文法書에 對하여―(上下)」『曉星女子大學校硏究論文集』1 : 185-224, 2 ; (1973)『滿洲語文語硏究 (二)』大邱 : 螢雪出版社.
趙健相 (1968, 71)「同文類解의 國語史的硏究 (1) (2)」『忠北大論文集』2 : 11-24 ; 5 : 11-22.
成百仁 (1970)「影印本同文類解에 對하여」明知大學校『明知語文學』4 : 95-104 ; (1999)『滿洲語와 알타이語學硏究』63-71. 서울 : 太學社.
朴恩用 (1970)「同文類解語錄解의 出典에 對하여」曉星女子大學校『國文學硏究』3 : 39-73.
金東昭 (1977)『同文類解滿洲文語語彙』大邱 : 曉星女子大學校出版部 ; (1982)改訂版.
李喆鏞 (1983)『類解類譯學書의 國語學的考察』漢陽大學校碩士論文.
안종복 (1986)『類解類書에 나타난 國語의 表記法硏究』檀國大學校碩士論文.
趙東元 (1986)『順治年間檔硏究』서울 : 亞細亞文化社.
成百仁 (1988)「‘同文類解’와 ‘漢淸文鑑’」『韓國學의 課題와 展望』710-726. 城南 : 韓國精神文化硏究院 ; (1999)『滿洲語와 알타이語學硏究』73-95. 서울 : 太學社.
權仁瀚 (1991)「類解類譯學書의 音節末 ‘ㅅ’, ‘ㄷ’表記法一考察」『國語學의 새로운 認識과 展開 金完鎭先生回甲紀念論叢』162-173. 서울 : 民音社.
김성혜 (1993)『『同文類解』와『蒙語類解』의 國語語彙比較硏究』德成女子大學校碩士論文.
郭在鏞 (1994)『類解類譯學書의 ‘身體’部語彙硏究』慶南大學校博士論文.
郭在鏞 (1995)「類解類譯學書의 ‘身體’部語彙硏究」『한글』228 : 31-64.
洪允杓 (1995)「同文類解解題」『同文類解』1-5. 弘文閣.
延圭東 (1995)「同文類解와 蒙古類解의 比較―表題를 中心으로―」『言語學』17/1 : 183-202.
延圭東 (1996)『近代國語語彙集硏究 : 類解類譯學書를 中心으로』서울大學

校博士論文.
延圭東(1999)「同文類解와 方言類釋對譯滿洲語의 比較」『言語의 歷史』 381-423. 서울 : 太學社.
裵錫柱(1999)「類解書ハングル轉寫表記再考 『方言集釋』と他の類解書の 外國語音轉寫表記の比較を中心に」『日本語文學』7/1 : 19-41.
延圭東(2001)「近代國語의 낱말밭 : 類解類譯學書의 部類配列順序를 中心으로」『言語學』28 : 101-128.
곽정애(2001)『《同文類解》의 韓國語語彙硏究』大邱가톨릭大學校碩士論文.
福田和展(2003)「《譯語類解》《同文類解》《蒙語類解》の漢語見出し語の異同について―司譯院類解辭書中の漢語について(その2)―」三重大學『人文論叢』20 : 145-159.
박찬식(2005)『類解類譯學書에 나타난 語彙의 硏究』㘾園大學校博士論文.
金哲俊・조광범・박진하(2009)「《同文類解》와《華語類抄1》에서 보여지는 表記法의 變化에 對한 考察」『中國朝鮮語文』2009/2 : 22-26.

5.3. 清語老乞大

5.3.1. 原始資料

英祖41年【乾隆30(1765)】木版本 : Institut National des Langues et Civilisations Orientales (Cor. I-98) ; British Library (19951. c. 44) ; 濯足(491)【照片 : 東洋(Ⅶ-1-90)】; 京都大學附屬圖書館【册板4板8葉】; 高麗大學校博物館【册板25板49葉】.

影印 : (1964)「清語老乞大」(一〜四卷,五〜八卷)延世大『人文科學』11 : 113-222 ; 12 : 101-200【舊東洋語學校本】; (1998)『清語老乞大』弘文閣【British Library本】; 鄭光(1998)『清語老乞大新釋』서울 : 太學社【濯足文庫本】; (1918)『朝鮮司譯院日滿蒙語學書斷簡』【册板】; (1998)『司譯院譯學書册板硏究』【册板】.

飜譯 : 莊吉發 (1976)『清語老乞大』臺北 : 文史哲出版社 ; 津曲敏郎 (1977-78)
「清語老乞大の研究−滿州語研究のための一資料− (1-2)」『札幌商科
大學・札幌短期大學論集 (人文編)』21 : 211-248 ; 22 : 161-192.
索引 : 徐尚揆 (1993)「『飜譯老乞大』と『清語老乞大』の副詞對照索引」『東
京外國語大學論集』47 : 241-275 ; 徐尚揆 (1997)『清語老乞大語彙索
引』(古語資料研究叢書5) 서울 : 博而精 ; 洪允杓 (1998)『清語老乞大
韓國語用例索引』弘文閣 ; 鄭光 (1998)「〈清語老乞大新釋〉國語索引」
『清語老乞大新釋』서울 : 太學社.

5.3.2. 硏究

閔泳珪 (1964)「引言」延世大學校『人文科學』11 : 113-114.
閔泳珪 (1964)「老乞大辯疑」延世大學校『人文科學』12 : 201-209.
金東昭 (1972, 74)「清語老乞大의 滿洲文語形態音素記述 (一) (二)」『語文學』
27 : 42-57 ; 30 : 29-52 ; 黃有福譯 (1992)「《清語老乞大》滿語書面語
形態音素的記述 (一) (二)」『女眞語、滿語研究』1-63. 北京 : 新世界出
版社.
金正洙 (1973)『清語老乞大의 한글 轉寫法과 그 混亂에 對하여』서울大學
校碩士論文.
莊吉發 (1987)「《清語老乞大》與《漢語老乞大》的比較研究」『清史論集 (1)』
(文史哲學集成388)75-104. 臺北 : 文史哲出版社.
崔東權 (1987)「清語老乞大研究」成均館大學校『首善論集』11 : 29-47.
鄭光 (1998)「解題」『清語老乞大新釋』7-73. 서울 : 太學社.
鄭光 (2002)「〈清語老乞大新釋〉과 清學四書」『譯學書研究』595-638. 서울 :
J&C.
季永海 (2007)「《清語老乞大》研究」『滿語研究』2007/2 : 33-37.

5.4. 三譯總解

5.4.1. 原始資料

英祖50年【乾隆39 (1774)】木版本:奎章(奎1529);Institut National des Langues et Civilisations Orientales (Cor. I-265);British Library (19957. d. 9);濯足 (490);小倉 (L175102-3)【卷一・六】;京都大學附屬圖書館【册板9板18葉】;高麗大學校博物館【册板36板72葉】;天理【册板1板2葉】.

影印:(1956)『八歲兒・小兒論・三譯總解・同文類解』서울:延禧大學校東方學研究所【奎1529】;(1995)『八歲兒・小兒論・三譯總解 (三種合本)』弘文閣【奎1529】;朴相圭 (2007)『朝鮮時代의 淸學書에 對한 新研究』서울:圖書出版亦樂;(1918)『朝鮮司譯院日滿蒙語學書斷簡』【册板】;(1998)『司譯院譯學書册板研究』【册板】.

排印:최동권・강성춘・T. otgontuul (2008)『滿文三國志三譯總解』附索引. 서울:韓國學術情報.

索引:全在昊 (1977)「三譯總解語彙索引 (1/2卷)」慶北大學校『語文論叢』11:199-210.

5.4.2. 研究

閔泳珪 (1956)「解題」『八歲兒・小兒論・三譯總解・同文類解』(國故叢刊 9)1-10. 서울:延禧大學校東方學研究所.

曺圭泰 (1984)「'三譯總解'滿洲語文語研究 (1)」『牧泉兪昌均博士還甲紀念論文集』697-742. 大邱:啓明大學校出版部.

岸田文隆 (1988)「『三譯總解』の言語資料的價値について」京都大學大學院文學研究科言語學專攻修士論文.

Gimm, Martin (1989)Bibliographic Survey, Manchu Translations of Chinese

Novels and Short Stories : An Attempt at an Inventory. *Asia Major* 3/1-2 : 77-114.
岸田文隆 (1990)「三譯總解底本考」『알타이學報』2 : 87-103.
岸田文隆 (1990)「三譯總解の滿文について」第27回野尻湖クリルタイ發表資料.
김영근 (1993)「三譯總解第二의 對譯 및 語法分析」『韓國語文研究』8 : 7-57.
朴相圭 (1993)「滿洲敎科書 "三譯總解"의 比較言語學的인 한 側面」『人文論叢』2 : 101-136 ; (2007)『朝鮮時代의 淸學書에 對한 新研究—特히 八歲兒・三譯總解를 中心으로—』581-616. 서울 : 圖書出版亦樂.
洪允杓 (1995)「三譯總解解題」『八歲兒・小兒論・三譯總解 (三種合本)』1-7. 弘文閣.
岸田文隆 (1997)『「三譯總解」の滿文にあらわれた特殊語形の來源』(「言語文化接触に關する研究」單刊シリーズ3) 東京 : 東京外國語大學アジア・アフリカ言語文化研究所.

5.5. 小兒論・八歲兒

5.5.1. 原始資料

正祖1年【乾隆42 (1777)】木版本 : 〔小兒論〕奎章 (奎3234, 12135) ; British Library (19957. b. 1) ; Institut National des Langues et Civilisations Orientales (Cor. I-4) ; 濯足 (493-1). 〔八歲兒〕奎章 (奎1471 ; 古3900-1) ; British Library (19957. b. 1) ; Bibliothèque Nationale, Département des Manuscrits, Section Orientale (fond coréen 21) ; 濯足 (493-2).
寫本 : 〔八歲兒〕小倉 (L44541).
影印 : (1956)『八歲兒・小兒論・三譯總解・同文類解』서울 : 延禧大學校東方學研究所【奎3234, 1471】; (1956)「八歲兒」高麗大學校『國文學』1 : 85-110 ; (1995)『八歲兒・小兒論・三譯總解 (三種合本)』弘文閣

【奎3234,1471】; 朴相圭(2007)『朝鮮時代의 淸學書에 對한 新硏究』 서울: 圖書出版亦樂.
飜譯: Lie, Hiu (1972)*Die Mandschu-Sprachkunde in Korea*. Bloomington : Indiana University ; The Hague : Mouton.

5. 5. 2. 硏究

金敏洙(1956)「八歲兒」안암어문학회『語文論集』1/1 : 85-110.
金敏洙(1956)「八歲兒(解題)」『한글』118 : 44-47.
閔泳珪(1956)「解題」『八歲兒・小兒論・三譯總解・同文類解』(國故叢刊 9)1-10. 서울: 延禧大學校東方學硏究所.
K. M. S. 【金敏洙】(1962)*P'alsea*八歲兒and *Soaron*小兒論 (Bibliographical note). *Asiatic Research Bulletin* 5/1 : 11-14.
閔泳珪(1964)「滿洲字小兒論과 敦煌의 項託變文」『李相伯博士回甲紀念論叢』321-332. 서울: 乙酉文化社.
曺圭泰(1981)「'八歲兒'滿洲語文語硏究」慶北大學校『國語敎育硏究』13 : 27-53.
曺圭泰(1982)「'小兒論'滿洲語文語硏究」曉星女子大學『國文學硏究』6 : 63-84.
洪允杓(1995)「八歲兒解題」「小兒論解題」『八歲兒・小兒論・三譯總解(三種合本)』1-5. 弘文閣.
朴相圭「朝鮮時代의 淸學書에 對한 語學的觀點-八歲兒를 中心으로-」; (2007)『朝鮮時代의 淸學書에 對한 新硏究-特히 八歲兒・三譯總解를 中心으로-』553-580. 서울: 圖書出版亦樂.
鄭光(2001)「淸學書〈小兒論〉攷」梅田博之敎授古稀記念『韓日語文學論叢』509-532. 서울: 太學社; (2002)「淸學書〈小兒論〉」『譯學書硏究』575-594. 서울: J&C.

5.6. 漢淸文鑑

5.6.1. 原始資料

木版本 : 中央(BA3291-1, 2)【卷二, 五】; 高麗大學校圖書館(晚松C15-A123-9-13, 15)【6冊, 卷九~十三, 十五】; 東京大學總合圖書館(A00 : 6384)【舊小倉本】; 東京大學法學部硏究室圖書室(E44乙5) ; Institut National des Langues et Civilisations Orientales (Cor. I-611) ; 京都大學附屬圖書館【册板1板2葉】.

寫本 : 奎章(一簑・古495. 13-H191)【1冊, 卷二~四】; 藏書(3-602).

影印 : (1956)『韓漢淸文鑑』서울 : 延禧大學校東方學硏究所【東京大學本】; (1998)『漢淸文鑑』弘文閣【東京大學本】; (1918)『朝鮮司譯院日滿蒙語學書斷簡』【册板】; 池上二良(1963)「ふたたび滿洲語の諺文文獻について」舊東洋語學校本, 卷十二第56張】.

索引 : 朴昌海・劉昌惇(1960)『韓漢淸文鑑索引』서울 : 延世大學校東方學硏究所 ; 朴恩用(1989-90)「韓漢淸文鑑語彙索引(滿韓篇)」曉星女子大學校『韓國傳統文化硏究』5 : 293-432 ; 6 : 125-275 ; 崔宰宇(1993)『漢淸文鑑分類辭典』서울 : 圖書出版리울 ; 安相炳(1997)「漢淸文鑑國語索引」『『漢淸文鑑』의 國語에 對하련 表記法・音韻硏究』檀國大學校碩士論文附錄 ; 延世大學校國學硏究院(1998)「韓國語索引」『漢淸文鑑』6, 「漢語・淸語索引」『漢淸文鑑』7. 弘文閣.

5.6.2. 硏究

閔泳珪(1956)「解題」『韓漢淸文鑑』(國故叢刊10)1-13. 서울 : 延禧大學校東方學硏究所.
劉昌惇(1957)「漢淸文鑑語彙考―文獻語와의 對比―」『國語國文學』17 : 3-14.
今西春秋(1958)「漢淸文鑑解說」『朝鮮學報』12 : 21-58.

今西春秋 (1966)「淸文鑑—單體から五體まで—」『朝鮮學報』39・40 : 121-163.

閔泳珪 (1969)「韓漢淸文鑑」『韓國의 名著』799-807. 서울 : 玄岩社.

崔鶴根 (1969)「影印本'韓漢淸文鑑'에 對하여」建國大學校『文湖』5 : 53-64.

朴恩用 (1971)「初刊漢淸文鑑에 對하여」『曉星女子大學研究論文集』8・9 : 145-156.

鄭光 (1978)「類解類譯學書에 對하여」『國語學』7 : 159-188.

成百仁 (1983)「〈韓淸文鑑〉에 對하여」『金哲埈博士華甲紀念史學論叢』867-887. 서울 : 知識産業社 ; (1999)『滿洲語와 알타이語學研究』31-62. 서울 : 太學社.

黃俊泰 (1985)「漢淸文鑑의 漢語 한글 轉寫에 對한 音韻論的研究」成均館大學校碩士論文.

成百仁 (1988)「'同文類解'와 '漢淸文鑑'」『韓國學의 課題와 展望』710-726. 城南 : 韓國精神文化研究院 ; (1999)『滿洲語와 알타이語學研究』73-95. 서울 : 太學社.

崔宰宇 (1990)「〈漢淸文鑑〉의 文獻的價値에 對하여」『朝鮮語文』1990/2 : 43-49.

황선봉 (1993)『韓漢淸文鑑語彙研究』曉星女子大學校博士論文.

延圭東 (1994)「滿洲語의 計量言語學的研究—漢淸文鑑을 中心으로」『알타이學報』4 : 67-96.

安相炳 (1997)『『漢淸文鑑』의 國語에 對하한 表記法・音韻研究』檀國大學校碩士論文.

李得春 (1997)「《漢淸文鑑》에 對하여」『朝鮮語言學史研究』; (2001)『朝鮮語歷史言語學研究』349-360. 서울 : 圖書出版亦樂.

崔宰宇 (1997)「《漢淸文鑑》的編排體例和語音轉寫」『中央民族大學學報 (哲學社會科學版)』1997/3 : 85-92.

成百仁 (1998)「《漢淸文鑑》解題」『漢淸文鑑』1 : 1-17. 弘文閣 ; (1999)『滿洲語와 알타이語學研究』11-30. 서울 : 太學社.

李得春 (1999)「《漢淸文鑑》凡例考察」『한글』245 : 21-48.

高東昊 (2000)「漢淸文鑑 '一云'滿洲語語句의 通時音韻論的特徵」『알타이

學報』10 : 57-79.
김영일 (2001)「〈漢淸文鑑〉속의 우리말 表記問題」『韓國學論集』28/1 : 26-87.
김영일 (2001)「漢淸文鑑 속의 우리말 難解語 (句)硏究」『語文學』73 : 21-45.
崔宰宇 (2003)「《漢淸文鑑》與《御製增訂淸文鑑》的比較」『民族語文』2003/2 : 65-69.
愼鏞權 (2003)「《漢淸文鑑》의 漢語音表記에 對하여―《朴通事新釋諺解》와의 比較를 中心으로」『言語硏究』10/12 : 57-79.
崔宰宇 (2005)『漢淸文鑑簡編』北京 : 民族出版社.

5.7. 漢語抄

5.7.1. 原始資料

寫本 : 奎章 (奎4526).
影印 : (1995)『漢語抄』弘文閣【奎4526】.

5.7.2. 硏究

岸田文隆 (1994)「《漢語抄》의 出處」『알타이學報』4 : 49-55【亦有日語稿本】.
洪允杓 (1995)「漢語抄解題」『漢語抄』1-3. 弘文閣.
조숙정 (2008)『《漢語抄》中國語譯音과 普通話의 音韻對應規律硏究』韓國外國語大學校碩士論文.

5.8. 滿漢千字文

5.8.1. 原始資料

木版本 : Bibliothèque Nationale, Département des Manuscrits, Section Orientale (fond coréen 3).
寫本 : The Morrison Collection (MS 80823)SOAS, The University of London.
影印 : 岸田文隆 (1995)「(資料景印)パリ國民圖書館所藏滿漢『千字文』」『富山大學人文學部紀要』23 : 113-132.

5.8.2. 研究

岸田文隆 (1994)「滿洲字による漢字音表記の規範化―滿洲字千字文を資料として―」京都大學『言語學研究』13 : 1-23.
岸田文隆 (1994-95)「パリ國民圖書館所藏の滿漢『千字文』について (1, 2)」『富山大學人文學部紀要』21 : 77-133 ; 22 : 105-139.
鄭光 (1995)「파리 國立圖書館所藏의 滿・漢〈千字文〉―滿文의 訓民正音轉寫를 中心으로―」『國語國文學研究 : 燕居齋申東益博士停年紀念論叢』1055-1083. 서울 : 景仁文化社 ; (2002)「淸學書〈千字文〉」『譯學書研究』551-574. 서울 : J&C.

5.9. 愁州謫錄

5.9.1. 原始資料

寫本 : 서울大學校中央圖書館 (가람古910. 4 Su44).

5.9.2. 研究

李基文(1973)「十八世紀의 滿州語方言資料」『震檀學報』36：101-132.
竹越孝(1998)「『寧古塔紀略』に見られる漢字音寫滿洲語語彙」『鹿大史學』
　　　45：1-19.

편자약력

遠藤光曉
東京大學大學院修了, 中國語音韻史・方言學專攻, 靑山學院大學 敎授

伊藤英人
東京外國語大學大學院修了, 朝鮮語史專攻, 東京外國語大學大學院 准敎授

鄭丞惠
高麗大學校大學院修了, 韓國語史專攻, 水原女子大學 副敎授

竹越孝
東京都立大學大學院修了, 中國語語彙・文法史專攻, 愛知縣立大學 准敎授

更科愼一
東京都立大學大學院修了, 中國語音韻史專攻, 山口大學 准敎授

朴眞完
京都大學大學院修了, 韓國語史・日本語史專攻, 京都産業大學 助敎

曲曉雲
延世大學校大學院修了, 中國語音韻史專攻, 光雲大學校 助敎授

譯學書文獻目錄

초판인쇄 2009년 9월 4일
초판발행 2009년 9월 10일

편 자 遠藤光曉・伊藤英人・鄭丞惠・竹越孝・更科愼一・朴眞完・曲曉雲

발 행 인 윤석원
발 행 처 도서출판 박문사
책임편집 조성희
등록번호 제2009-11호

우편주소 서울시 도봉구 창동 624-1 현대홈시티 102-1206
대표전화 (02) 992 / 3253
팩시밀리 (02) 991 / 1285
전자우편 bakmunsa@hanmail.net

ⓒ 遠藤光曉외 6인 2009 All rights reserved. Printed in KOREA

ISBN 978-89-94024-05-9 93810   **정가** 15,000원

* 이 책의 내용을 사전 허가없이 전재하거나 복제할 경우 법적인 제재를 받게 됨을 알려드립니다.
** 잘못된 책은 구입하신 서점이나 본사에서 교환해 드립니다.